《广州改革开放四十年》丛书

丛书主编　徐咏虹

转型与跨越

广州改革开放四十年

下册

曾伟玉　主编

广州新华出版发行集团
广州出版社

下册目录

第七章

加强民主法治建设
完善城市现代治理能力

广州，中国南大门，近现代中国民主策源地，民主意识在这里深入人心。广州，岭南文化中心地与改革开放前沿地，思想解放、敢为人先，包容、开放、务实精神蔚然成风。广州，一座法治化现代大都市，法治深度和水平居于国内前列。中国改革开放走过了40年伟大历程，广州作为国内一线城市，是中国改革开放前沿阵地和“试验田”。40年来，广州市在不断推动广州经济和各项民生建设的同时，重视加强政治建设和政治文明发展，重视民主法治建设发展，在促进广州民主法治协调发展的实践中积累了宝贵经验，良好的民主与法治为广州现代化建设提供了强有力的政治保证和法治保障。

新时代背景下，广州民主法治建设如何继续前行？过去40年经验如何总结？民主法治建设如何体现时代性、地方性，把握规律性，富有创造性？“改革开放40年广州市民主法治建设研究”课题系统回顾了改革开放以来各个阶段广州市民主法治建设的进程与成果，从广州市实际出发，总结归纳了广州民主法治建设的特征及规律，分析了新时代广州民主法治建设所面临的挑战，力争为广州市民主法治现代化的加快提供管窥之见。

一、广州市民主法治建设40年历史回顾

广州市民主法治建设40年大体上可划分为四个阶段：第一阶段是1978—1989年，通过一系列恢复发展、探索尝试举措，广州市民主法治得以快速恢复；第二阶段是1989—1999年，广州市民主蓬勃发展，全面确立“依法治市”战略目标，民主法治初步成形；第三阶段是1999—2009年，广州市深入践行各项民主制度，创新法治发展，民主法治建设深入推进；第四阶段是2009—2018年，广州市人民民主不断推进，协商民主硕果累累，基层民主不断推进，法治广州进入新时代，民主法治建设全面升级。

（一）广州市民主法治探索恢复阶段（1978—1989年）

1978年，党的十一届三中全会召开，全会提出发展社会主义民主和健全社会主义法制的任务，民主法治建设受到党的高度重视，国家民主法治建设重新焕发生机，广州市民主法治进入探索恢复阶段。

1. 民主建设初焕生机

（1）广州市人大常委会设立

1978年12月，党的十一届三中全会确立了发展社会主义民主、健全社会主义法制的基本方针，重申人民代表大会制度的地位和作用。1979年7月，第五届全国人民代表大会第二次会议通过的关于修正《中华人民共和国宪法》若干规定的决议和地方组织法规定，县和县以上的地方各级人大设立常委会。1981年9月23日至28日，广州市第七届人民代表大会第一次会议召开，选举产生了广州市人民代表大会常务委员会委员，结束了广州市第一至第六届人民代表大会没有设立常务委员会的历史。

（2）政协工作重启

人民政协是我国特有的从事政治协商的政治组织和民主形式，是中国特色社会主义政治发展道路中极具特色的部分，具备不可替代的优势。党的十一届三中全会的召开，使中国进入以实现四个现代化为历史中心任务的新的历史时期，人民政协重点工作也转到以政治协商和民主监督为社会主义现代化服务的征程上来。政协第四届广州市委员会第三次全体会议于1979年9月27日—28日召开，185人出席，这次会议是在党的十一届三中全会精神指引下召开的，标志着广州中断多年的政协工作已恢复正常。

（3）完善政治参与体制，培育市民民主意识

在此期间，广州市政府在完善政治参与体制，拓宽市民参政议政方面作出很多举措，培育、增强了市民的民主意识。

1986年1月1日零时，广州市政府办公厅开通了市长专线电话，市民可以直接与市长就城市建设、经济发展与人民生活方面的各种问题直接通话。各区也设立了区长专线电话，市有关行政职能部门、企事业单位也建立了公共热线电话网络，让市民能随时与政府部门进行沟通，这些举措为市民参政议政提供了通畅的渠道，在发扬民主、促进领导作风和行政管理部门作风的转变方面起了较大作用。同年10月，广州市在全国首次发起由群众自定标准评议领导人的“广州地区十大杰出公仆评选”活动。①同年广州市又开办了《公仆与市民》的电台广播节目，该节目每星期广播两次，每次播出20分钟，每次安排一位领导与市民通过电台热线电话直接对话。该节目的开播为广州市委、市政府与市民之间架起

①冼庆斌，马俊荣，黎岳梁．广州社会主义民主建设回顾［J］．广州大学学报，1988（2）：19-24.

了一座沟通的桥梁，市领导也能通过这个节目及时了解民情民意，听到群众的呼声，从而及时为群众排忧解难。

1988年广州市政府开通了全国第一个“市长专邮”，为广州市民参政议政提供了另一个渠道。市民可通过“市长专邮”反映自身意愿和要求，对市政府的工作提出批评和建议，此举调动了市民参与政治的积极性和主动性。1988年4月，经广州市委直接发文，广州经济社会发展研究所和广州明兴制药厂合作组建专门从事社情民意调查的独立机构“广州社情民意研究中心”，这是我国创立最早的民调社会组织，该中心以“让政府了解民众，让民众了解政府”为宗旨，专门从事民意调查和舆论研究、反映民意，发挥了政府和民众间的桥梁纽带作用，在全国产生了较大的影响力。2003年，党的十六大报告向全党提出“建立社情民意反映制度”，广州又一次为改革开放提供了可参考的经验。[①]

2. 法制建设探索前行

（1）司法行政机构逐步健全

随着司法机构的恢复重建，广州公、检、法、司紧跟法治建设的步伐，逐渐健全。1978年恢复重建的花县人民检察院在新华大马路24号挂牌成立，率先恢复了正常法治工作运行。此后，广州政法事业一路伴随着改革开放的伟大进程蓬勃发展。

（2）进入“立法快车道”

1986年12月，广州作为“较大的市”，成为全国首批拥有地方立法权的城市之一。这十年，广州市在民主法治建设领域先行先试，开拓进取，扎实履行排头兵的使命，奔行在“立法快车道”上。共拟订法规草

---

①魏伟新、王利文．辉煌广州三十年——广州改革开放三十年基本经验研究［M］．广州：广东人民出版社，2008：102.

案3项，新立、修改法规19项，并以其先行性和鲜明的地方特色，在广东省乃至全国都产生了较大影响。《广州市人民代表大会代表议案条例》是全国第一个议案条例。1984年9月21日，广州市八届人大常委会通过了广州市拟订的第一个地方性法规草案——《广州市征用土地和拆迁房屋实施办法（草案）》，标志着广州市人大常委会地方立法的探索迈开了可喜的第一步。1987年1月17日，广州市第八届人大常委会表决通过了广州市制定的第一部地方性法规——《广州市饮用水污染防治条例》，揭开了广州市人大常委会立法工作新的一页。广州最早向国家提出工业用地使用权和所有权分离的要求，并于1988年出台了《广州经济技术开发区土地使用权有偿出让和转让办法》，在全国出让了第一块工业用地①。

（3）法律服务行业焕发生机

法律服务行业建设也在改革春风的吹拂下焕发出勃勃生机，为社会提供了多元化法律服务。1978年公证行业率先打破僵局，广州市南方公证处正式成立，为广大公民、华侨、港澳台同胞、外籍人士提供优质高效的公证服务，有效维护了当事人的合法权益，在海内外享有良好声誉。

律师行业也紧随步伐，1985年1月1日，广州地区的法律顾问处全部改为律师事务所，在全国首次全面使用了"律师事务所"这一名称，标志着法律顾问处从此摆脱了政府内设机构的体制束缚，形成独立于国家机构的全心全意服务于委托人的法律职业群体，这一巨变极大地促进了我国律师行业整体的成长。

①魏伟新、王利文．辉煌广州三十年——广州改革开放三十年基本经验研究［M］．广州：广东人民出版社，2008：54.

（二）广州市民主法治初步成形阶段（1989—1999年）

1992年，在邓小平南方谈话精神鼓舞下，广州迎来了思想大解放和新一轮建设高潮。1992年5月，广州市委、市政府制定了《关于进一步深化改革、扩大开放的若干决定》及一系列政策措施，扎实推动地方民主法制建设，广州市民主法治进入初步成形阶段。

1．民主蓬勃发展

（1）人大工作“广州现象”

1991年8月，广州市委召开首次人大工作会议。在发展社会主义民主政治的过程中，广州市不断完善各项保障政治权利实现的法律与制度，并规范和保障人大代表充分发表意见，使人大代表可以通过实地考察、执法检查、行政与社会监督、科学立法等多种方式及时有效地征询社会民众意见。在2000年4月初召开的市人大会议上，市人大代表民主气息高涨，就民生问题足足进行了8场质询，创历史最高纪录。《南方日报》整版报道了这一事件，称之为人大工作中的“广州现象”。深度质询拓展了人民参与政治的广度和深度，使人民行使当家作主的权利有了更为完善的制度保障。

（2）政治协商广州探索

1995年，根据中央关于认真贯彻执行《政协全国委员会关于政治协商、民主监督、参政议政的规定》的通知精神，广州市委颁布《关于把政治协商纳入党政重大决策程序的意见》，要求各级党委和政府对重大问题的协商要做到“三在前”，即协商在党委决策之前、人大通过之前、政府实施之前。对本地区的大政方针以及政治、经济文化和社会生活中的重要问题及重要人事安排，要实行先协商后决策，然后再实施。这是我国第一个专门规定把政治协商纳入决策程序的地方性文件。10年实践表明，广州市委、市政府在这方面的工作，一年比一年有进步，有发展，有成效，决策科学、决策民主，决策制度化不断完善。

（3）民主监督广州氛围

广州媒体在这一阶段快速发展，营造了良好的媒体环境和舆论氛围，促进人民参政议政，推动了广州市民主监督进程。1985年广州日报报业集团主办的《南风窗》杂志创刊。1992年5月2日，广州市《羊城论坛》创办，作为我国内地最早举办的政论性电视论坛，以“国事家事天下事，你谈我谈大家谈”方式，广泛吸引公众参政议政，营造了浓厚的民主氛围。1998年2月3日，“广州市人民政府公众信息网”正式开通，标志着广州市政府信息网上公开的实现。自此开始，广州市政府信息网上公开逐步发展为分类别、分部门、多层次、可交互、全方位的公开。

2. 法制建设不断推进

（1）实施依法治市战略，开启法治新篇章

党的十五大之前，在国家层面，尚未提出依法治国概念，1997年党的十五大明确提出了“依法治国，建设社会主义法治国家”治国方略，正式提出全面推进依法治国。1990年，《广州市依法治市五年规划》——广州市第一个依法治市五年规划（以下简称“‘一五’规划”）的出台，标志着广州市依法治市战略的正式提出。“一五”规划提出了广州市依法治市的指导思想、目标、基本任务、步骤、措施等内容。在“一五”规划的指导下，广州市依法治市工作稳步展开，广州市的民主法治进入初步成形阶段。

1997年，广州市人大通过了《广州市依法治市第二个五年规划》，推动广州市法治化进程纵向深入发展。在广州市依法治市过程中，逐步形成了立法、执法、司法、守法等方面的系统化经验，体现了依法治市思路从追求制度健全到讲究立法质量、营造全社会良好的法治化环境的战略转变。

（2）首创立法顾问，建立专家论证制度

1992年，党的十四大提出了建立社会主义市场经济体制的目标，在“市场经济即为法治经济”理念的指引下，与市场经济相适应的经济立法成为地方立法的重点。与此同时，广州市人大常委会在提高地方立法质量，推进地方立法科学化、民主化方面一直进行积极的探索和实践，此阶段的立法顾问论证与立法咨询专家论证制度就是其中典型。广州立法顾问论证制度建立于1999年，每届人大常委会都聘请12名本地区学术水平较高、立法经验较丰富的专家学者和领导干部作为立法顾问，其主要工作方式是参加立法顾问论证会，立法顾问的论证把关对提高法规质量起到了积极作用。

（3）推动法律服务业发展

自司法部于1994年7月首次提出建立公职律师设想以来，公职律师的试点在全国范围内展开，其中广州模式独具特色。[①]广州“依法治市”战略极大地推动了广州市法治化进程，同时法律服务业的需求也随着社会法治化发展而不断增加。1994年，广州市制定《关于进一步改革广州市律师工作的实施方案》，就律师的执业和律师事务所的运作进行了规范，促进了广州律师服务业的发展。

（三）广州市民主法治深入推进阶段（1999—2009年）

伴随着党的十五大的顺利召开，党的领导、人民民主和依法治国三位一体的建设路径正式确立，国家的民主政治建设全面推进，广州民主

①张文静．广州市公职律师工作的十年实践与发展路径探析［J］．中国司法，2012（7）：63-67.

法治建设也不断深入推进，稳步前行。

1. 民主进程纵深推动

（1）坚持和完善人民代表大会制度

2000年10月，广州市委第一次召开全市人大工作会议，集中总结研究在新形势下加强和改善党对人大工作的领导，进一步加强人大工作。2000年12月，市委发出了《中共广州市委关于进一步加强和改进人大工作的若干意见》，认真总结各级党委在发挥人大作用方面的基本经验，支持人大及其常委会履行宪法和法律赋予的职责，要求各级党委建立健全对人大工作的领导和联系制度，为市人大开展工作创造更好的条件。

（2）完善基层民主

中国基层民主是从1987年全国人大通过了《村委会组织法（草案）》后在农村首先发展起来的，这一过程刚开始被称为村民自治。1998年，借《中华人民共和国村民委员会组织法》实施东风，一直实行村委会制度的广州农村，村民自治进入实施阶段。广州市委印发《关于进一步加强广州农村依法治理、民主管理的意见》，用直选方式开展村委会换届选举工作。1999年，全市进行直选的974个村委会换届选举任务全面完成，之后又着手推动制定村规民约，完善自治章程等，推行村务、财务两公开，全面开展村民自治活动，至2008年6月，广州1146个行政村完成了第四届村委会民主选举，基层民主、基层治理的基础更为夯实。

（3）健全社会主义协商民主

2009年，按照党的十七大关于“推进政治协商制度建设”和“把政治协商纳入决策程序”的要求，广州市协商民主进一步完善。2009年，中共广州市委颁布了《中共广州市委政治协商规程（试行）》（简称“规程”）。规程首次明确，广州市总体规划和行政区划的重大调整，重大建设项目，关系民生和事关全局的重大问题，应对重大危机的预案和实施方案等，都必须事先经过政治协商，针对广州政治协商还不够规范等问题，规程以制度的刚性约束，变政策性协商为制度性协商，为规范政治协商设计了一整套程序和机制，广州自此成为国内首个对政治协商有明确规定的中心城市，这份政治协商规程引起了海内外的普遍关注，产生了较大影响。

（4）政务公开，打造阳光政府

政府信息公开是民主政治、公众知情权运动发展、政府职能转变以及与国际规则接轨的客观要求。2003年广州率先在全国颁布了《广州市政府信息公开规定》，其中明确规定，政府信息“以公开为原则，不公开为例外，公开时则以合法、及时、真实、公正、利益平衡和不收费”为原则，首次开了政府以政令形式强制政务公开的先河，为各地政府信息公开提供了范本。2005年，广州市被国务院确定为全国开展政务主动公开和依申请公开制度建设试点城市。2006年11月，广州市政府又配套出台了全国第一部全面、系统规范依申请公开政府信息工作的地方政府规章《广州市依申请公开政府信息办法》，2009年，广州财政部门主动公开了114个部门的财政预算，再次在国内首开先河。

（5）市民深入参与民主管理、民主监督

2003年12月10日全国首个法规执行监督听证会在广州召开，广州首开先河建立监督听证制度。以垃圾焚烧发电厂的选址为契机，广州还大力推进行政决策的公众参与，市民由参与行政决策感受到自己的主人翁地位，有效地化解了许多公共决策执行难的问题，形成了科学合理的行政决策程序，公众参与、专家论证、风险评估、合法性审查和集体讨论决定公共决策五步骤，建立了良性的政民互动关系。

2. 法治进程创新发展

（1）依法治市谋新篇

2001年，广州市开始实施《广州市依法治市第三个五年规划》，就广州市依法治市的具体层面而论，探索性、摸索式的建设道路已经积累了大量经验。2006年开始实施《广州市依法治市第四个五年规划》。“三五”规划和“四五”规划比此前的目标更高、要求更具体，不但在立法上要求提高质量，司法上强调公平与正义，而且着重提出了法治建设必须满足人民群众的政治参与需求，同时在具体的制度安排上，突出立法规划的重要性。对参与的保障与立法规划的设置，共同确保把人民群众最为关切的问题逐步纳入法制化治理的途径之内①。

（2）网络民主开先河

为扩大公民参与，使地方性法规真正体现人民的意志，广州市进行了积极探索。在广州地方立法实践中，体现地方立法民主的形式主要有座谈会、论证会、听证会、通过媒体征集意见等。从2003年以来，广州市制定任何一部地方性法规，均将法规草案在市人大信息网上公布，公开征求市民群众的意见。考虑到政务网站浏览量少、关注低的现实情况，为了进一步提升市民群众参与地方立法的积极性和广泛性，市人大常委会法制工委锐意改革、大胆创新，从2008年开始在网易、腾讯等网站上向社会公布法规草案并进行问卷调查、公开征求意见，广泛收集网民意见和建议。这一做法开创了广州市网络民主立法的先河，取得了很好的成效。

（3）探索创新的法律服务

为满足社会对法律服务专业化的需求，广州市政府鼓励律师、会计

①关于推进我市建设领域民主法制建设的建议案［EB/OL］．（2009-12-31）［2018-05-12］．https://www.gzzx.gov.cn/jyxc/zchyjya/200912/t20091231_49709.htm.

师等担任社会服务中介职责行业的公职人员“脱钩”直接进入市场，并且把律师制度、公证制度建设作为法律服务工作的重要内容，并于2002年在广州市成立了全国第一家公职律师事务所。2008年成立了全国第一家由司法行政部门、律师协会与高等院校合作开办的律师学院——广州律师学院，培养了一大批符合广州市民主法治需要的律师人才。

（4）人权研究教育显特色

2004年7月，由中国社科院荣誉学部委员李步云教授主持的广州大学人权研究中心正式建立，广州大学人权研究中心是国内目前从事人权研究与人权教育的唯一省级研究基地，2011年被批准为全国首批国家人权教育与培训基地之一，经过多年发展，形成了以人权基本理论研究与人权教育为基本立足点，多学科、多方向联动发展的整体布局。

（四）广州市民主法治全面升级阶段（2009—2018年）

2013年，党的十八届三中全会确定了“紧紧围绕坚持党的领导、人民当家作主、依法治国有机统一深化政治体制改革”的目标任务、主攻方向和根本原则，提出了发展社会主义民主政治的新思想、新论断和新举措，对加强社会主义民主政治制度建设作出了战略部署，在此顶层设计下，广州市进入民主法治建设全面升级阶段。

1. 民主建设全速推进

（1）人民民主不断健全

2010年1月，广州市人大常委会颁布实施修订后的《讨论决定重大事项办法》（以下简称“办法”），新修订的办法着重解决了重大事项界定和程序规范这两个关键问题，明确规定“凡涉及全局性、根本性、长远性以及关系群众切身利益、社会普遍关注的重大问题，均纳入重大事项范围”，对于涉及民生大事的15项重大事项，都将由人大及其常委会行使决定权，即“凡在广州行政区域内，水、电、燃气、公交等公用事业价格和教育、医疗等公益服务价格的调整；对企业、农民等收费的行政机关收费项目和收费标准的调整；以及市政府对重大突发事件的应急处置情况等与群众密切相关的重大事项，都应向市人大常委会报告决定，而政府越权作出的行政决定，人大常委会可以依法撤销”。

（2）协商民主硕果累累

2012年，党的十八大报告提出“社会主义协商民主是我国人民民主的重要形式”，要健全社会主义协商民主制度，推进协商民主广泛多层制度化发展。“协商民主”首次出现在党的代表大会文件中，被确定为发展中国特色社会主义民主政治的方向和重点。

每有大事，必有相商。广州向来重视以制度建设推进民主决策。广州市委数次召开政协工作会议，对政治协商工作作出重要部署，并先后制定实施《关于进一步加强人民政协工作的决定》《关于把政治协商纳入党政重大决策程序的意见》《中共广州市委关于加强人民政协工作的实施意见》等一系列重要文件，通过不断完善体制机制，将政治协商纳入重大决策程序。2018年先后修订《关于加强人民政协工作的决定》，印发《关于加强人民政协协商民主建设的实施意见》和《关于加强和改进人民政协民主监督工作的实施意见》，对推进新时代广州人民政协事业发展作出了重要部署。

（3）基层民主不断推进

城乡社区是社会治理的基本单元，群众的实际困难、矛盾纠纷，多数要在这个基本单元解决。为实现党领导下的政府治理和社会调节、居民自治良性互动，全面提升城乡社区治理法治化、科学化、精细化水平和组织化程度，促进城市社区民主，从广州基层民主发展的程度来看，目前村一级的基层民主走在了前面，并开始影响乡镇和城市社区，形成了从村一级横向发展到城市社区，纵向向上发展到乡镇政府一级的广州基层民主的发展格局。

2. 法治广州进入新时代

（1）推陈出新的广州立法

历史的卷帙翻到2011年，中国特色社会主义法律体系正式宣告形成，广州地方立法进入了创新驱动、转型发展期。这一时期，广州地方立法部门大胆探索，不断推陈出新。2012年11月28日至12月4日，广州市人大常委会在大洋网上成功举行了《广州市社会医疗保险条例》立法听证会，在全国首开网上立法听证的先河。为进一步加强规范性文件审查工作，强化市人大常委会的法律监督职能，广州市开拓创新，在全国率先制定了《广州市人大常委会规范性文件主动审查办法》，在全国率先启动规范性文件主动审查工作。为进一步提高公众参与地方立法的积极性、参与率和实效性，2013年3月，广州市人大法制工委制定并发布了《广州市公众参与地方立法指南》，在全国地方人大系统开了向社会发布立法参与指南的先河。

（2）成为标杆的法治政府

广州依法行政工作一直走在全国前列，在信息公开、重大决策制定、行政审批制度改革等方面先行先试、不断创新。2009年，广州市出台《广州市规范行政执法自由裁量权规定》，这是全国第一部全面规范行政执法自由裁量权的规章。2013年11月21日，广州市387项行政审批职权、3138项行政处罚职权通过广州市政府门户网站等渠道正式上线接受社会监督，厘清政府权力边界，“法无明文授权不可为”，广州成为全国首个晒出行政权力清单的城市。在中国政法大学法治政府研究院发布的《中国法治政府评估报告（2015）》《法治政府蓝皮书：中国法治政府评估报告2017》两大报告中，广州排名均居首位，2017年5月，广州获

"法治政府建设典范城市"称号，在法治政府建设方面有典范意义。①这是多年来对广州市解放思想、不断创新，深入推动法治政府建设的最好褒奖。

（3）锐意进取的广州司法

截至2018年，广州已经基本形成以"互联网+"技术支撑、以大数据驱动为特点的智慧司法体系，法院、检察院的诉讼档案卷宗全部实现电子化，"三通一平"体系，即"审务通""法官通""律师通"手机App和"12368"诉讼信息服务平台也得以建立。除此以外，广州市中级人民法院的信息化改革创新也走在全国前列，其建成的融合司法公开、诉讼服务、法治宣传等各类系统的外部服务平台，可通过电话、网上诉讼服务中心、"两微一端"等多渠道提起超过40项诉讼服务。12368诉讼信息综合处理枢纽可对各类诉讼服务请求进行全数字化集中管理，实现分类处理、即时转办、节点控制、超期督办等功能。

2017年7月，广州市司法局会同广州市中级人民法院、广州市律师协会正式出台广州律师调查令制度，成为全国首个采取"三方模式"建立律师调查令制度的城市，着力破解"调查难"与"执行难"两大难题。

（4）国内领先的法律服务业

多年以来，广州仲裁一直走在全国前列，2014年起，广州仲裁委员会受理的涉外案件超过中国国际贸易仲裁委员会，案件受理数量和争议标的额在全国225家仲裁机构中名列第一。2015年，广州仲裁委员会率先成立了中国互联网仲裁联盟，2016年，广仲裁云平台1.0向全国发布，被

①中国地方法治政府评估项目至今已五年，评估体系的框架结构和一级指标基本保持稳定，目前的指标体系包括8个客观指标和1个主观指标。分别是"依法全面履行政府职能""法治政府建设的组织领导""依法行政制度体系""行政决策""行政执法""政务公开""监督与问责""社会矛盾化解与行政争议解决"。反映主观评价的一级指标有1项，即"社会公众满意度调查"。

评为2014—2016年“优秀互联网+法律创新项目”与“影响中国互联网法治进程十大案例”之一。2017年广州仲裁委员会受理案件10 631件，争议标的额达到316亿元，同比增长79.4%和75.4%。在国务院法制办的统计中，广州仲裁委员会受案数、标的额、涉外案件数均处在全国领先地位。

作为一线城市，广州市律师事务所数量和律师人数稳步增加，2005年至2017年律师事务所数量和执业律师人数的年均增长速度分别为7.6%和8.5%。2017年全市律师行业创收47亿元，在册律师人数达到12 760人，律师事务所数量达到639家，律师人员规模排名位居全国第三、省会城市全国第一。

二、改革开放以来广州市民主建设的有益探索

改革开放40年来，广州市民主建设取得了长足进步，从改革开放初重构人大制度为中心的民主秩序到20世纪末建设适应市场经济发展的民主机制，从新世纪初全面推进人民民主为重心的民主建设直至新时代开启民主制度化新篇章，广州市不断总结民主建设经验，对推进社会主义民主进行了有益探索，取得了一系列不凡的实践成就。

（一）不断前行的广州民主

在不同的发展阶段，广州市根据各个时期的不同特点，在保障民主政治建设整体有效推进的前提下，大力进行地方民主的阶段性探索。

1. 改革开放初重构人大制度为中心的民主秩序

改革开放初期，广州的民主建设，一方面思想解放任务繁重，改革开放阻力重重；另一方面，广州市按照党的十一届三中全会精神，执行

党中央关于广东实行“特殊政策、灵活措施”的指示。广州实行对外更加开放、对内更加放宽、对下更加放权的宽松民主政策，大胆探索经济体制改革的方向，力图“杀出一条血路”，搞活经济，促进经济增长，从而推动广州走向现代化。

在这一背景下，广州市开始重构以人民代表大会制度为中心的民主秩序。1978年12月，党的十一届三中全会确立了发展社会主义民主、健全社会主义法制的基本方针，重申了人民代表大会制度的地位和作用。1981年9月，广州市第七届人民代表大会第一次会议召开，选举产生了广州市人民代表大会常务委员会委员。广州市第一至第六届人民代表大会没有设立常务委员会，由广州市人民委员会行使行政机关和人民代表大会常设机关的双重职权。广州市人大开始恢复工作后，围绕人大常委会的设立、建设构成了广州市人大恢复工作的主线。

改革开放初期，以人大制度为中心的民主秩序主要从三条路径来开展具有广州特色的工作：首先，重视人大平台的搭建，集中体现在常委会的设立及相关规则的制定；其次，发挥人大代表的作用，通过一系列的工作来增强广州人大代表的代表性和履职能力；再次，围绕人大四项基本职权（立法权、监督权、任免权和决定权）而进行的创新性实践活动。通过这一阶段的努力，广州市人大不仅恢复了原有工作，还搭建了新的平台，重构了民主秩序，为今后广州市民主的有序推进奠定了有力基础。

2. 20世纪末建设适应市场经济发展的民主机制

20世纪90年代，中国改革开放事业到了一个重要的转折点。邓小平于1992年视察南方，在广东地区发表了一系列重要的谈话，为改革开放的航程指明了方向，特别是有关计划与市场的精辟论述为中国确立以社会主义市场经济体制为目标的经济体制转型奠定了思想基础。

在此背景下，广州市民主建设围绕社会主义市场经济体制而展开，适应从计划经济体制向市场经济体制的转型成为广州市民主政治建设的内在要求和基本特征。市场经济体制的内在要求决定了这一阶段广州市民主政治建设的主要内容。广州市按照中央和省的要求，结合广州本地实践，逐步形成了“市场解放政府，政府培育市场”的行政理念。在原有的机构改革经验的基础上，系统规划了政府机构改革的发展步骤和发展方向等目标。同时，还加强了协商民主、基层群众自治、党风廉政等的建设。

总的来看，广州市民主政治建设在这一阶段取得了很大的成绩，为后来的更大发展奠定了良好的基础。但是，由于这一阶段处于改革开放的攻坚期和探索阶段，人们对民主建设适应社会主义市场经济这一要求还不是很了解，因此，各项民主建设工程尚在探索中前进，所取得的成绩也只是初步的、经验层面的，尚未形成规律性认识，这就为下一阶段提供了发展空间和发展动力。

3. 新世纪初全面推进人民民主为重心的民主建设

1997年，伴随着党的十五大的顺利召开，国家层面的民主政治文明建设全面推进，广州市也踏着这样的历史脚步在民主政治建设问题上努力探索，不断创新。自党的十五大以来，中国共产党明确提出党的领导、人民民主和依法治国的建设路径，这为广州市民主政治建设指明了工作重点和发展方向。

这一时期，广州市民主政治建设的重心发生了转移，开始全面推进人民民主。1998年以来，广州市人大及其常委会不断强化人大的功能，先后建立和完善了立法听证制度、监督听证制度、民主评议制度、会议旁听制度等多项行之有效的制度，规范立法程序，提高立法质量，强化监督职能，拓展政治参与，取得了显著的成效。同时，广州市委、市政府在已有的实践经验的基础之上，不断优化举措，完善制度，促进民众的自我教育和自我管理。在推进保障人民当家作主的权利的各项民主举措中，广州市政府优化社会监督，完善社会监督的途径，加大社会监督的力度，为了保障重大决策的科学性，强化决策的针对性和实效性，组织了形式多样的征求意见活动。

为了使协商落到实处，广州市政协不断探索，丰富制度体系、改进工作机制。广州建立了市委书记、市长和党政职能部门“一把手”督办重点提案制度，强化了政协履职的成效；率先搭建政协委员微博议政平台，听民声、聚民智、解民困、纾民怨，实现了“网络政协”与民众的无缝对接；建立健全界别工作平台，促进界别活动常态化，为扩大社会各界有序政治参与创造了良好条件；率先开展政协委员述职和建立健全政协委员履职档案制度，有效调动了政协委员积极性、主体性和创造性；创办“广州政协大学堂”，开堂布道、传播新知、启迪思维，使之成为广州地区政协委员和各界群众的“精神大粮仓”。

4. 新时代开启民主制度化新篇章

在推动民主方面，广州市不仅仅满足于微观上的个案处理，还着眼于宏观的制度建设，2012年，广州市委正式印发的《关于推进民主法治建设的实施意见》中强调，以制度建设为核心，力求每一项目标任务都有制度和机制的支撑，以实现民主法治建设的可持续发展。全文共提出100多项制度和工作机制，通过制度的硬要求和刚性力量，使得每一项目标任务都有制度和机制的支撑。多年来，广州市委数次召开政协工作会议，对政治协商工作作出重要部署，并先后制定实施《中共广州市委关于进一步加强人民政协工作的决定》《关于把政治协商纳入党政重大决策程序的意见》《中共广州市委关于加强人民政协工作的实施意见》等一系列重要文件。通过不断完善体制机制，明确政治协商的基本原则、主要内容、主要形式和主要程序，将政治协商纳入重大决策程序。

（二）广州市民主建设的实践成就

改革开放40年，广州市民主建设取得了显著的发展和进步，独具特色的“民主精神”、人民民主的“广州现象”，先行先试、可圈可点的协商民主等实践成就，为人民当家作主广州探索奠定了深厚的政治基础。

1. 开放兼容，敢为人先的“民主精神”

改革开放40年以来，广州国民经济又好又快的发展，为全面提高广州市民的整体素质和扩大公民有序政治参与奠定了坚实的物质基础。市民的民主意识、平等意识、权利意识、竞争意识、主体意识等现代政治观念亦不断增强，因而也更加激发了公众对政治参与的热情。广州改革开放前沿地的开拓精神，社会的不断进步，社会主义民主法治建设进程的逐渐推进，人民代表大会制度日益深入人心，社会主义物质文明、政治文明和精神文明的协调发展，这些都促使在经济上逐步富裕起来的广州人更加关心国家大事，积极参政议政，参与社会主义和谐社会的建设。可以说广州改革开放40年是思想解放的40年，是民主观念不断增强的40年。

广州人民思想解放还体现在它充分利用政策与法律所营造出的良好的社会舆论和观念氛围，切实维护和保障了公民合法权利。媒体对“孙志刚案”的关注和报道，推动了全国收容遣送制度的废除；洛溪大桥收费事件，媒体的关注引发市民对此事件的热议。2014年，广州市在建设垃圾焚烧场之前，为打消公众的疑虑，从6月10日起至7月4日，组织公众参观广州市第一资源热力电厂二分厂，考察先进的垃圾焚烧处理技术，体现了对公众最基本的权利的尊重，对消解公众心中的疑惑与担忧，获得民意放行起到了基础性作用。广州市政府能够接受社会媒体监督，倾听来自社会各方面声音，直面社会争议热点问题，是其对自身决策自信的体现，也是准确了解民意、进行科学决策的必然要求。

开放兼容、敢为人先的“广州精神”是广州民主建设的文化基础。民主政治建设与适合的文化土壤相结合，会产生更生动、积极的效果。广州民主建设的文化土壤就是独具特色的岭南文化。岭南思想文化主要有革新求变、兼容并包、开放务实等特征，这些特质具有很强的现代精神，潜在地促进了广州的经济和政治的发展，并且使广州民主建设显示出一派活跃、富有生机的局面。在政治上，提倡理解、宽容，创造了宽松和谐的社会氛围，使各个利益群体相互协调。广州历届的领导大多解放思想，普通市民的权利意识以及运用法律、政策维护自己权利的思想观念普遍较强，这就是广州民主建设最深刻的文化基础。

2. 创新实践、人民民主的“广州现象”

广州民主发展中，有最突出的两个方面：一是以人民代表大会制度为主的民意代表系统得到广大群众的认同，形成“广州现象”；二是民意表达系统发达，作用显著。2009年，广东省委明确广州为全省民主法治建设试点城市，要求广州在民主法治建设方面率先探索、付诸实践。

广州市人大及其常委会在民主法治建设中，在国内首创的一些人大工作的新形式，被全国各地人大及新闻媒体誉为“广州现象”。1989年广州市人民代表大会全体会议首次设立旁听席，邀请社会各界人士参加旁听会议，让更多公民有机会旁听人大会议，更真切地了解、监督政府与立法机关的工作。2017年8月1日至8月4日，为期四天的《广州市停车场建设和管理规定》网上立法听证会在腾讯大粤网上举行。由于该管理规定涉及市民群众的切身利益，关系如何解决广州市停车难、停车贵和停车乱等市民关心的热点、难点问题，故本次立法听证会吸引了众多网友的参与。立法听证会曝光量3.69亿，点击量多达1508万次，总投票数7.3万次，网友共发表评论1454条，网友对听证事项、法规草案和听证方式等提出了很好的意见和建议。在线观看现场辩论的网友近16万人次。

在人大民主的示范下，政府部门也开始更多地倾听民声。1985年，广州市委、市政府作出关于“三不决策”（不经调查研究不决策、不经专家论证不决策、没有两个以上方案不决策）的决定，凸显市领导民主决策、科学决策之决心。广州市政府于2010年5月印发的《重大民生决策公众征询工作规定》中明确提出：凡涉及民生的重大决策，都必须在决策前充分听取市民意见。为进一步规范公众参与重大行政决策过程，提高政府行政决策的科学性、民主性和准确性，广州市人民政府于2013年4月出台《广州市重大民生决策公众意见征询委员会制度（试行）》，2015年修订为《广州市重大民生决策公众咨询监督委员会工作规定》，规定公众咨询监督委员会是政府重大民生决策征询民意制度的重要实现形式，关系市民切身利益且涉及面广的重大民生决策事项，均应成立公众咨询监督委员会，先征询民意后作决策。2018年4月，为“保证人民在日常政治生活中有广泛持续深入参与的权利”，广州市进一步修订《广州市重大民生决策公众意见咨询委员会工作规定》，将“重大民生决策公众咨询监督委员会”改为“重大民生决策公众意见咨询委员会”（简称“公咨委”），并对公咨委终止程序等进行了修改和完善。

3.“软法机制”，探索前行的“协商民主”

改革开放以来，在党中央的高度重视下，通过修改宪法，修改政协章程，颁发中共中央文件，人民政协协商民主制度建设达到了前所未有的水平，协商民主得到了有力推进。广州市具有深厚的政治协商基础，回顾广州政协改革开放后的历史，“从‘关心协商’到‘必须协商’，从‘可以协商’到‘程序协商’，从‘软办法’到‘硬约束’”，可以清晰地看到人民政协成为社会利益表达平台、有序政治参与平台的历程。自1977年恢复工作以来，广州市政协主要围绕四个方面来提升自身的履职能力：首先，重视政协机关建设，这是广州政协工作的重头戏，它集中体现为成立各专门委员会及创制相应的运作规则，从而构建起完备的协商平台；其次，突出政协界别特色，通过对界别范围的调整扩大，最大限度地把社会各界的利益诉求纳入体制中来，推动政治参与的有序化；再次，发挥政协委员的主体作用，作为政府与社会公众的联结纽带，政协委员依托政协这一协商平台积极介入决策等活动中，表达界别的利益诉求；最后，推进多党合作，作为人民政协最原始的功能，促进政党合作自然是政协工作的重点。[①]这四点构建了政协“四位一体”的工作布局。[②]

在广州市协商民主发展路程中，《中共广州市委政治协商规程（试行）》（以下简称“《规程》”）毫无疑问是浓墨重彩的一笔。作为政治协商规程的最早试行城市，广州先行一步。其最根本的目标——决策民主化的诉求，在广州也得到了最充分的体现。《规程》首次明确各种重大事项须事先经过政治协商，首次将政治协商制度从政策性协商变为制度性协商，要求做到“对重大问题的协商在市委决策之前，市人大常委会通过之前，市政府实施之前”，《规程》另外的切实之处，则是规定了一系列需要协商的内容和协商的程序细节。国内学术界评论认为，《规程》“是具有破题意义的民主制度的重要程序设计”，“是从制度层面和程序设计上把人民政协的政治协商真正纳入决策程序，是中国协商民主制度建设的一大突破，必将有力推动中国社会主义民主政治建设的进程”。实现了政治协商从制度设计到制度实践的重大跨越，政治协

①参见广州市政协网http://dhzw.gzzx.gov.cn/cf131/zxzs/。

②“四位一体”指的是人民政协自身建设的内涵，最先由《中共中央关于加强人民政协工作的意见》加以规范。

商在政府决策过程中的效力得到强化。民间将广州首部《规程》称为“软法”。

在民主监督这一政协发挥功能最弱的领域，广州市政协的公咨委探索在全国具有示范意义。在广州市政协十二届一次会议上，广州市政协社法民宗委委员韩志鹏有感于同德围地区30万居民的基础设施极度缺乏，提交提案，希望市政府能够整治同德围。广州市长在实地调研之后，要求市政府在该地区开展综合整治，同时提出“同德围整治要全民参与”。市政协迅速组织委员深入调研，最终促成广州首个政府决策公众咨询监督委员会——同德围公众咨询监督委员会的建立。随后，广州市又成立了城市废弃物处理、金沙洲地区、重大城建项目等多个公咨委，在重大项目及决策制订中听取民意民声。

（三）40年广州市民主建设四点经验总结

改革开放40年，民主愈发展，广州市各项事业也愈发展，社会主义民主政治强大生命力和优越性不断显现，回首40年，广州市民主建设经验可以归结为如下四点：

1. 必须坚持党的领导

回看广州民主40年发展之路，是一段坚持与发展、加强与改善、巩固与创新的历史。广州民主政治建设之所以能够取得显著成绩，首要经验在于坚持以马克思主义为指导，以正确的理论来指导实践行动，在于坚持党对广州民主事业的统筹谋划和统一领导。广州的40年民主成就，是改革开放以来我国实现历史性变革、取得伟大成就的精彩缩影，是社会主义中国蓬勃生机和光明前景的生动写照，是我们党勇于站在时代前头，带领人民不断开创新事业发展新局面的有力印证。改革开放以来，广州市委、市政府坚决贯彻党的路线、方针、政策，将中央的大政方针落到实处，广州市民主的成功实践也表明，只有坚持马克思主义，坚持党的领导，坚定不移地走中国特色社会主义道路，经济发展和政治建设齐头发展，人民权益才能得到真正的保障。

2. 必须坚持以人民为中心

中国特色社会主义进入新时代，广州要在决胜全面建成小康社会、开启全面建设社会主义现代化国家新征程上走在前列，就必须始终把以人民为中心作为根本政治立场和价值导向。广州民主近40年的历程充分证明，人民民主是社会主义的生命，人民当家作主，离不开公民的有序政治参与。过去40年，广州充分发挥了人民群众和人大代表的作用，凝聚起团结奋斗的强大力量，取得了各项事业的跨越式发展。过去40年，广州加大公众参与，倾听民众心声，充满温度，开放包容，暖意融融，凝聚起继续向前发展的磅礴之力。

3. 必须坚持民主前行，法治相随

民主与法治密不可分，必须将二者一体规划、同步建设。一个地区的法治水平，是民主的重要体现，也是民主的重要保障。广州的民主与法治之间也一直保持良好互动，以民主促法治，以法治保障民主。40年来，广州以《羊城论坛》、人大代表联络站、社情民意研究中心、听证会等多元化手段增强民主氛围的过程，也是推进人民法治意识的过程；司法普法、律师进村居、法律援助等配套工作，全方位激发了民主氛围，更推动了社会整体法治意识的提高。自1988年，广州市将依法治市作为城市发展的目标，并于1990年开始正式制定依法治市五年规划，地方立法的起步，也意味着立法民主化的开端，广州形成了重要的城市核心竞争力。在民主政治和法治建设的关系上，广州市以法律法规规范民主政治的发展，确保各种形式的民主实验在法治的轨道上进行。

4. 必须坚持体现广州地方特色

中国幅员辽阔，民族众多，风俗各异，经济发展、社会生活不平衡，广州民主建设能否体现地方特色，能否从本地区实际出发，充分考虑本地经济社会、地理环境、自然条件、风土人情、民族习惯等情况，充分把握本地区特点和规律，有效解决本地的具体事务，决定了地方民主的质量。广州地处改革开放前沿，市民的思想、文化活跃，人大代表当政、参政、议政的观念较强，综合素质及参政能力也日益提高。改革开放以来，广州在民主建设中形成一系列具有广州特色的有效做法，如完善人大常委会讨论决定重大事项办法，制定实施市委政治协商规程（试行），率先颁布实施政府信息公开规定和依法申请公开政府信息办法，建立重大事项社会公示制度和社会听证制度，培育和发展公共政策咨询机构，建立咨询委员会制度；探索把法律监督、重大事项决定等列入听证范围，推进立法听证、行政听证制度化等。人民民主的“广州现象”的出现并非偶然。从经济角度来说，这是广州市经济持续快速健康发展的迫切需要；从政治角度来说，这是广州民主政治不断进步的结果；从文化角度来说，这是广州民主法治意识不断增强的结果。

三、改革开放以来广州市法治建设的深入实践

广州的民主政治建设形成了渐进式发展的特色，法治建设也取得了显著进步。改革开放40年，广州市地方法治建设务实奋进，在依法治市布局、地方立法、营商环境打造、法治政府建设，以及公正司法体系、浓郁守法风气营造、创新法治建设方面，探索出了一条极具广州特色的地方法治建设之路，示范性强、基础扎实、成效显著。

（一）务实奋进的广州法治

作为国内一线城市，广州是中国特色社会主义建设的排头兵、深化改革开放的先行地、探索法治建设的试验区，务实奋进，树立了地方立法品牌，依法治市系统推进，领跑法治化营商环境，法治建设领域更有诸多创新之举。

1. 树立地方立法广州标杆

1984年9月21日，广州市第八届人大常委会第九次会议审议通过了拟订的地方性法规草案——《广州市国家建设征用土地和拆迁房屋实施办法（草案）》，经广东省第六届人大常委会第十次会议修改通过为《广州市国家建设征用土地和拆迁房屋实施办法》，市人大常委会立法的探索迈出了可喜的第一步。1987年1月17日，广州市第八届人大常委会第二十五次会议表决通过了第一部地方性法规——《广州市饮用水源污染防治条例》，五天后的广东省人大常委会批准了该法规，揭开了广州市人大常委会立法工作新的一页。在这一时期，广州市人大常委会立法主要有两个特点：第一，立法内容新，主要集中解决改革开放初期出现的新情况、新问题，此外对对外开放和规范市场行为方面的经济立法进行了初步尝试，同时也围绕城市管理和环境保护进行了一些立法；第二，敢于探索，如1992年6月1日公布施行的《广州市销售燃放烟花爆竹管理规定》，此项立法开创了全国禁放的先河，这一勇于挑战传统习俗的创新立法的成功，使得国内的其他大城市在之后纷纷效仿。2016年，在制订《广州市非机动车和摩托车管理规定》、修订《广州市生态公益林条例》的过程中，广州市委政法委、市人大常委会法制工委与市法制办及其他政府相关部门密切配合，首次组织开展了针对具体立法项目的社会稳定风险评估，形成了社会稳定风险评估报告，为立法决策提供了重要参考依据，为同类立法提供了重要示范。

从立法数量看，自改革开放以来截止到2017年10月，广州市人大共发布23个办法，平均每年颁布0.6个；发布91个规定，平均每年颁布2.3个；发布161个条例，平均每年颁布4.1个。广州市政府共发布531个地方规章，平均每年颁布13.6个。与社会发展相适应，不同时期有不同的立法主题，经济、社会、行政、人才引进、医疗和科技等一直属于高频词汇，与广州作为改革开放前沿地的地位相匹配。

2. 布局“依法治市”

20世纪末，广州市按照邓小平南方谈话的精神，贯彻党中央加快改革开放的一系列指示精神，于1990年正式提出了“依法治市”战略，成立了“依法治市”领导小组，出台了《广州市依法治市五年规划》。1997年，党的十五大明确提出了“依法治国”的响亮口号，更为广州的依法治市工作提供了强大的上位支持和理论指引。此后，在广州市委的领导下，依法治市“一五”“二五”“三五”“四五”规划顺利实施，立法、司法、执法、守法等各方面工作均逐步开展并取得了良好实效。2016年12月28日，广州市委办公厅印发了《广州市全面依法治市第六个五年规划（2016—2020年）》，这是广州新时期全面推进法治建设工作的重要纲领性文件。

1990年至今，“依法治市”战略一直是一项涉及政治、经济、文化、社会等各方面工作的复杂的系统工程。为了贯彻落实“依法治市”战略，广州市委坚持党对依法治市工作的领导，紧密依靠社会各方面的积极力量，充分发挥各级各类法制工作机构的积极性和创造性，立足全局又突出重点，科学处理经济发展与法治建设之间的辩证关系，围绕经济社会发展的中心任务，逐步开展立法、司法、执法、守法等法治建设，为全面建设法治化营商环境奠定了基础。

3. 领跑法治化营商环境

“十三五”期间，广州提出“三中心一体系”的城市发展战略，致力打造国际航运中心、物流中心、贸易中心和现代金融服务体系。从国际先进大都市发展经验来看，一个城市或者地区发展成为国际航运中心、国际贸易中心或者世界金融中心，无不伴随着一个完善的法律服务体系和发达的律师产业，而发达的法律服务业和法治环境是一个城市或地区营商环境的重要体现。

作为千年商埠，广州在营商法治环境建设方面也取得了斐然成绩。广州市获评“2017年福布斯中国大陆最佳商业城市”，在粤港澳大湾区研究院发布的2017年中国城市营商环境指数中，广州排名全国第一，以开办企业、执行合同、财产登记、内外资投资增速、税负水平这五个指标衡量城市的营商软环境，广州优势明显。在中国社科院发布的《法治蓝皮书·中国法治发展报告（2017）》中，广州市中级人民法院年度司法透明度居全国法院第一名。法治政府、透明司法换来市场活力和社会创造力，目前，广州总部经济发展能力居全国前三，在穗投资的外资企业达2.7万家，世界500强企业中有120家把总部或地区总部设在广州。

4. 创新法治建设

1987年广州市荔湾区法院成立了专门的少年刑事审判庭，率先建立健全了少年审判机制，成为全国最早建立少年刑事审判庭的法院之一。广州市检察院对广州地铁2号线工程开展的专项预防，是国内早期专项预防的成功范例。2016年11月16日，广州成为全国18个为期两年的刑事案件认罪认罚从宽制度试点地区之一。全市检察机关着力在案件体量、创造积累经验和探索办案规律三个方面不断开创“广州做法”，最高人民检察院专门发文向全国检察机关推广“广州模式”。

2017年12月1日，广州律师大厦正式揭牌。广州律师大厦是全国第一座真正意义上的律师大厦，是广州法律服务聚集区标志性建筑，其修建是加快推进法治广州的亮点举措。未来大厦内还将建设一个法治博物馆，周边由政府打造一个广州法治公园，这些配套建设与律师大厦融为一体在全国也属首创。为进一步大力支持法律服务业，2017年8月出台的《广州市天河区产业发展专项资金支持高端服务业发展实施办法》先行先试，首次明确律师业的属性，将律师业纳入四大重点产业之一的商务服务业，律师服务企业作为七大其他营利性服务业企业之一，最高可获100万元支持。

（二）广州市法治建设的实践成就

改革开放40年，广州市法治建设是一个渐进的发展过程，从重新启动、逐步开展、深入推进到最后全面升级，蕴含着科学立法、公正司法、严格执法、全民守法的领先实践。

1. 科学立法，巩固广州法治根基

在我国立法体制中，广州市人大及其常务委员会只拥有作为特大的市的地方立法权，该权利在立法内容、程序、适用范围上受到立法法严格限制，被俗称为“半个立法权”。尽管如此，广州市仍在地方立法上取得了引人瞩目的成就：

（1）创新性立法。广州市人大制定的不少地方性法规，都带有鲜明的先行性和地方特色，在广东省乃至全国都产生了巨大的影响。1986年7月发布的《广州经济技术开发区条例》为国内同类地方性法规中的首部，是专门用于经济技术开发区建设和管理的地方性法规；1992年6月1日公布施行的《广州市销售燃放烟花爆竹管理规定》开创了全国“禁放”的先河，这一在全国产生轰动效应的政策迅即引起连锁反应，并带领全国城市进入了一轮从禁放烟花爆竹到有限放开的过程；《广州市妇

女权益保障若干规定》在国内率先以地方立法的方式化解了“外嫁女”权益保障问题；2012年5月1日制定的《广州市募捐条例》在尚无募捐上位法的情况下制定了在全国具有首创性的规范和措施。2017年3月通过的《广州市非机动车和摩托车管理规定》也是全国第一部对五类车开展管理的法规。

广州的地方立法还创造了许多“率先”：创立了多个“全国率先”，包括率先建立立法顾问与立法咨询专家论证制度；率先开展网络民主立法，在全国人大系统开设第一个立法官方微博、官方微信，举行全国首个网上立法听证会；编写全国人大系统第一本《立法业务指南》，在全国率先推行精细化立法；率先建立法规立项标准体系；首创立法后量化评估制度；在全国首次进行规范性文件主动审查；举行全国首个法规监督听证会等。

（2）民主化立法。广州市人大在制订地方性法规的过程中，重视民主立法，开门立法，初步形成了一整套引导、推动公众有序、有效参与地方立法的措施，主动回应社会关注。一些与人民群众利益关系密切的法规草案还在《广州日报》等主流媒体上公开征求意见，并采取立法听证会、法规监督听证会、网络听证会等形式听取公众意见，创造性地将网络听证和现场辩论相结合并全程直播，同时搭建公众参与听证的“无障碍”通道。为进一步广泛听取民意，加大监督力度，增强监督实效，广州市人大常委会开风气之先，于2013年推出《市民议政厅》栏目，邀请市人大代表担任嘉宾，与广大市民通过网络聊天的方式，围绕当次常委会会议的重点议题和市民普遍关心的热点问题进行在线交流，并对交流全过程进行文字直播，更加广泛收集民意。广州市人大法制工委于2013年向社会公布了系为全国地方人大系统内首创的《广州市公众参与地方立法指南》，为公众参与立法提供详细的指引。民主化立法是广州按照“一切权力属于人民”的社会主义民主要求，在地方性立法的过程中，重视公民的参与和监督，体现了民主的原则和精神。

（3）制度化立法。在地方立法实践中，广州市人大常委会较为注重积极探索符合社会实际和立法规律的程序。陆续建立和逐步完善了立法顾问、专家咨询、立项论证、立法后评估等制度，其中对地方性法规案审议制度的探索尤为突出。对于地方性法规草案的审议，许多地方在早期通常是一部法规一次审议。广州市人大常委会历经长期探索和不断完善，2009年10月15日，常委会表决通过了关于修改《广州市地方性法规制定办法》的决定。修改后的《广州市地方性法规制定办法》，将法规案的基本审次制度由原来的两审制改为颇具广州特色的三审制，为提高立法质量提供了制度保障。

2. 严格执法，建设良好法治政府

广州在法治政府建设方面处在全国领先地位，在重大决策制定、信息公开、行政审批制度改革等方面先行先试、不断创新：

（1）重视决策规范。自2012年起开展法治政府示范创建工作，广州3次大规模清理行政规范性文件，健全依法决策机制，制定了《广州市重大行政决策程序规定》。2012年12月，由于在完善重大决策程序规范推进上的良好实践，“广州市完善重大决策程序规范推进科学民主依法决策”荣获第二届“中国法治政府奖”。2017年5月1日正式实施的《广州市依法行政条例》对各类行政行为，特别是行政决策的范围和程序作了严格的规定，将行政决策行为全面纳入法治化轨道。这也是全国第一部对推进依法行政工作进行全面、系统规定的地方性法规。

（2）重视权力运行。建设法治政府，就要用刚性的决策程序套住行政权力的笼头。2013年以来，广州先后制定了《广州市规范行政权力公开运行总体方案》，以及权力清理、权力公开、权力监督3个配套工作方案，在全国率先建立并晒出行政权力清单，实现权力运行结果在线查询，有效规范了行政权力的公开运行。

（3）重视信息公开。在推动信息公开、打造阳光政府的道路上，广州一直敢为人先。早在2002年，广州就率先出台了我国政府信息公开领域第一部地方政府规章《广州市政府信息公开规定》，被喻为第一个“阳光法案”。2006年11月，广州市政府又配套出台了全国第一部全面、系统规范依申请公开政府信息工作的地方政府规章《广州市依申请公开政府信息办法》，2011年，《广州市政府信息公开规定》项目获“中国法治政府奖”。2012年，广州市政府下辖的41个政府部门在官网公布了2011年部门决算，并单列2011年部门“三公经费”决算数据，成为全国首个公布“三公经费”的市级政府。2013年，广州实现了所有市区街道预算和“三公经费”的公开，成为全国首个实现三级政府“三公经费”全面公开的城市。2017年，继“晒三公”、晒权责清单之后，广州市再开全国先河，出台《广州市行政执法数据公开办法》，要求所有具有行政执法权的单位晒出2016年全部行政执法数据，形成了全面规范行政执法的外部动力，被誉为把权力“晒在阳光下”的又一里程碑。

3. 公正司法，守卫广州公平正义

（1）知识产权审判。作为中央司法改革部署的重要举措，2014年12月16日，广州知识产权法院作为全国第二家专门性知识产权法院正式成立，全新的建院模式和管理模式，打破区划限制、跨区域案件集中管辖，不设行政级别、去行政化，成立法官遴选委员会，实行“技术调查官+技术顾问”的“双顾问”技术审查合作新模式……一系列新举措、新突破使广州知识产权法院加快科技化、专业化、新型化，知识产权审判已经成为广州践行国家创新驱动战略的重要品牌，保障科技创新的重要抓手。

（2）推动国家立法的典型案例。改革开放以来，作为市场经济沃土，广州产生了一大批在全国范围内具有巨大影响力的典型案例，为全国性立法和全国各地的司法工作提供了宝贵经验。“周广龙案”直接推动了对黑社会性质组织的立法解释；亿安科技案使《中华人民共和国证券法》给予部分股东维护民事权利的法律基础；“张子强案”在一定程度上表明了我国当前区际刑事法律规范冲突及规定不完善的问题；“许霆案”直接推动了《中华人民共和国刑法修正案（八）》对盗窃金融机构从重处罚规定的废除。

（3）智慧司法体系。过去几年，司法大数据已成为促进司法公信跃升、经济社会发展、广州治理变革的基础性力量。广州法院围绕审判执行、司法为民、司法公开、司法改革、司法管理五项重点工作，截至2016年广州法院已经基本形成以“互联网+”为技术支撑、以大数据驱动为特点的智慧司法体系。广州市中级人民法院是全国首家实现全程网上办理来文、网上报送两级法院信息和调研、自动统计和计分考核的法院。

（4）刑事法援案件律师辩护全覆盖。2017年11月，广州市司法局与广州市中级人民法院联合印发了《广州市开展刑事案件律师辩护全覆盖工作的实施细则（试行）》，标志着广州市刑事案件律师辩护全覆盖试点工作正式启动，广州也因此成为全国首个制定实施细则，率先具体落实最高人民法院、司法部《关于开展刑事案件律师辩护全覆盖试点工作的办法》的城市。

（5）刑事案件速裁程序试点及繁简分类改革。2014年6月，全国人大常委会首开“试验性立法”先河，决定在广州等18个城市开展刑事案件速裁程序试点工作。2014年9月，广州市委政法委制定《广州市刑事案件速裁程序试点工作实施方案》，大胆创新、先行先试、依法有序开展刑事案件速裁程序试点工作，2015年适用速裁程序的案件数居全国18个试点城市首位。为克服案多人少困难阻碍区域经济发展的问题，自2017年3月开始，广州市天河区人民法院全面推行繁简分流“四个一”改革——搭建一个独立的民事案件繁简分流工作平台，建立覆盖民事、刑事、执行案件类型的繁简分流工作体系。2017年6月，天河区法院被最高人民法院评为“全国法院案件繁简分流机制改革示范法院”，工作机制改革受到最高人民法院的肯定。①

4. 全民守法，营造浓郁法治新风

（1）打造全国公共法律服务最便捷城市。党的十八大之后，广州市司法局以党的十八届四中全会提出的“推进覆盖城乡居民的公共法律服务体系建设”为抓手，全面落实党的十九大“以人民为中心”的发展理念，提出打造“全国公共法律服务最便捷城市”的工作目标。借助一村（社区）一法律顾问制度形成的全覆盖网络，活跃在田间地头的律师为全市2676个村（社区）提供专业的法律服务。法律顾问入驻村居，调解委员会等各类司法行政机构遍布广州，免费的公共法律服务触手可及，便捷的公共法律服务体系日渐丰富。

（2）开展具有广州特色的普法教育活动。全社会尊法学法守法用法意识的形成，需要社会主义法治文化强有力的支撑。广州从20世纪80年代开始实行五年普法规划，重点推进领导干部的学法用法，使各级领导干部的法律认知水平和执法、奉法、守法能力大大增强，市民的法治意识得到很大提高。广州普法教育活动的特点是突出宪法学习宣传，突出领导干部、青少年等重点对象法治宣传，开展形式多样、内容丰富又贴

---

①人民法院报. 10个月，人均结案730件！——广东广州天河区法院繁简分流“四个一”改革纪实［EB/OL］.（2017-11-08）［2018-9-27］http://www.court.gov.cn/zixun-xiangqing-67602.html.

近群众的法治宣传教育活动，如开展“法律六进”活动、创办《羊城普法》期刊、开播《“烦”事有得倾》电视栏目等，营造了“法治广州”的浓厚氛围。[1]通过全民共同参与普法教育活动，群众的法律信仰和法治意识不断增强，守法、用法观念有了很大转变。

5. 立于潮头，仲裁推陈出新

多年来，广州仲裁委员会一直推陈出新，立于国内仲裁业潮头，推动中国仲裁事业不断向前发展。2011年，广仲联合香港、澳门仲裁机构共同设立南沙国际仲裁中心，适用开放的仲裁规则和仲裁员名册，并创新地设置了中国内地、香港及澳门三种庭审模式供当事人选择，最大限度满足了对外经济沿线国家因法律体系不同而产生的多元需求。2015年9月，广州仲裁委员会牵头成立了中国互联网仲裁联盟，160多家仲裁机构、电商企业等主体参与。2015年10月，《中国广州仲裁委员会网络仲裁规则》正式实施，对电子仲裁协议效力、电子证据的调取和认定、在线庭审方式、电子裁决文书的作出和送达等作出了详细规定，成为互联网仲裁程序上可复制的经验，并向全国推广。2016年10月，广州仲裁委员会推出仲裁云平台，全国及乃至世界各仲裁机构均可在平台上运作，处理商事纠纷。

（三）改革开放40年广州市法治建设总结

改革开放40年来广州市法治建设与时俱进、创新发展，一系列成就的取得，核心经验可以归纳为“三个必须”：必须坚持党的领导、人民当家作主和依法治国的有机统一；必须坚持将法治当作城市核心软实

---

①中国文明网http://www.wenming.cn/syjj/dfcz/gd/201512/t20151211_3016547.shtml。

力；必须重视用创新驱动法治。

1. 必须坚持党的领导、人民当家作主和依法治国的有机统一

广州市法治建设40年的实践归结到一点，就是要把坚持党的领导、人民当家作主和依法治国的有机统一作为建设政治文明的主线，作为推进民主政治和法制建设的灵魂。习近平总书记深刻指出，在中国，发展社会主义民主政治，保证人民当家作主，保证国家政治生活既充满活力又安定有序，关键是要坚持党的领导、人民当家作主、依法治国有机统一。广州40年来的法治成就，是中国法治建设取得伟大成就的精彩缩影，充分体现了社会主义法治道路的强大生命力，充分彰显了社会主义制度的巨大优越性，充分展示了中国特色社会主义的勃勃生机和光明前景。

2. 必须坚持将法治当作城市核心软实力

法治作为人类政治文明的重要成果，已经日益成为城市核心竞争力的重要标志。广州改革开放40年来，处处闪耀法治的光芒。新时代，法治逐渐成为广州的核心竞争力。放眼世界各地竞争战略，法治作为核心竞争力是许多发达国家和地区的通例。过去40年，广州让法治观念覆盖到权力运行每一个环节、社会生活每一个方面。在立法、执行、司法等多项制度创新的共同推动下，广州法治已进入高度注重质量、高度注重实施效果的阶段。改革开放40年，法治已经成为广州经济社会高质量发展可持续的软实力，成为城市重要的核心竞争力。未来必须让良好法治成为广州新的发展阶段更为显著的城市特质和更加重要的竞争优势。

3. 必须重视用创新驱动法治

过去40年，广州市法治建设进行了大量制度探索和创新，成效显著，成为国内法治创新的“孵化器”，一系列的法治创新里程碑不断涌现。1986年底，广州被国务院确定为国内首批法制工作试点城市，2008

年，广州市被广东省委确定为民主法制建设的试点城市；2012年起，广州在广东率先开始法治政府示范区建设；2018年3月，最高人民法院首个司法改革与创新研究实践基地在广州揭牌；2018年6月，广州仲裁委员会与广州市中级人民法院共同开通电子卷宗共享平台。为激励创新，广州市通过立法赋予南沙新区先行先试权限，2014年出台的《广州市南沙新区条例》规定："南沙新区所进行的创新活动，创新方案的制定和实施程序未违反法律规定，个人和所在单位没有牟取私利，未与其他单位和个人恶意串通，损害公共利益的，免予追究相关人员行政责任。"在深化全面依法治国实践，努力打造社会主义先行区新征程上，广州市敢为天下先，走在时代前。一项又一项的工作创新，带来的改变无处不在，市民可见可感知。法治，已经成为广州地方法治鲜明的名片。未来，广州必须注重用技术驱动法治，支持法治制度创新与微创新，铺就创新驱动发展的法治快车道。

四、新时代广州民主法治建设的挑战及展望

广州是一座具有民主法治传统的城市，改革开放40年，广州民主法治始终与国家民主法治及改革开放进程同步，风雨兼程。一系列全国领先的民主法治成就，折射着广州在推进"四个全面"战略布局的努力和实践。40年来，广州市民主法治建设的成就有目共睹，总结经验，一共四条：一是解放思想、更新观念；二是立足广州、实事求是；三是大胆探索，敢为人先；四是脚踏实地，海纳百川。与此同时，在民主法治现代化征程中，广州市还面临一系列挑战，必须做到"三个坚持"，紧抓"十个重点领域"，建设民主法治现代化新广州。

（一）广州市民主法治现代化所面临的挑战

在民主法治现代化征程中，广州面临着诸多挑战，其中既有国内其他城市所面临的“广场性”问题，也有城市自身的“剧场式问题”，其中民主制度化和高质量法治示范区建设是当前乃至未来较长时期挑战的重中之重。

1. 民主制度化对广州民主建设的新挑战

社会主义民主应是最广泛、最真实的民主，从广州目前的民主参与上看，主要体现为公民有序政治参与不足：一是直接参与中，公众知情途径不够广泛，参与机制不够完善，表达渠道不够畅通，监督方式不够有效，现有政治参与渠道未能覆盖实有人口；二是间接参与中，人大、政协作为公民间接政治参与主渠道的制度优势没有充分发挥，人大代表的代议作用、政协委员的议政作用仍有待提高。

2. 协商民主的挑战

协商民主涵盖政治协商，但不等同于政治协商。营造活跃有序的协商民主氛围，不仅仅是顶层设计一家之功，还需各级党委、政府、政协，乃至各党派、各部门、各单位的参与。广州的协商民主发展，虽然有不少亮点和领先之处，但是协商渠道、协商形式、协商内容仍存在不够规范、科学之处，协商程序并未得到严格遵守，政协民主监督的一整套体系尚未健全。

3. 基层民主的挑战

从基层民主上看，村民自治的法律保障机制仍不完善，基层选举，特别是人大代表直接选举的组织工作存在薄弱环节，对选举中面临的新情况新问题研究不够、应对不足，工作相对被动，落实选举法相关规定的工作机制不够完善。村（居）基层自治工作机制仍不够健全。一些地方村务监督机制的实效性和操作性不强，民主议事、决策听证等制度不够完善；而社区居委会与集体经济组织之间的关系，原村民和新居民之间的权利义务仍未完全理顺；城市社区委员会的民主决策机制和议事协商制度落实不够到位，居民代表会议、业主委员会等自治组织的作用发挥不够明显；村（居）委员的行政化倾向突出，制约了其自治功能的发挥。

4. 民主决策与民主监督的挑战

从民主决策上看，主要体现为公共决策过程中公众参与不足，公共政策的权威性不强，民主化、法治化不足。党委、政府重大事项决策机制落实不够到位，人大及其常委会重大事项讨论决定权行使不够充分，讨论决定重大事项的配套制度和协调机制不够健全，人大常委会与“一府两院”对于重大事项的范围仍有不同理解，公众参与决策的机制不够健全，重大决策公众意见收集处理机制不够完善。

当前广州民主监督制度的各种监督机制中，最有效力的仍然是自上而下的行政监督，其他监督机制如人大立法监督、政协民主监督、司法监督、舆论监督、群众监督等，仍未能充分发挥各自机制优势。多种监督机制之间缺少制度性整合联动。大量“问题性参与”的出现，迫使政府部门疲于应付，而当前多种监督制度之间，又缺乏一种可以联动运作的整合性机制以及时纠正错误。与此同时，监督制度自身尚有较多需要完善之处，民主监督的效果没有得到落实；而有的监督制度规定过于抽象笼统，原则性和弹性大的规定多，针对性和可操作性强的规定较少，缺乏整体性、系统性，使得民主监督的效果没有得到真正落实。

（二）高质量社会主义法治示范区对广州法治建设的挑战

在过去40年，广州的法治工作，法治广州建设取得了显著成就，但是社会主义越是发展，人民对于公平正义的要求就越高，当前的广州法治建设距离人民的期待，距离高质量社会主义法治示范区仍有不小的差距，面临许多的挑战。

1.“依法立法”的挑战

在新时代下，广州在依法立法的过程中面临着如何通过良法促进发展、保障善治的新挑战，特别是在推进顶层设计过程中如何确保立法精细化，如何保障依法立法、依程序立法，提高立法工作水平和质量，实现立法数量、质量的并重及立法能力现代化等问题。与此同时，广州需要有与国家中心城市定位相匹配的地方立法权，才能及时地通过法制手段理性地、有步骤地规划和推动民主法制的建设。

2. 法治政府的新挑战

广州市在促进依法行政、加快建设法治政府方面，一直走在全国前列，也取得了明显成绩，很多做法具有示范价值和创新价值。在新时代，广州法治政府建设面临着很多问题和新的要求，需要逐一加以关注，主要表现：一是在立法工作中，过于注重立法解决具体问题的实用性，而弱化了立法的统筹性、前瞻性和系统性。在重大决策方面，虽然立法工作已经形成了比较健全、规范的程序意识，但是其他重大决策还缺乏制度约束，需要尽快建立健全重大决策程序制度。在行政执法中，虽然在规范性上有了较大提高，但执法效能和执行力的提升还有较大空间。二是“法无授权不可为”的意识有了，但“法定职责必须为”的意识还不够；行政管理与行政执法的关系还没有完全理顺，横向有分工、纵向有层级、责任明确、边界清晰、衔接有序、传导有效的综合执法体系有待于进一步构建。三是在对行政权的监督上，比较注重对行政权力内部监督机制的完善，而对于外部监督机制建设还不够，特别是社会公众通过法定程序对行政权的监督和制约还需进一步加强。

3. 维护公平正义的挑战

广州市司法体制改革的四项基础性改革已基本完成，司法体制“四梁八柱”主体框架也已搭建，但司法工作中仍存在体制性、机制性、保障性障碍等影响司法公正、制约司法能力的深层次问题亟待破解。深化司法体制综合配套改革，就是解决下一步如何“精装修”的问题。

4. 提高市民法治素养的挑战

尽管广州在普法工作中成绩斐然，但是如何让每个广州公民都具备应有的法治素养，广州市还面临着一些挑战，相比深圳以法治地图优化法律服务供给，相比北京充分利用强大的法律人才和社会资源优势打造普法工作品牌化运作模式、社会化运作模式、法律服务室模式，实现法律生活化推动生活法律化的全方位普法模式，广州仍有很大提升空间。

5. 法治化营商环境构建和法律服务业的挑战

从当前来看，广州距离全球企业投资者首选之地和最佳发展之地尚有不小差距，法治化营商环境未完全建立。与此同时，以律师业、公证、司法鉴定为龙头的现代法律服务业也面临大而不强、高端人才缺失、政府规划引领支持不到位的发展状态，急需迈过发展瓶颈。

（二）新时代背景下广州市民主法治建设的展望

在过去40年，广州市民主法治建设有为有位，展望未来，必须通过推进民主法治领域改革，努力回应市民对人民当家作主及美好生活的更高期盼，满足他们对开放、包容、公平、正义的社会环境的更高要求，做到“三个坚持”：

1. 坚持一个思想——习近平新时代中国特色社会主义思想

应深入贯彻习近平总书记对广东的系列批示精神，特别是“四个走在全国前列”的重要批示，加大民主法治建设力度，“走在最前列、勇当尖兵、再创新局”。努力将广州建设成为发展中国特色社会主义民主法治的排头兵、深化改革开放的先行地、探索科学发展的试验区。

2. 坚持两个有机统一，推进广州民主法治现代化建设

（1）坚持党的领导、人民当家作主、依法治国的有机统一

必须始终坚持把“党的领导”作为根本，确保民主广州、法治广州实践沿着中国特色社会主义道路不断前进。应继续推动地方人大制度的创新发展。“实践发展永无止境，解放思想永无止境”，在推进民主法治建设过程中，发挥人民主体作用，在民主决策、民主监督、民主管理、民主选举中切实有序地引导人民参与到民主法治建设中去，通过健全多元化的民主制度，将人民的意志和主张上升为集体意志；应扩大人民有序政治参与，保证人民依法实行民主选举、民主协商、民主决策、民主管理和民主监督，保障人民的知情权、参与权、表达权和监督权；应继续推动法治广州向纵深发展，自觉通过法治规范国家机关的权力运行，打造法治政府，严格规范文明执法，深化司法体制改革，努力让人民群众在每个司法案件中感受到公平正义，采取多种手段加大全民普法力度，建设社会主义法治文化。

（2）坚持民主和法治有机统一

其一，民主要稳、法治要快。在现阶段，广州地方法治建设应当先行一步，为民主发展铺路搭桥、保驾护航。在速度上，法治发展应适当快于民主的扩大和增量；在力度上，法治的推进应适当大于民主的创新和改革，应当以法治先行来引导和保障民主实践的科学发展，以法治发展来促进和规范民主权利的有序实现。地方民主的探索，要从国情、市情和实际出发，与当下的经济社会发展水平相适应，与市民的综合素质和民主能力相匹配，有领导、有步骤、循序渐进积极稳妥地进行。

其二，推出地方民主法治量化指数。要探索推出广州民主法治指

数，定期向社会公布，具体包含“民主科学决策概率”“法规结构的健全程度”“依法行政与公正司法状况”“腐败案发率”“社会安全系数”“公民参与率”六大指标体系，有效提升广州民主法治的系统性和标准性。

3. 坚持抓好“十个重点领域”，建设民主法治现代化新广州

（1）切实做实人民民主

推进民主法治建设，必须牢牢坚持以人民为中心，解放思想，着眼长远，以制度保障工作开展，加大体制机制创新力度，进一步有序探索多元化的民主参与形式，多渠道保障人民当家作主，坚持民主制度化建设，确保人民当家作主；引导人民有序参与民主决策，加强民主管理，特别是落实基层自治。

（2）深入探索创新协商民主

进一步探索协商民主制度化、规范化和程序化的空间，拓宽协商渠道，增添协商形式，扩展协商内容，注重社会主义协商民主作为一种制度和工作机制的系统性、整体性、协同性，认真研究人民政协同政权机关、党派团体、社会组织、基层组织等各种协商渠道的关联性。加强对人民政协履行政治协商、民主监督、参政议政职能的法理依据的研究，努力开展将各种协商民主形式纳入法治化轨道的探索，探索完善政协民主监督的组织领导、权益保障、知情反馈、沟通协调机制。

（3）夯实基层民主

深入贯彻《中共中央国务院关于加强和完善城乡社区治理的意见》，打造基层民主样板广州，做好村民自治和社区自治，尤其是要完善村民自治的法律保障机制，继续发挥党和政府在村民自治中的引导作用，健全和完善村民自治相关的组织体系和制度体系。通过地方立法探索对社区居民自治权的保障，创新社区经费投入机制，建立和培育多元化的社区自治组织体系。

（4）规范民主决策，强化民主监督

对一般行政决策和重大行政决策实行分类管理，完善调研论证、征求意见、依法审查和提请决策等行政决策机制；进一步完善重大行政决策制度，探索第三方机构参与的决策风险评估制度，建立健全行政机关内部重大行政决策合法性审查机制和集体讨论机制，建立重大决策预告制度、跟踪反馈制度；健全“可溯源、可追责”的重大行政决策档案制度和信息公开制度；进一步扩大信息公开的范围，将领导批示、指示及一切行使权力的表现形式纳入信息公开的范围，实现真正意义上的党务、政务、司法、公共事务的信息公开，通过公开约束监督公权力。

（5）科学立法、民主立法

其一，突破城市立法权限，建立与国家中心城市定位相匹配的城市立法体制。在城市立法权限上有所突破，有所创新和改革。另外，建立和完善以市人民代表大会为主导的地方立法机制，探索由政府立法机制模式向人大立法修法机制模式转变。

其二，以科学民主立法为原则，整合理论与实务资源，加强协同创新立法，加强各类法治主体的沟通协调，及时解决立法中的重大分歧，平衡各群体之间的利益关系，保证立法过程顺利推进。与此同时，应继续在深化科学立法、民主立法上下功夫，不断丰富形式内容、创新方式方法，加强立法协商，完善立法顾问制度的工作机制，探索基层立法联系点制度的运行模式，运用现代信息技术加强立法流程管理，以“互联网+”丰富立法的公众参与形式。

其三，加强重点领域的立法和制度建设，围绕具有全球影响力的科技创新中心建设、自贸试验区建设、生态环境治理、民生保障、文化建设、社会事业发展等重点方面，加强地方性法规、政府规章草案研究起草工作。

（6）打造良好法治政府

其一，走向政府治理的新典范。推动政府职能转变向更高层次发展，从“管制型”政府向“服务型”政府转变，从传统管理向现代管理转变。依法设定权力、行使权力、制约权力、监督权力，依法调控和治理经济，推行综合执法，实现政府活动全面纳入法治轨道。

其二，构建更大开放度的政府治理体系。积极倾听人民的声音、回应人民的期待，坚持问题导向，尊重人民的首创精神，吸收民间智慧。在制度设计中给予公众更多参与机会，明确公众对重大行政决策参与权，推动公众参与从形式参与向实质性参与转变，构建交涉型、回应型的参与模式。在与公众接触较频繁的行政执法等活动中，增强行政执法的效能考核，通过建立行政执法效能评估监察体系，督促行政机关严格规范执法，及时查处群众反映强烈的违法行为，确保社会对法律的敬畏、对法治的认同。

其三，大力推进政务公开倒逼依法行政。坚持公开为常态、不公开为例外，加大政府信息主动公开力度，重点公开部门预决算、公共资源配置、重大建设项目批准和实施、社会公益事业建设等领域的政府信息，维护社会组织和公民享有使用政府信息的权益；健全依申请公开政府信息相关制度，完善受理、审查、处理、答复等环节的工作程序。推进政府信息的互联、互通与共享。

（7）增强广州人民的司法获得感

其一，明确司法使命感。以时不我待、闻鸡起舞的决心、举措，紧紧围绕中央指示的“努力让人民群众在每一个司法案件中感受到公平正义”的目标，把维护公平正义作为核心价值追求，把司法为民作为根本出发点和落脚点，用改革的办法破解深层次问题，着力提升广州人民司法公正

"获得感"。

其二，深化司法体制综合配套改革。全面落实司法责任制，加强审判监督管理，确保司法公正高效。以全面落实司法责任制为重心，紧紧围绕四项基础性改革，研究制定科学有效的实施机制和保障措施，努力在构建新型司法监管机制、健全法官检察官惩戒制度、深化公益诉讼制度改革等方面创造新经验、打造新样板。

其三，深化司法体制改革和现代科技应用结合。大力开展中国司法信息学广州实践，运用大数据思维，应用新工具新算法，推动司法工作与大数据、云计算和人工智能等现代信息技术的深度融合，创新司法管理手段，提升司法效能。

（8）推动法治社会建设

其一，通过重点对象普法、多元法治文化建设、网络媒体宣传等方式落实法治宣传教育工作，充分运用律师协会和仲裁委员会的专业服务能力进行广州法治社会建设。

其二，健全普法宣传教育机制，把法治教育纳入国民教育体系和精神文明创建内容，广泛开展群众性法治文化活动，健全媒体公益普法制度，切实增强全社会法治意识、规则意识和契约精神。

其三，建设覆盖广州城乡居民的公共法律服务体系，完善法律援助制度，在实现一村（社区）一法律顾问基础上，进一步提升服务质量。

（9）推动法治化营商环境改善

其一，合理设置营商法治指数。建立涵括立法、司法、执法和守法四方面的营商法治指数指标框架，倡导交易自由、效率、安全等与营商活动密切相关的价值理念。

其二，打造粤港澳大湾区法治龙头城市。要以粤港澳大湾区建设为契机，深入贯彻落实《中国（广东）自由贸易试验区条例》和《广州市南沙新区条例》，打造市场化、国际化、法治化、便利化粤港澳大湾区法治龙头城市。

其三，打造知识产权保护国家中心城市。打造国家创新驱动战略知识产权保护城市样板，推进广州知识产权仲裁院南沙分院在自贸试验区内开展知识产权调解与仲裁服务，研究知识产权仲裁与司法保护有效衔接机制，为把广州建设成为具有全球影响力的科技创新中心保驾护航。

其四，完善国际仲裁、商事调解机制。以广州国际航运仲裁院、广州金融仲裁院南沙分院为依托，及时、独立、公正地解决相关国际商事纠纷。

（10）加快现代法律服务业建设

其一，制定《广州市法律服务业发展规划》，改善法律服务业发展供给侧。推动将法律服务业发展规划纳入广州市国民经济和社会发展规划子规划和广州市现代服务业发展规划及重点领域，确保政府2020年前用于法律服务购买的资金不少于公共服务资金的15%。

其二，优化律师税收制度，增强行业整体竞争力。力争“十三五”末，以律师业为龙头的法律产业产值占广州地区生产总值比重达到0.5%，形成新型经济增长极。

其三，制定法律服务业人才计划。抓好行业领军人才和涉外业务人才的培养，加快推动将高端法律人才引进、培养纳入政府中长期人才发展规划，统一人才认定标准，探索税收返还、政策优惠、住房补贴、资金补助、就业安置等一系列优惠政策，吸引法律服务业优秀人才。

其四，打造法律服务研究院。加强法律服务“走出去”的宏观布局研究、沿线国情研究、国际法律服务市场研究及相关法律产品研究与孵化。

其五，推动业务创新，构建法律服务新业态。加大法律服务新产品的研发力度，探索对法律服务创新、创业的支持政策，为法律创业者提供孵化、加速、融资等综合支持。

其六，打造“粤港澳大湾区法律服务深度合作区”。进一步申请放宽律所和境外律所合作的条件。扩大合伙联营律师事务所业务范围，完善港澳陪审员制度。支持外国法律查明中心发展。深入推进“诉调对接”“调仲对接”，建立公正、高效、便捷的经贸纠纷解决机制。推动成立服务粤港澳大湾区建设的法律类社会组织，加快推进大湾区法治地图建设。

（马栩生）

第八章

广州文化建设的实践探索

改革开放40年来，广州高度重视文化建设和发展，始终坚持物质文明建设和精神文明建设“两手抓，两手都要硬”的基本方针，通过大力实施文化强市战略，推动文化建设和发展不断迈向新台阶、不断展现新风采。尤其是党的十八大以来，广州在全面推进“五位一体”总体布局、协调推进“四个全面”战略布局的创新实践当中，进一步对文化建设进行新布局，以崭新的文化功能、文化形象和文化魅力，开启了广州文化发展的新征程，书写着“文化广州”走向世界的新篇章。

一、改革开放以来广州文化建设的历史回顾

改革开放过程中，广州的文化建设与推动经济社会发展先行先试的开拓创新一样，逐步探索出一条由不自觉到自觉、由不明确到明确、由不系统到系统的文化建设和发展之路，让传统意义上的历史文化名城焕发出充满创新活力的文化光彩。今天，广州作为现代意义的文化都市，正以崭新的姿态和强大的实力迈向世界，融入国际城市发展体系。

（一）思想解放与引领改革先行的探索期（1978—1991年）

广东得全国改革开放的风气之先，广州作为广东的省会城市，历史

性地参与了这场声势浩大、带动全国、影响世界的伟大实践。广州人不仅见证了这场伟大实践不断发展的历史过程及不断取得的伟大成就，而且还作为改革开放的“剧作者”和“剧中人”上演了一场场开拓创新、精彩纷呈的历史“活剧”。然而，广州靠什么智慧和力量能够在改革开放的伟大实践中发挥“排头兵”和“先行者”的作用呢？原因无疑是多方面的，其中以率先解放思想为核心的文化因素应该是不可或缺的一个重要原因。

1. 真理标准大讨论与改革意识觉醒

1978年5月11日，《光明日报》发表特约评论员文章《实践是检验真理的唯一标准》。这篇文章的发表，引发了一场关于真理标准问题的大讨论。1978年5月12日，《广州日报》转载了《实践是检验真理的唯一标准》，对推动广州开展真理标准问题的大讨论，起到了及时的引导和促进作用，也意味着在解放思想与“两个凡是”的交锋中广州敏锐地走在了最前列。时任广东省委第一书记的习仲勋在广东党政领导人之中最先公开表示支持和赞成实践标准观，并在广州领导和组织了全省开展真理标准问题的大讨论。当时，广州开展关于真理标准问题的大讨论，不仅在领导机关搞，而且在基层也搞；不仅要求在思想理论上澄清模糊认识问题，而且要求在实际工作上鼓励大家大胆去干、去实践。这场轰轰烈烈的大讨论，让广州的干部和群众都受到了一次马克思主义基本理论的再教育。它拨云见日、消解疑虑、捍卫真理，拉开了广州这座城市思想解放、拨乱反正的历史大幕，也让广州人萌生了要率先走向改革开放的激情。这场大讨论，像珠江潮涌一般把僵化死板的思维激活，把因循守旧的思路打开，广州人有了要开拓创新的觉醒与共识。

2. 率先思想解放与先行一步的探索

1978年，以党的十一届三中全会胜利召开为标志，中国从此进入了改革开放和社会主义现代化建设的历史新时期。党的十一届三中全会作出的重大决策，给毗邻港澳、华侨众多的广东带来了可以先行一步的难得机遇。以此为契机，广州作为广东的省会城市，在“摸着石头过河”的实践探索中，率先迈出了改革开放的新步伐：从放开物价、取消票证到开放市场、搞活流通，从发展“三来一补”的加工贸易到设立经济开发区、大规模引进外资、引进技术设备，从实行农村家庭联产承包责任制到实施厂长（经理）承包经营责任制，从走出科研院所为企业提供服务的“星期六工程师”到纷纷停薪留职的“下海潮”，等等，改革开放的许多新做法、新尝试不断涌现出来。在先行一步的实践探索当中，展示出广州人思想解放、求真务实的处事心态和行为作风，不仅有理念超前、善于变通、灵活应对的经营头脑，而且还有敢为人先、奋发有为、舍我其谁的精神面貌。

3. 观念更新与“广式文化潮”兴起

随着改革开放的先行先试，广州的经济发展水平迅速提升，市民可支配收入也不断增加，市民家庭的消费需求逐步从20世纪70年代的“老三件”（手表、自行车、缝纫机）过渡到80年代的“新三件”（电视机、冰箱、洗衣机）。但是，人们购买了电视机之后却发现电视频道少，没有多少可看的节目。对此，时任广东省委第一书记的任仲夷明确指示：“要千方百计办好自己的广播电视节目，丰富群众的文娱生活。”[①]随后，丰富多彩的群众性文化娱乐活动在广州悄然兴起：东方宾馆开设了全国第一家营利性的“音乐茶座”；广州电视台策划的“美在花城”广告新星大赛，成为在大型综艺节目领域的广州品牌；报刊档遍

①李春雷．木棉花开——任仲夷在广东［M］．广州：广东人民出版社，2008：11.

布街头巷尾，买报读报、关心时事成为广州人日常生活的重要内容和享受文化的市井习惯；以广州改革开放实践为题材创作的电影《雅马哈鱼档》和电视连续剧《情满珠江》《公关小姐》《商界》《外来妹》等成为影响广泛的影视剧；以粤语传唱的流行歌曲，成为卡带式录音机翻录的首选，旋律优美、通俗易唱的粤语歌在城市和乡间都随处可听；各式各样的咖啡馆、保龄球馆、歌舞厅如雨后春笋般遍布广州；等等。所有这些，一度成为快速流行、影响全国的“广式文化潮”。

（二）“两手抓”与“两手硬”的发展期（1992—2001年）

在改革开放的过程中，广州作为先行一步的“探路者”，虽然首要任务是不断推进经济体制改革，为全国学习国外先进经验，引进资金、装备和技术积累经验提供参照，但是文化建设也成为广州推动经济社会发展不可或缺的重要抓手。在突出强调“两手抓，两手都要硬”的历史背景下，广州的文化建设也步入了进一步重视和加强的发展新阶段。

1. 深化对中国特色社会主义的思想共识

苏联解体和东欧剧变之后，国际共产主义运动进入低谷，中国改革开放的伟大实践也面临严峻考验和挑战，走在全国改革开放前列的广州更是遭遇了还能否继续前行的压力。尽管深受岭南文化熏陶的广州人，历来都特别讲求实在、追求实效，不愿也不会参与各种脱离实际、似是而非的空谈和论争，但当时云谲波诡的复杂局势确实让广州人对改革开放的前途和命运感到非常担忧。1992年，邓小平在南方谈话中明确强调：“不坚持社会主义，不改革开放，不发展经济，不改善人民生活，只能是死路一条。基本路线要管一百年，动摇不得。只有坚持这条路线，人民才会相信你，拥护你。”[①]邓小平南方谈话，不啻是给广东继续改革开放的探索吃了一颗定心丸，为如何探索有中国特色的社会主义建设和发展道路指明了方向。广州学习邓小平南方谈话精神，主要围绕“什么是社会主义、怎样建设社会主义”这一基本问题来展开。强调要结合改革开放的创新实践，着重把思想认识从那些不合时宜的观念、做法和体制中解放出来，从对马克思主义的错误的和教条式的理解中解放出来，从主观主义和形而上学的桎梏中解放出来，在计划与市场、姓“公”与姓“私”、姓“资”与姓“社”等问题上消除模糊认识。这样，既形成了“发展才是硬道理”的思想共识，也增强了坚持走中国特色社会主义道路的信心。

2. 高度重视加强社会主义精神文明建设

1992年，邓小平在南方谈话中要求广东20年赶上亚洲“四小龙”，“不仅经济要上去，社会秩序、社会风气也要搞好，两个文明建设都要超过他们，这才是有中国特色的社会主义”[②]。他清醒地认识到，改革开放以后一些腐朽的东西也跟进来了，中国的一些地方也出现了丑恶的现象，如吸毒、嫖娼、经济犯罪等，因而只抓经济建设还不行，还必须抓社会治理，抓精神文明建设。这就是著名的“两手抓，两手都要硬”思想。邓小平这一思想对广州文化建设具有重要的指导意义。1993年，结合《邓小平文选》第三卷的出版发行，广州认真组织关于邓小平理论的学习活动。1994年9月，国家颁布《爱国主义教育实施纲要》，广州通过大众传媒、书刊影视、艺术表演和课堂教学等方式，大力宣传、培育和弘扬爱国主义精神。1995—1996年，《新三字经》《新增广贤文》《社

---

①邓小平．邓小平文选（第3卷）［M］．北京：人民出版社，1993：370-371.

②邓小平．邓小平文选（第3卷）［M］．北京：人民出版社，1993：378.

会公德四字歌》《家庭美德五字谣》等多种道德教育的通俗读物先后在广州出版发行，掀起了社会主义道德教育的新热潮。1996年10月，广州通过贯彻落实《中共中央关于加强社会主义精神文明建设若干重要问题的决议》加强社会主义精神文明建设。1997年5月1日，广州市颁布《广州市文明公约》《广州市社会公德守则》《广州市职业道德守则》《广州市家庭美德守则》，简称“一约三则”。1997年12月，中共广州市委宣传部组织编写出版《精神文明建设哲学论丛》，分别从精神文明建设的基础论、过程论、主体论、价值论、机制论、方法论等不同视角对精神文明建设进行理论探讨。

3. 文化建设取向多维度、多层面蓬勃展开

广州的文学界、戏曲界、艺术界、社会科学界等各文化部类出现了空前活跃的局面，为推动广州文化建设作出了绝大贡献，尤其是对广州社会科学的发展和对广州现代化建设的作用得到中共广州市委、市政府的重视、肯定和支持。1998年，中共广州市委、市政府隆重举行表彰大会，首次对在社科领域作出贡献的专家学者进行表彰。这样的表彰活动后来还持续进行了多次，表明中共广州市委、市政府对哲学社会科学研究的高度重视。从20世纪90年代开始，广州依托经济的快速发展和可支配财力的快速增长，注重加大对文化基础设施建设的投入力度，先后建成了星海音乐厅、广州艺术博物院、红线女艺术中心、广州芭蕾舞团、广州艺术学校、广州日报印务中心、广州电视台（新址）、广州电视台新闻中心、番禺博物馆等标志性文化工程，为广州文化的新发展奠定了坚实的基础。

（三）文化建设进入全面布局系统推进期（2002—2012年）

进入21世纪，广州文化建设进入全面布局和系统推进的发展新阶

段。为了迎接第16届亚运会和首届亚残运会在广州召开，也为了向世界展示广州的城市面貌，广州的文化建设在城市发展整体布局中得到前所未有的加强。在“迎接亚运会，创造新生活”的过程中，全民参与的城市治理取得前所未有的新变化、新突破，广州的城市文化形象也有了整体提升。

1. 指导思想与时俱进和文化建设的新视域

文化建设适应城市发展的时代要求，使思想文化成为推动城市发展的引领力量，需要指导思想的与时俱进。进入新世纪，广州文化建设在指导思想上的与时俱进是同学习领会“三个代表”重要思想和科学发展观的思想内涵及其实践要求紧密联系在一起的。“三个代表”重要思想和科学发展观与邓小平理论一起，都是当代马克思主义中国化的最新成果，是中国特色社会主义理论体系的重要组成部分，是我们党指导思想与时俱进的新发展，也是广州推进文化建设必须把握的基本遵循。

2. 从城市发展总体布局上制定文化发展规划

历经15年的艰苦谈判，2001年12月11日中国终于正式加入世界贸易组织（WTO）。加入世界贸易组织使中国的国内市场变成全方位开放的国际市场，这既是经济社会发展的重要机遇，也面临如何适应国际化发展的严峻挑战。广州处于改革开放的前沿，城市建设和发展面临的国际挑战更是前所未有。为了抓住机遇、应对挑战，广州把城市发展定位为国际主要大都会并从融入世界城市体系的战略考虑来制定城市发展规划，文化建设也开始按照国际化发展的要求来布局。2001年，在《广州市国民经济和社会发展第十个五年计划纲要》中，明确提出“十五”期间是广州率先基本实现现代化最为关键的时期，因而要“大力加强文化建设，增强文化中心功能，发展中外优秀文化兼容并蓄、传统特色与现代风格和谐融合的文化体系，把广州建设成为华南地区的文化艺术中心和国际文化交流中心”[①]。2006年，在《广州市国民经济和社会发展第十一个五年规划纲要》中，进一步提出要把广州打造为“带动全省、辐射华南、影响东南亚的现代化大都市”[②]。2011年1月，制定《广州建设文化强市培育世界文化名城规划纲要（2011—2020年）》，提出要把广州培育建设成为广东具有高度文化认同的“首善之区”，文化产业跨越发展的“创意之都”，传统与现代相融汇、在国际上具有重要影响的“文化之城”，尊重创造、鼓励创新、人才辈出、人尽其才的优秀文化人才“汇聚之地”。

3. 着力提升城市文化品位和市民文明素质

坚持以先进文化引领城市文化，进一步提升城市文化品位和城市形象，着力增强现代化大都市的凝聚力和影响力。按国际一流水平规划建设广州大剧院、广州图书馆新馆、广州塔、新广电中心和广州文学艺术创作中心等项目，建成一批各具特色、格调和谐、功能完善、美观实用的标志性文化设施。坚持以人为本的文化发展理念，突出文化发展的主体性，着力培育城市人文精神，培植文化品牌，提升市民文明素质和城市文明风尚。办好中国音乐金钟奖、羊城国际粤剧节、广州国际艺术博览会、广州民俗文化艺术节、声响亚洲文化节、中国（广州）国际纪录片大会、国际童声合唱节、羊城书展等优势文化品牌活动，扩大广州文化影响力。以讲文明、树新风为主要内容，结合创建“全国文明城市”，深入开展以“八荣八耻”为内容的社会主义荣辱观教育。2011年，广州获“全国文明城市”荣誉称号。

---

①《广州市国民经济和社会发展第十个五年计划纲要》。

②广东省发展和改革委员会. 广州市国民经济和社会发展第十一个五年规划纲要（2006—2010年）［N］. 广州日报，2006-04-03.

（四）充分彰显文化自信的功能提升期（2012—2018年）

广州通过成功举办第16届亚运会，向世界展示了作为率先改革开放城市所发生的历史性巨变，充满活力的城市品格得到了广泛认同，广州的文化影响力也显著增强。举办亚运会之后，特别是从2012年开始，广州的文化建设在党的十八大精神指引下又迈出了新的步伐，进入了充分彰显文化自信和文化软实力的功能提升期。

1. 大力推进并落实文化强市战略

2012年，中共广州市委十届三次全会通过《中共广州市委、广州市人民政府关于培育世界文化名城的实施意见》。这一文件提出广州市培育世界文化名城的重点任务和思路举措，明确彰显"千年商都"，建设"文化创意之都""国际重大活动举办地""世界旅游目的地"四个主攻方向，强调要以人为主体、以城为舞台、以文化为引领、以生活为依归，全面推动文化繁荣发展。与此同时，与提升广州文明程度相关，广州还制定了《广州市2012—2014年深化文明城市建设工作规划纲要》《广州市全国城市文明程度指数测评达标责任分解表》《广州市市民素质提升工程工作方案（征求意见稿）》等文件。这些文件的制定和颁布，让落实文化强市战略、推动广州文化建设更有章可循，更能促进广州文化建设取得成效。2017年11月14日，中央文明办在中国文明网公布了第五届全国文明城市名单和复查确认继续保留荣誉称号的往届全国文明城市名单，广州榜上有名。这是自2011年以来广州连续三届荣膺"全国文明城市"的殊荣。

2. 健全和完善公共文化服务体系

2012年3月，启动《广州市公共图书馆条例》的立法工作，2015年5月1日正式实施。2015年12月28日，公布《"图书馆之城"建设规划（2015—2020）》，提出2020年实现每8万人拥有一座图书馆的目标。

2016年颁布《广州市加快构建现代公共文化服务体系的实施意见》和《广州市公共体育设施及体育产业功能区布局专项规划》，提出以改革创新为动力，以基层为重点，促进基本公共文化服务的标准化、均等化、数字化、社会化，要求每万人拥有室内公共文化设施面积达1500平方米。与此同时，每年组织专业艺术文艺团体送戏下基层演出，演出类型包括粤剧、话剧、芭蕾、木偶戏、广东音乐、歌舞、杂技等，为市民提供高雅文化享受；利用节庆娱乐庆祝活动推动文化惠民，诸如在广州艺术节等活动中派发免费票，让广大市民获得走进剧场、展馆欣赏高雅文化的机会；在春节等中国传统节日期间，文化单位都组织开展丰富多彩的文化惠民活动；组织乞巧节、波罗诞、广府庙会、盘古王诞等群众广泛参与的传统民俗文化活动以及“羊城之夏”群众文化广场系列活动，让“百姓演、百姓看”形成氛围。

3. 以市场导向推动文化产业发展

文化产业与信息产业并称为21世纪的两大新兴支柱产业。广州把发展文化产业作为转变经济发展方式、培育新兴产业的重要内容和抓手，将发展文化产业列为战略性支柱性产业进行谋划和布局，逐步形成行业门类齐全的文化产业体系。2014年，广州高新区文化与科技融合示范区被中宣部、科技部、文化部、新闻出版广电总局认定为第二批国家级文化和科技融合示范基地，广州国际媒体港经国家工商总局批准成为国家级广告产业园核心区，越秀区被国家授予“版权贸易示范基地”称号。中国（广州）国际漫画节已成为国内娱乐、商贸、互动氛围最浓厚的大型动漫展会，更是国家“十二五”时期动漫产业发展规划重点扶持的三个动漫节展之一，在国内外享有较高的知名度。2015年11月广东省新闻出版广电局、广州市文化广电新闻出版局、广州市越秀区人民政府在越秀区东方文德广场国家版权贸易基地联合举行国家版权贸易基地（越秀）交易平台上线及中国版权保护中心华南版权登记大厅签约活动，开创了中国版权交易线上服务的先河。2016年，出台《广州市加快推进传统媒体和新兴媒体融合发展行动方案》，协调安排5000万元专项资金用于扶持传统媒体和新媒体的融合发展。

二、改革开放以来广州文化建设的主要成就

经济上的发展和繁荣，从来都不能离开文化的支撑和引领。改革开放过程中，广州在经济上的迅速崛起为文化发展和繁荣奠定了坚实基础，同时也呼唤并推动文化建设要与经济发展相适应。因而改革开放40年来，广州的文化建设取得了长足的进步和发展，展现着敢为人先、不断开拓进取的城市活力，凝聚着面向现代化、面向世界、面向未来而不断奋进的强大精神动力，为建设国家中心城市奠定了十分坚实的文化基础。

（一）形成以改革创新为核心的时代精神

改革开放以来，文化建设最重要的成就是以敢为人先的创新实践，在推动改革开放不断深入的过程中形成了以改革创新为核心的时代精神，让广州成为最具改革开放活力的南国都市，培育了始终坚持改革开放的理性共识，具有坚持走中国特色社会主义道路最坚实的文化基础。

1. 敢为人先成为广州的人文品格

广州有2200多年的建城历史，是国家首批确定的历史文化名城。在历史长河的不断流变和城市发展的不断演进过程中，广州作为岭南最大的经济、政治和文化中心，不仅沉淀着丰富的历史文化资源，传承着无数优秀的历史文化传统，而且恪守内潜于心的城市人文精神和外显于形的城市文化风格，表达着不同时代都市变迁的活力与芳华。改革开放走

过40年的发展历程，得改革开放风气之先的广州，最先经历这场深刻的社会变革并在这场伟大的实践中获得了快速进步和发展，展示出这座城市最鲜明的人文风貌——敢为人先的品格。40年来所发生的历史性巨变，让广州成为改革开放以来中国让世界感到惊艳的一个缩影和代表。这是每个广州人都应有的骄傲与自豪，也是广州这座城市能够不断开创新局的底气和魅力所在。在文化建设方面，广州人率先培育并形成了以改革创新为核心的时代精神，对坚定不移地走中国特色社会主义发展道路有着不可动摇的信念、信心和力量。

2. 对全面改革开放形成理性共识

作为改革开放的“先行者”和“排头兵”，广州人对改革开放的创新实践体验最深、感受最深，因而在对“改革开放只有进行时，没有完成时”的认识上思想最为明确、行动最为坚决。改革开放以来，广州的发展最大的变化是经济实力的增强和人民生活水平的提高，这对务实的广州人来说是有口皆碑的实惠。1978年广州地区生产总值只有43.09亿元，2017年达到2.15万亿元；1978年广州地方一般预算财政收入只有13.65亿元，2017年来源于广州地区的一般公共预算收入5947亿元（其中地方一般公共预算收入1533亿元）；1980年广州城市居民人均可支配收入只有606.12元，2017年达到55 400元。按照世界银行的收入水平划分标准，广州已达到中等偏上并接近高收入国家或地区的水平。这样的成就让每个广州人在价值判断上都格外清楚：不改革不开放就不能发展，就不能有今天的幸福生活。所以，广州人一直以来对改革开放的政策坚决拥护，对改革开放的信心十分坚定，对投身改革开放的实践也非常积极主动，澎湃着“先行者”的气概、干劲与活力。

3. 坚定“四个自信”的实践自觉

正因为广州人用自己亲身经历的改革开放实践证明了走改革开放的

中国特色社会主义道路是正确的，在广州这座城市已经凝聚起改革开放最广泛的思想共识，所以这座城市在当今最鲜明的人文品格是开放，最充满活力的人文精神也是开放。也正因为广州人已经培育并形成了以改革创新为核心的时代精神，所以广州这座城市对坚定中国特色社会主义的道路自信、理论自信、制度自信和文化自信所构成的“四个自信”最有底气，对全面协调推进全面建成小康社会、全面深化改革、全面依法治国、全面从严治党所构成的“四个全面”战略布局最能付诸新的实践。

（二）文化设施建设全面推进并优化完善

文化基础设施建设是文化建设的根本。因为没有一定的文化基础设施相匹配，文化活动和文化服务就无法开展，文化建设的水平也不可能提高。改革开放以来，广州从“补短板”入手，不断加大财政投入，让文化基础设施建设得到全面推进，并逐步向现代化和高品质的方向不断提升。

1. 解决文化基础设施建设滞后问题

城市文化基础设施是传承城市文化、弘扬城市精神、展现城市文明的物质载体。广州的文化建设长期存在着一个突出矛盾，就是文化发展需要不断满足人民过上美好生活的新期待，而文化基础设施建设还不平衡、不充分，不能满足人民群众的文化需求。改革开放以来，中共广州市委、市政府一直高度重视文化基础设施建设，不断加大对文化基础设施建设的投入，努力克服文化基础设施不足、与文化建设和发展不相适应的短板，确保文化基础设施建设不断取得突破，城乡文化基础设施体系逐步优化，推动城市文化发展的基础条件得到了显著提升。如今的广州现代化的文化基础设施不断涌现，整个城市的文化面貌焕然一新，人民群众的文化获得感不断增强。

2. 标志性文化基础设施建设新突破

“十一五”时期，通过广泛吸纳各方面资金，先后建成了广州新电视塔、广州大剧院、广东省博物馆等一批标志性文化基础设施，推动文化基础设施建设跃上一个崭新的台阶。“十二五”期间，又出台《广州市人民政府关于加强广州市“十二五”时期文化基础设施建设的意见》，按照高起点、高标准和适度超前的要求，进一步集中力量推动文化基础设施建设，其中以文化、广播电视、新闻出版方面的基础设施为主，也包括了科技、档案方面的项目。广州图书馆新馆、广州少年儿童图书馆新馆、广州国际媒体港、南越王宫博物馆（一期）、辛亥革命纪念馆、农民工博物馆、粤剧艺术博物馆、广州国家档案馆新馆（二期）等一批重大文化基础设施项目如期完成并投入使用。“十二五”时期是广州文化基础设施建设投入最多、发展最快的时期。

3. 完善城乡公共文化服务设施体系

目前，广州逐步建成了覆盖城乡、布局合理、规模适度、功能完善、独具特色的文化基础设施体系。市、区、街道（镇）、社区（村）四级文化服务网络体系已基本建立，“城市10分钟文化圈”“农村10里文化圈”的目标已基本实现，基于物质设施的公共文化服务能力得到显著增强。“各区基本形成文化馆、图书馆、博物馆三馆齐全的格局，11个区12间公共图书馆、文化馆全部被评为国家一级馆。全市170个文化站中，131个达到省特级站标准，39个达到省一级站标准。全国文化信息资源共享工程建设率100%，农家书屋达到100%全覆盖。”①

①《广州市人民政府关于印发广州市文化广电新闻出版事业发展第十三个五年规划（2016—2020年）的通知》。

（三）城市的文化形象与文化软实力提升

人们对一个城市的文化认同是从它的文化形象认知开始的。一个城市的文化品格如何，要通过其文化外观和文化内涵所彰显的审美意义来体现。改革开放以来，广州文化建设越来越注重对文化形象的塑造，广州作为具有现代创新活力的历史文化名城越来越得到广泛认同。

1. 丰富城市文化形象的内涵

城市文化形象是一个城市在产生和发展过程中长期沉淀所形成的，具有丰富内涵、独特风格和审美个性的文化表达。城市文化形象主要由物质文化因素和非物质文化因素两个方面所构成。其中，物质文化因素是由物质的或有形的器物构成，它是一个城市文化形象最生动、最直观、最形象的呈现；精神文化因素则是由非物质的或无形的社会心理和社会意识构成，它是城市文化形象的思想内涵和深层结构。提升一个城市的文化形象，既需要通过物质文化因素来展示城市建设和发展外在风格，更需要通过提升文化内涵、文化品格来扩大其文化影响和文化认同，以深化其作为“人类文明的象征和标志”[①]的内在底蕴。改革开放以来，作为历史文化名城的广州逐步确立“城市以文化论输赢”的发展理念，高度重视自己城市文化形象建设和文化软实力提升。

2. 提升文化审美的外观形象

在物质文化建设方面，广州着力推进城市环境治理，以提升城市文明的外观审美形象。新世纪伊始，广州为迎接第16届亚运会的召开实施了“一年一小变、三年一中变、2010年一大变”的城市治理工程，通过河涌整治、道路整修、环境美化、“穿衣戴帽”等一系列改造项目，

①刘易斯·芒福德. 城市文化［M］. 宋俊岭，李翔宁，周鸣浩，译. 北京：中国建筑工业出版社，2009：5.

让城市面貌发生了根本性变化。之后，又进一步实施“干净整洁平安有序”的城市治理行动，通过制定并落实《中共广州市委、广州市人民政府关于进一步加强城市规划建设管理工作的实施意见》，推动广州的城市治理再向高标准、品质化的方向迈进。以珠江新城中央广场及有关标志性建筑为重点，形成了从燕岭公园、广州东站、中信广场、天河体育中心、珠江新城、新客运港到洛溪岛的新城市中轴线；以珠江作为城市空间景观发展的纽带，城市与自然水体相互依托，自西向东打造从白鹅潭、旧城中心、天河新城市中心、琶洲岛、长洲岛、生物岛、大学城、海鸥岛、广州新城到南沙滨海公园的城市发展带，整饰珠江堤岸，美化沿岸观光绿道、休闲广场，形成人文景观和自然景观融合一体的珠江文化走廊；同时，进一步丰富和提升城市传统中轴线的文化内涵，加强对老城区特色旧建筑的成片保护利用和功能置换，根据城市景观环境及文化内涵，对公共空间的景观灯光、楼宇灯光、市政灯光、商业灯光进行统筹规划，形成了具有大都市气派、文化品位的特色鲜明的都市夜景景观体系。

3. 彰显历史文化名城影响力

在城市文化软实力提升方面，广州高度重视自身文化特质的挖掘和内涵的提升。其一，坚定了文化自信，彰显了广州作为岭南文化中心地、古代海上丝绸之路发祥地、近现代民主革命策源地、改革开放前沿地的文化优势，丰富了“历史文化名城”的文化内涵。其二，抓住建设国家中心城市的历史性战略新机遇，提出构建枢纽型网络城市的发展目标，依托岭南文化优秀传统的继承和创新，利用对外开放的政策环境，创新参与国际文化交流的体制机制，培育并形成了拥抱世界、迎接未来的城市文化氛围。其三，以成功举办第16届亚运会为标志，广州在世界上刷新了自己的文化形象，以“敢想会干为人民，和谐包容共分享”为核心的广州亚运精神得到广泛认可，向世界传递出这座城市的人民拥有真诚友善、热情好客的温暖情怀。其四，中国音乐金钟奖、中国（广州）国际纪录片节、中国国际漫画节、中国（广州）国际演艺交易会、羊城国际粤剧节、广州艺术节、广州国际艺术博览会等大型文化品牌活动已逐渐形成国际影响力。

（四）城市文化生活呈现繁荣兴盛的景象

在城市中生活的主体是多元的，对文化的需求是多样的。文化建设的最终目的就是通过提供各种文化产品、文化活动、文化服务来满足这种多元性和多样性的主体需求。改革开放40年来，广州文化建设和发展取得长足进步的一个重要成果，体现在城市文化生活的繁荣兴盛和市民在精神文化生活的获得感当中。

1. 文化市场活跃，文化产业兴盛

按照经济学的理论，市场具有引导消费、满足需求的功能，而产业则是推动市场繁荣发展的强大力量。在提供产品和服务、满足文化需求的过程中，文化市场的繁荣和文化产业的兴旺也是基本的前提和基础。所以，推动文化的繁荣兴盛需要有充满活力的文化市场和蓬勃发展的文化产业作为支撑。在改革开放过程中，率先探索市场化改革并建立社会主义市场经济体制的广州，在繁荣文化市场、发展文化产业方面也走在全国前列。广州的文化用品设备、出版发行、广告、会展等传统优势文化产业的发展在全国一直处于领先地位，网游动漫、创意设计、新媒体等新兴文化产业发展迅速。2015年，广州的文化及相关产业增加值达913.28亿元，占全市地区生产总值比重达5.05%，占广东省文化及相关产业增加值的比重达25.0%，占全国文化及相关产业增加值的比重为3.4%。

2. 群众性的文化活动丰富多彩

广州“一区一品牌”“一街一品牌”“一社区一特色”的群众文化活动创建工作持续有序开展。迎春花市、广府庙会、波罗诞、乞巧节等传统民俗文化活动，已成为广州群众文化活动的重要品牌和有文化影响力的重要名片。从化荔枝文化旅游节、增城何仙姑文化旅游节、南沙妈祖诞文化旅游节、黄埔香雪文化旅游节等文化旅游节庆活动的影响力也不断扩大。具有广泛群众基础的醒狮、龙舟、飘色、南音、私伙局、咸水歌、客家山歌、重阳登山等民间文化活动更是丰富多彩。

3. 文艺成果丰硕，精品层出不穷

广州有岭南文化的深厚底蕴，又是改革开放的前沿地，为繁荣文艺创作提供了许多具有历史特点的鲜活素材。电影《雅马哈鱼档》，是我国第一部反映改革开放背景下广州发展个体经济的影片，被誉为改革开放初期的“清明上河图”；反映改革开放主旋律的电视剧《公关小姐》，获第九届全国“大众电视金鹰奖”优秀长篇连续剧奖等众多奖项；体现广州风俗民情、为广州百姓喜闻乐见的《外来媳妇本地郎》，是中国电视史上播出时间最久、播出集数最多、同时段同类型节目收视率最高、影响力最广、经济效益最好的电视系列情景剧；1994年，刘斯奋创作的长篇小说《白柳门》获第四届茅盾文学奖；2010年，芭蕾舞剧《风雪夜归人》荣获第十三届文化部“文华大奖”，粤剧《刑场上的婚礼》荣获第十三届文化部“文华大奖·特别奖”，《春雪润之》荣获第十三届文化部“文华大奖·优秀剧目奖”。“十二五”期间，广州又推出一批优秀文艺作品，如粤剧《梅岭清风》、音乐剧《西关小姐》、话剧《威尼斯商人》等，其中《西关小姐》获第十三届精神文明建设“五个一工程”奖，新编粤剧《碉楼》获“文华剧目奖”，曲艺表演《南音新唱十三行》等五个群众文化作品获全国“群星奖”。

（五）推动文化创新发展的活力显著增强

改革开放以来，广州一直是不断进行解放思想、开拓创新的先行地和引领地，其文化建设也包含着培育创新文化的重要内容。在形成创新的社会氛围、营造创新的体制机制、走向世界的路径探索等方面，广州都走在全国前列，形成了独具特色的创新文化。

1. 培育文化创新的社会氛围

在改革开放过程中，尤其是进入21世纪以来，广州高度重视文化发展的创新能力建设。围绕加快建设国家创新型城市，出台《广东省广州市人民政府印发关于提高科技自主创新能力的若干规定》，编制《广州国家创新型城市建设总体规划（2011—2015年）》。这些文件都提出要将广州建设成为自主创新策源地、高端人才集聚地、战略产业培育区、配套改革试验区、创新发展示范区，要营造创新文化环境，弘扬广州精神，塑造广州特色创新文化，形成全社会勇于创新、尊重创新和激励创新的文化新氛围。

2. 营造创新发展的体制机制

在实践中，广州把发展文化创意产业作为实施创新驱动发展战略的重要抓手，积极探索“文化+创意”“文化+科技”“文化+金融”等创新发展模式，大力促进文化与商贸、科技、金融、旅游、体育的深度融合发展，借助互联网、数字技术、新媒体等发展趋势积极培育文化产业新业态，形成了推动广州文化创新发展的强大活力。其中，市文广新局大力扶持、由广东原创动力文化传播有限公司制作的原创动画系列作品《喜羊羊与灰太狼》，截至2016年，共完结TV（电视）动画15部，动画电影9部（其中真人版动画电影2部），产生了巨大的市场效应。

3. 探索文化走出去的新路径

2011年初，广东原创动力文化传播有限公司正式与美国迪斯尼公司建立战略伙伴关系，授权迪斯尼全球代理《喜羊羊与灰太狼》的衍生产品。这意味着这个风靡全国的动画品牌迈出了走向世界的关键性一步。同年6月，奥飞动漫联合国内20余家动漫骨干企业亮相全球最大的品牌授权博览会——美国国际品牌授权博览会，这是中国动漫骨干企业首次组团参展美国国际品牌授权博览会。10月，奥飞动漫在世界规模最大、最具影响力的视听与数字内容交易会——法国戛纳秋季电视节上又受到了业内人士的广泛关注，20多位国外客户对其表示了浓厚的合作兴趣。[①]2016年，中国（广州）国际演交会在全国率先推出了“互联网+演艺”的B2B（电子商务中企业对企业的交易方式）交易平台——中演汇，该平台是融合了展览、交易、信息分享等功能的网上演出交易平台，也是我国首家演艺交易的网站。这些都是广州推动文化创新发展、增强文化创新创造活力的重要途径和重大成效。

三、改革开放以来广州文化建设的成功经验

改革开放以来，在一直保持国民经济持续、快速、健康发展的同时，广州的文化建设也不断取得新发展、新突破。纵观改革开放40年来广州文化建设的发展历程，对广州推动文化建设和发展的成功经验可以从不同的视角来分析和总结，就如何坚定中国特色社会主义文化自信、推动社会主义文化繁荣兴盛的实践探索而言，广州推进文化建设最值得总结的成功经验，应该主要集中在以下几个方面：

①广州大学广州发展研究院课题组．2011年广州文化发展形势分析与2012年预测［M］//徐俊忠，汤应武，陆志强，等．中国广州文化发展报告（2012）．北京：社会文献出版社，2012.

（一）坚持先进文化的前进方向

改革开放是关乎当今中国前途命运的深刻变革，更是一项前无古人的伟大实践。正如习近平总书记所说："改革开放是我们党的历史上一次伟大觉醒，正是这个伟大觉醒孕育了新时期从理论到实践的伟大创造。"[①]那么，40年来广州靠什么始终走在改革开放的前列？恐怕一个最重要的因素就是有先进文化的引领和支撑。所以，广州推进文化建设首要的成功经验，就在于始终坚持社会主义先进文化的前进方向，坚定不移地走中国特色社会主义的文化发展道路，充分发挥文化对改革开放走在前列的理论指引、智力支持，为解放思想、敢闯敢试提供强大的精神动力。

1. 牢牢掌握意识形态工作领导权

文化是社会生活实践的产物。在人类文明进步过程中，文化一经形成就作为相对独立的思想意识形态和社会意识形态，影响和制约着人们的社会行为。根据文化对人类文明进步所起的不同作用，文化有先进文化和落后文化（或称为糟粕文化）之分。对于自觉自主开展的文化建设而言，选择什么样的方向和道路其实就是选择什么样的文化作为发展目标和发展内容，在本质上是要回答到底应该用什么样的文化来引领和推动社会发展的问题。对此，党的十九大报告明确指出"意识形态决定文化前进方向和发展道路"[②]，因而要"牢牢掌握意识形态工作领导权"[③]。在40年的改革开放进程中，广州的文化建设首先强调的就

①中共中央文献研究室．习近平关于全面深化改革论述摘编［M］．北京：中央文献出版社，2014：2.

②习近平．决胜全面建成小康社会　夺取新时代中国特色社会主义伟大胜利——在中国共产党第十九次全国代表大会上的报告［M］．北京：人民出版社，2017：41.

③习近平．决胜全面建成小康社会　夺取新时代中国特色社会主义伟大胜利——在中国共产党第十九次全国代表大会上的报告［M］．北京：人民出版社，2017：41.

是要坚持解放思想、实事求是，弄清楚什么是马克思主义，什么是社会主义，用邓小平理论、“三个代表”重要思想、科学发展观和习近平新时代中国特色社会主义思想等当代马克思主义中国化的最新成果武装头脑，从而坚定中国特色社会主义的道路自信、理论自信、制度自信和文化自信，始终高举中国特色社会主义伟大旗帜不动摇，既不走封闭僵化的老路，也不走改旗易帜的邪路。可以说，广州从落实“三个有利于”标准推动改革开放一路前行，到新的历史条件下运用“新发展理念”推动改革开放迈向新的伟大征程，都有着非常坚定的信心和源于理性的自觉。

2. 大力培育社会主义核心价值观

文化建设的一项重要任务就是在全社会培育起能引领社会发展进步的公共价值理性，其中最关键的内容就在于培育、树立和践行具有最大公约数、被全社会广泛认同的核心价值观。在当代中国，社会主义核心价值观凝结着全体人民共同的价值追求，是社会行为应当体现的基本遵循。因而，“要以培养担当民族复兴大任的时代新人为着眼点，强化教育引导、实践养成、制度保障，发挥社会主义核心价值观对国民教育、精神文明创建、精神文化产品创作生产传播的引领作用，把社会主义核心价值观融入社会发展各方面，转化为人们的情感认同和行为习惯”[①]。改革开放过程中，广州的文化建设始终围绕树立和践行社会主义核心价值观来展开，尤其注重正确处理文化主旋律与多样性的关系。强调文化的主旋律，就是坚持社会主义核心价值观的主导地位和统领作用，并把它作为一条红线贯穿于推动文化建设和发展的全部工作当中，消弭改革

①习近平．决胜全面建成小康社会　夺取新时代中国特色社会主义伟大胜利——在中国共产党第十九次全国代表大会上的报告［M］．北京：人民出版社，2017：42.

开放过程中各种似是而非的错误思想或认识误区，以平衡和整合各种社会心理、化解各种文化冲突，形成推动改革开放不断走向深入的公共价值理性。所以，广州作为对外开放的“窗口”和“门户”，尽管40年来一直走在改革开放前列，受到西方文化的强烈影响和冲击，但广州人并没有因此而成为“西化”的俘虏，没有迷失自己的前进方向，没有丧失为实现中华民族伟大复兴中国梦而努力奋斗的坚定理想和信念。

3. 加强社会主义的思想道德建设

思想道德建设是文化建设的重要内容。社会道德风貌是衡量文化建设成效的重要尺度。在改革开放过程中，从原来的计划经济不断走向市场经济，经济发展的活力显著增强，人们的物质生活水平得到快速提高，但是市场化过程对社会生活所产生的负面影响也不断向道德领域渗透，出现了许多以“向钱看”为特征的拜金主义、权钱交易、贪污腐化等不道德现象，给文化建设，尤其是思想道德建设提出了严峻挑战。广州走在改革开放前列，面对这些挑战无疑更是一马当先。能否经受住这样的挑战，对广州文化建设而言是一种不可逃避的考验。然而，面对挑战和考验，广州没有选择退缩，更没有让不道德现象放任自流，而是在实践中坚定中国特色社会主义文化自信，积极探索市场经济条件下加强社会主义思想道德建设的有效途径，积极引导市民从养成文明行为习惯做起，把提高思想道德素质融入社会生活的各个方面，融入群众性精神文明创建活动的过程之中。在改革开放过程中，大力推进以“环境优美、治安良好、服务配套、道德高尚、人际和谐”为主题的创建文明行业活动。深入开展以“五提倡五反对”（即提倡科学，反对迷信；提倡诚实劳动，反对好逸恶劳；提倡文明生活，反对赌博吸毒；提倡移风易俗，反对乱埋乱葬；提倡优生优育，反对抢生超生）为内容的“两个告别，两个走向”（即告别贫穷，走向富裕；告别愚昧，走向文明）系列活动。深入开展了践行社会主义荣辱观教育活动。通过这些教育活动，让市民的思想觉悟、道德风尚有了很大提高，见义勇为、助人为乐的好人好事大量涌现，遵纪守法、诚信友善的文明习惯逐步养成，良好的社会风气正在得到弘扬和发展。如今的广州，既是经济发展态势良好、人民生活富裕的美好家园，也是文明和谐、可以放飞梦想的现代都市。

（二）坚持以人民为中心的发展

马克思主义认为：一切进步的文化都是人民群众在创造历史的过程中形成的，也是对人民群众创造历史的伟大实践最生动的反映。从这一意义上说，社会主义文化最本质的特征，就在于它的人民性——既要体现人民群众作为历史进步主体的创造性，也要满足人民群众精神文化生活的需要。在改革开放过程中，广州的文化建设始终坚持把人民利益放在首位，坚持把“人民拥护不拥护”“人民赞成不赞成”“人民高兴不高兴”“人民答应不答应”作为检验工作成败的衡量标准，不断改善市民参与公共文化生活的条件，不断增强市民在精神文化生活中的获得感和幸福感。

1. 强化市民文化权利的制度保障

坚持以人民为中心的文化建设和发展方向、发展道路，最根本的是要把人民的文化权利维护好、实现好、发展好。那么，人民的文化权利，尤其是基本的文化权利怎么维护呢？这其中的关键无疑就是立法保障。在改革开放过程中，广州就如何通过政策法规加强对公共文化服务体系建设的保障进行了积极探索。2009年，中共广州市委、市政府颁布《广州市加快公共文化服务体系建设实施意见》，提出要着力完善城乡基层公共文化基础设施，着力提高公共文化产品和服务供给能力，着力解决人民群众最关心、最直接、最现实的基本文化权益问题，充分体现公共文化服务的公益性、共享性、协调性和多元性，打造全国性的公共文化建设示范区。2014年10月29日广州市第十四届人民代表大会常务委员会第三十四次会议通过，2015年1月13日广东省第十二届人民代表大会常务委员会第十三次会议批准《广州市公共图书馆条例》。该条例的实施，有效解决了公共图书馆服务的公益性及服务设施的网络建设、均衡发展、资源共享等规范化建设和发展问题。2016年，出台《广州市加快构建现代公共文化服务体系的实施意见》，进一步提出要牢固树立以人民为中心的工作导向，以改革创新为动力，以农村基层为重点，促进基本公共文化服务的标准化、均等化，保障市民基本文化权益。

2. 制定并落实文化惠民服务举措

文化惠民顾名思义就是让人民得到文化服务的好处和实惠。它是把人民群众的基本文化权利维护好、实现好、发展好的重要抓手，也是社会主义文化建设和发展坚持以人民为中心的重要体现。改革开放过程中，广州把文化服务作为惠民、乐民、安民的重要抓手，让普惠性的文化服务成为群众满意的“民心工程”。其一，是大力推进基层公共文化设施建设工程，夯实文化惠民的基础条件。把市、区（县级市）文化中心、街（镇）文化站、社区（村）文化室建设纳入城市建设规划，认真落实“从城市住房开发投资中提取1%用于社区公共文化设施建设”的要求，按照房地产开发小区、老城区、政府保障性住房小区分类推进，配套建设的公共文化设施统一移交辖区政府进行调配。其二，是加强文化惠民的制度建设，积极探索建立以文惠民的长效机制。市一级制定《广州市公益性文化体育设施向未成年人开放的实施意见》《广州市社区文化辅导员工作管理办法》；各区（县级市）也加强制度建设，如海珠区实行“文化联席工作会议”制度并制定了《海珠区文化站（室）管理细则》，天河区出台《关于进一步加强天河区文化站建设的建议》和《关于解决各街道文化站建设的资金和人员等问题的意见》；等等。其三，是广泛开展各种形式的文化惠民活动，推动文化惠民的常态化发展。市属各专业艺术院团每年必须制订“送戏下乡”计划，每年要为基层送戏演出100场以上；市群众艺术馆、各文化馆每年分别为群众举办各类活动50场（个）以上，每年举办各类讲座、辅导、培训、展览等活动不少于20个，各街（镇）文化站每年组织各类文化艺术活动12场以上；各社区（村）“社区（农家）书屋”每年开展以阅读为主题的群众读书活动4次以上；群众文化工作人员每年要有36天以上深入街（镇）、社区（村）开展培训、辅导、调研。2006年，中共广州市委、市政府作出开展“书香羊城”全民阅读系列活动的决定，之后这项带有文化惠民意义的大型综合性读书文化活动持续广泛开展，深受市民欢迎。

3. 参与社会文化活动的主体鲜明

文化建设和发展要坚持以人民为中心的发展，最根本的还要突出人民群众作为文化创造者的主体地位，把人民群众参与文化活动的积极性、主动性和创造性充分调动出来，让文化活动真正成为群众生活重要内容的同时，也让文化在群众生活中得到富于创造性的繁荣和发展。在改革开放过程中，广州以培育文化活动品牌、聘请社区文化辅导员、组建群众业余文艺团队、建立健全公共文化服务网络以及挖掘活化历史文化资源等为主要依托，各级文化部门积极开展多层次、多种类、全方位的群众性文化活动，形成了非常浓厚的群众文化活动氛围。在全市范围内，坚持举办“都市热浪”广场文化活动、“公益文化春风行”送戏下乡活动、文化馆（站）文艺汇演、“中国音乐金钟奖”群众性系列文化活动等具有示范性、指导性的群众文化活动。在区（含原来的县级市）范围内，实施“一区一品牌”“一街一特色”的群众文化活动品牌创建工程，让喜闻乐见的群众性文化活动呈现出“天天有安排、周周有活动、月月有高潮、处处有亮点”的生动局面。在街（镇）、社区（村）范围内，根据实际情况举办形式多样、内容丰富的群众文化活动。如海珠区滨江街的“广东珠三角咸水歌歌会”、番禺区沙湾镇的飘色民间艺术等，远近闻名，很受街坊群众欢迎。

（三）坚持以岭南文化作为根基

文化作为一个国家、一个民族的灵魂，它在精神境界中升华出来的品格，从来都包含着历史根脉的传承。尽管不同的历史阶段和不同的时代变化对文化建设提出的要求和任务是不同的，但是任何时候从历史传承下来的文化精神都不能隔断，否则文化建设就会因为失去根基和土壤，而不可能根深叶茂、繁荣兴盛。改革开放40年来，广州一直都在彰显着它作为岭南文化中心地的文化品格和文化精神，广州人也始终秉承着岭南文化自古以来都倡导的以求真务实、开放包容、择善而从为核心的价值理性和文化心境。

1. 凸显岭南文化中心地的文化活力

岭南地区是中华民族的重要发祥地之一，岭南文化也是中华优秀文化的重要组成部分，岭南文化与湘楚文化、吴越文化等都是中华文明的重要文脉。无论是古代、近代，还是现代，岭南文化都以其鲜明的地域特色、浓郁的地方风情展示着自己的风采和魅力。翻开历史，广州在公元前214年建城，至今已有2200多年，一直没有中断，是名副其实的历史文化名城。在历史的演进过程中，广州这座历史名城虽然经历了沧海桑田的岁月，但是它的城市中心从建城开始到现在都在同一个地方，这在世界城市史上极为罕见。正因为如此，这座城市才积淀了2200多年来一直延续的文化厚重；也正因为如此，广州作为岭南文化中心地一直恪守着内潜于心、外显于形的文化风格和文化精神。在改革开放过程中，广州之所以能先行一步、走在前列，就因为近代以来岭南文化精神让这座城市率先接受先进工业文明的洗礼，有了“睁眼看世界”的文化觉醒和“师夷之长技以制夷”的文化自觉。改革开放40年来，广州文化建设的重要支点是围绕弘扬岭南文化精神来展开，不断提炼、宣传新时代与传统岭南文化相融合的“广州人精神”。所以，广州人一直都有敢闯、敢拼的“生猛”活力。这种活力，当然植根于岭南文化的深厚底蕴之中，植根于广州人充满自信的文化认同之中。

2. 加强历史文化遗产的保护和利用

历史文化遗产是一个城市的文化记忆。“城市记忆是在历史长河中一点一滴地积累起来的，从文化景观到历史街区，从文物古迹到地方民居，从传统技能到社会习俗等，众多物质的与非物质的文化遗产，都是形成一座城市记忆的有力物证，也是形成一座城市文化价值的重要体现。”①在改革开放过程中，广州为了加强对古城区和城市传统中轴线的研究和规划保护，先后成立了广州历史文化名城研究会、广州古都学会和名城办公室，后来又成立了广州市文物局和广州市文物考古研究院，以加强文物保护机构的建设。1994年9月15日，广东省八届人大常委会第十次会议通过了《广州市文物保护管理条例》。1998年11月27日，广东省九届人大常委会第六次会议通过了《广州历史文化名城保护条例》。1998年7月28日广州市人民政府公布了《广州市人民政府关于保护南越国宫署遗址的通告》。2002年6月28日，广州市人民政府公布了《广州市“十一五”期间历史文化名城保护规划》。2007年，出台《广州市

①单霁翔. 城市文化建设与文化遗产保护［J］. 中国文物科学研究，2007（2）：1-7.

南越国遗迹保护规定》。广州作为海上丝绸之路史迹列入中国世界文化遗产预备名单，出台《广州市海上丝绸之路史迹保护规定》。为有效开展全市非物质文化遗产普查工作，出台《广州市保护非物质文化遗产弘扬岭南文化工作方案》，建立了比较健全的非遗项目和非遗传承人保护体系。2009年体现岭南文化优秀传统的粤剧成功申报世界非物质文化遗产。

3. 重视开展岭南文化的学术研究

凸显城市文化的根脉，离不开对城市文化的内涵进行学术梳理和理性分析。广州要彰显作为岭南文化中心地的文化优势，就更需要组织专家学者加强对岭南文化的典籍整理和学术研究。1993年，李权时、李明华、韩强主编的《岭南文化》由广东人民出版社出版（2010年修订再版）。该书就岭南文化的本质、结构、特色、构成、形态、发展、流变、未来等进行了全面系统的分析和研究，对岭南文化的当代价值进行了许多新的学术探讨。2006年，《岭南文化百科全书》编纂委员会编的《岭南文化百科全书》由中国大百科全书出版社出版。该书内容涵盖了人文地理、海洋、民族、语言文字、宗教、思想学术、文学艺术、工艺美术、建筑园林、医学、科学技术、教育、新闻出版、体育、民俗、文化史事、文化史迹、图书博物、文化典籍等方面，是研究岭南文化的一本权威工具书。2015年4月底，编撰10年的《广州大典》由广州出版社出版，它收录了4064种文献典籍，是迄今为止最为全面的广州历史文化史料著作的集成，完整而系统地反映了广州这一岭南文化中心地和海上丝绸之路重要发祥地的变迁和发展。

（四）坚持文化体制改革与创新

深化文化体制改革，是推动文化建设机制创新的重要前提，也是推动社会主义文化大发展大繁荣的重要动力。在改革开放过程中，广州的文化建设始终坚持推动文化体制改革，创新文化发展理念，解放和发展文化生产力，着力构建有利于文化繁荣发展的体制机制，推动文化事业和文化产业共同发展，大幅度提高了人民基本文化权益保障水平，大幅度提高了文化在经济社会发展中的地位和作用。

1. 深化国有文化单位改革

根据党的十七届六中全会上审议通过的《中共中央关于深化文化体制改革推动社会主义文化大发展大繁荣若干重大问题的决定》的战略部署，广州立足本市实际情况，以建立现代企业制度为重点，不断深化国有文化单位改革。围绕做强做大国有文化企业集团、深化媒体改革、健全国有文化资产管理体制、推进区县文化事业单位改革4个重点、难点，组建了广州文化投资集团公司，以粤传媒为载体整合各类优质文化资源，打造强有力、跨行业、跨媒体的文化投融资平台。广州文化投资集团公司是全市重大文化产业项目的运作平台、全市文化资源的整合平台、全市文化产业的投融资平台、全市文化产业交易和服务平台。它还整合广东省木偶剧团等9家文化艺术企业，支持广州日报报业集团打造“百亿”文化产业集团。此外，广州出版社等26家经营性文化事业单位和广州杂技团等8家文艺院团也全部核销事业编制，注销事业法人，剥离各原属事业单位优质资产组建公司，转制为企业，初步建立了现代企业制度。

2. 构建现代文化市场体系

文化市场是“文化产品交换和提供有偿文化服务的场所”，是“连接文化生产和文化消费的纽带与桥梁”，在本质上是“文化资源交换过程中各类文化生产关系的总和”[①]。构建现代文化市场体系是推动文化

①王离湘. 关于建立健全现代文化市场体系的几点思考［N］. 中国文化报，2016-05-06.

产业发展的必然要求，也是在市场经济条件下解放和发展文化生产力的必然要求。广州探索构建现代文化市场体系的改革，首先是大力发展文化产品和服务市场。主要从发展图书报刊、电子音像制品、影音娱乐设备、动漫游戏等文化产品市场开始，在此基础上进一步发展连锁经营、物流配送、电子商务等现代流通组织和流通形式，构建覆盖全国、贯通城乡的文化产品流通网络。其次是大力培育产权、版权、技术、信息等要素市场，通过中国国际漫画节、中国（广州）国际演艺交易会、广州国际文物博物馆版权交易博览会等平台，推动文化产权、版权、技术交易；同时，加强相关领域的行业组织建设，着力健全中介机构。最后是加强文化市场的监督和管理，规范文化资产和艺术品交易。先后出台《广州市社会文化市场管理暂行办法》和《广州市社会文化市场管理暂行条例》，成立广州市文化市场综合行政执法总队，承担对广州地区文化市场行使行政处罚、行政强制及监督检查职能，深入开展“扫黄打非”，完善文化市场管理，促进现代文化市场体系健康秩序发展。

3. 创新文化管理体制机制

改革开放以来，广州不断深化文化行政管理体制改革，加快政府职能转变，强化政策调节、市场监管、社会管理、公共服务职能，推动政企分开、政事分开，理顺政府和文化企事业单位关系。着力破解国有经营性文化单位改革发展的体制机制问题，重点推进市属文艺院团改革、广播电视台综合配套改革、区一级广电网络及新华书店整合工作，积极推动市属主要媒体企业探索实行特殊管理股制度。开展法人治理结构试点，逐步建立适应现代企业制度要求、体现文化企业特点的生产运营机制和经营管理模式。先行先试推进文化行政体制改革，优化文化审批事项。加快文化立法，制定和完善公共文化服务保障、文化产业振兴、文化市场管理等方面法律法规，提高文化建设法制化水平。

4. 培育文化发展多元格局

一花独放不是春，万紫千红春满园。习近平总书记强调指出：“推动文艺繁荣发展，最根本的是要创作生产出无愧于我们这个伟大民族、伟大时代的优秀作品。没有优秀作品，其他事情搞得再热闹、再花哨，那也只是表面文章。”[①]他说：“优秀作品并不拘于一格、不形于一态、不定于一尊，既要有阳春白雪、也要有下里巴人，既要顶天立地、也要铺天盖地。”[②]改革开放以来，广州的文化体制改革特别强调：“采取积极态度，因势利导，大力弘扬社会主义文化主旋律，同时，又积极发展多元性的文化，并将它们有机地统一起来，相互促进，推动社会主义文化的健康发展。”[③]在不断推动优秀传统文化创造性转化和创新性发展，让各类优秀文艺精品不断涌现的同时，也利用各种文化载体大力推进景观文化、饮食文化、商业文化、机关文化、企业文化、社区文化、校园文化、家庭文化、网络文化等具体文化类型的建设和发展，让文化繁荣绽放风采。

（五）坚持推动文化合作与交流

文化建设从来都不能囿于一隅、自说自话，需要能充分体现百花齐放、百家争鸣的文化氛围。因而，必须有多渠道、多形式、多层次的文化合作与交流，这是推动社会主义文化繁荣兴盛的重要途径。在改革开放过程中，广州可谓是各种文化交流和汇聚的“南风窗”，文化建设的一举一动都处于境内外媒体和舆论的重重包围当中，这无疑会对广州文化

---

①习近平. 在文艺工作座谈会上的讲话［N］. 人民日报，2015-10-15.

②习近平. 在文艺工作座谈会上的讲话［N］. 人民日报，2015-10-15.

③杨苗青，刘小钢. 文化都市：大城市以文化论输赢［M］. 广州：广州出版社，2002.

发展带来一些不可忽视的纷扰，但是也给广州的文化合作与交流带来了诸多便利。为此，积极探索多渠道、多形式、多层次的文化交流与合作的发展模式，也是广州文化建设的重要经验。

1. 重视人文社科的学术研究

习近平总书记指出："哲学社会科学是人们认识世界、改造世界的重要工具，是推动历史发展和社会进步的重要力量，其发展水平反映了一个民族的思维能力、精神品格、文明素质，体现了一个国家的综合国力和国际竞争力。"[①]在文化建设工作中，"哲学社会科学具有不可替代的重要地位，哲学社会科学工作者具有不可替代的重要作用"[②]。广州高度重视哲学社会科学的研究，围绕市委、市政府的中心工作，不断创新学术研究和交流的体制机制，推动哲学社会科学研究的"智库"作用，为党委和政府提供决策咨询服务。从1986年到2008年，广州先后举办了七次文化发展战略研讨会，结合不同时期文化建设和发展的实践要求展开研究和探讨，吸引许多来自全国各地的知名学者参与，为制定"广州文化发展战略纲要"建言献策。从1990年开始由市委书记、市长圈题的社会科学研究课题招标活动每年举办，每次都吸引大批广州地区学者的关注、跟踪和研究，成为广州哲学社会科学研究与实际相结合、为现实服务的代表性事件，成为哲学社会科学学术研究和交流的重要平台和品牌项目。2011年11月13日，"2011广州论坛·广州与世界高峰论坛"在中山大学举行。此后，广州论坛作为广州与中山大学共同打造的国际高端学术平台，每年举办一次，截至2014年，已连续举办了四年，每次确定

---

①习近平. 在哲学社会科学工作座谈会上的讲话［N］. 人民日报，2016-05-19.

②习近平. 在哲学社会科学工作座谈会上的讲话［N］. 人民日报，2016-05-19.

一个学术主题，在全球范围内邀请若干知名专家学者，围绕广州发展的重大课题进行学术研讨。其中，2014广州论坛由中国社会科学院、国务院参事室、中共广州市委、广州市人民政府、中山大学共同主办，论坛的主题是“建设21世纪海上丝绸之路”，该论坛的学术影响不断扩大。

2. 加强对外文化宣传与互鉴

广州地区居住国外的华侨华人众多，在海外形成了较大影响。其中，粤语是华侨华人的重要方言，粤剧和粤式餐饮文化在海外特别是东南亚一带非常普及和流行。这为广州在国际上推介和宣传自己的城市文化提供了得天独厚的有利条件。因为居住海外的华侨华人对传统文化的传承和创新能力相对有限，加上代际更迭之后逐渐与当地文化融合，对原生地的故土文化依赖性不断减弱，为了增强海外侨胞对中华文化的认同感，也需要加强中华传统优秀文化的对外传播。为此，广州以举办羊城国际粤剧节为抓手，架起了与海外文化沟通与交流的桥梁。自1990年举办第一届羊城国际粤剧节以来，每届都吸引大批海外粤剧艺术家和爱好者来参加学习和交流。其中，2016年举办的第七届羊城国际粤剧节，有来自20多个国家和地区的13个粤剧社团（私伙局）近万名粤剧艺术家和爱好者参加。[①]此外，广州每年还举办广州艺术节、中国（广州）国际纪录片节、广州国际艺术博览会等活动，持续广泛地开展对外文化宣传与交流，不断扩大广州的文化影响力。

3. 借媒体优势宣传推介广州

改革开放以来，广州的各种传媒不仅在中国有影响，在世界上也有影响，现在更是中国南部的现代传媒中心。各种平面媒体、电视媒体、

①屈哨兵，陆志强. 中国广州文化发展报告（2017）［M］. 北京：社会科学文献出版社，2017：10.

广播媒体、网络媒体等一应俱全、应有尽有。其中，报业集团就拥有3家，是报业最发达的城市之一。发挥媒体优势，扩大广州文化影响力，成为广州推进文化建设的又一重要抓手。首先，做强做大广州日报报业集团。《广州日报》是中共广州市委的机关报，2008年的日发行量已突破了200万份，成为国内报业的佼佼者和区域市场的领导者，有较强的市场影响力，是广州文化宣传的重要媒体平台。其次，将广州电视台和广州广播电台合并，成立广州广播电视台。广州广播电视台的综合频道、新闻频道、影视频道、竞赛频道和英语频道，已覆盖全广州及珠江三角洲广大地区，以新闻时效快捷、舆论导向准确、综艺节目渗透岭南特色、电视剧充满时代气息等特点，为整个珠江三角洲地区人民所喜爱，收视位居本地传媒前列。再次，办好政府门户网站，如“中国广州”网、广州日报大洋网等网络媒体。充分利用滚动新闻报道、即时新闻报道、数字报刊、视频新闻、手机报及微信、QQ（一种流行的中文网络即时通信软件）、博客等网络媒体的传播特点，开展各种方式的文化宣传，形成广州文化传播的立体效应。最后，利用影视媒体进行城市文化宣传。以反映广州丰富的海上丝绸之路历史文化内涵为主要内容的8集大型纪录片《穿越海上丝绸之路》，2016年在中央电视台国际频道播出；探寻广府文化的渊源肇始的纪录片《广府春秋》第一季于2016年12月在中央电视台科教频道播出。当地时间2017年3月11日，广州城市形象宣传片《花开广州·盛放世界》亮相美国纽约时代广场，以“花”为凝聚广州城市气质的象征，全方位展示了“花城”广州宜居宜业的秀美环境和不断走向现代化并以开放姿态融入世界的城市新貌。

四、进入新时代广州文化建设迈向新征程

党的十九大报告指出："经过长期努力，中国特色社会主义进入了新时代。"[①]这一判断表明我们比历史上任何时期都更接近、更有信心和能力实现中华民族伟大复兴的目标。然而，"中华民族伟大复兴，绝不是轻轻松松、敲锣打鼓就能实现的。全党必须准备付出更为艰巨、更为艰苦的努力"[②]。在文化建设上，要更加坚定中国特色社会主义的文化自信，更加增强全面提升文化建设质量和效益的实践自觉，更加努力推动社会主义文化繁荣兴盛。

（一）新时代对文化的诉求与期待

中国特色社会主义进入新时代，这个"新时代"的"新"不是一个简单的时间概念，不好具体到某年某月的某一天来算作它的开始。这个"新时代"的"新"是具有深刻文化意义和文化内涵的，它意味着生活意义和价值判断的范式转换，意味着主体地位的提升、自主意识的增强并更能带来自我价值的实现。因此，认同、理解和迎接这样的"新时代"，需要有基于文化理性的思考、判断与期待。

1. 新时代更加呼唤文化的繁荣兴盛

进入中国特色社会主义新时代，首先意味着近代以来久经磨难的中华民族迎来了从"站起来""富起来"到"强起来"的伟大飞跃，迎来

①习近平. 决胜全面建成小康社会　夺取新时代中国特色社会主义伟大胜利——在中国共产党第十九次全国代表大会上的报告［M］. 北京：人民出版社，2017：10.

②习近平. 决胜全面建成小康社会　夺取新时代中国特色社会主义伟大胜利——在中国共产党第十九次全国代表大会上的报告［M］. 北京：人民出版社，2017：12.

了实现中华民族伟大复兴的光明前景。不论是历史还是当下，任何国家的强盛和民族的振兴都离不开其蕴含的文化支撑。正所谓“文化兴国运兴，文化强民族强”。所以，进入中国特色社会主义新时代，不能以为经过改革开放40年的努力，文化建设的任务就完成了，要充分认识社会发展没有尽头，文化发展只有进行时没有完成时。而且，社会发展越是走向新的文明进步，对文化建设和发展提出的要求就越高。这就要求我们在新的时代更要重视文化建设，要从实现国家强盛和民族复兴的战略高度，进一步激发全民族文化创新创造活力，着力推进社会主义文化繁荣兴盛，建设社会主义文化强国。对于广州的文化建设而言，同样需要有这样的责任感和使命感，要为走向现代化和国际化发展的广州提供繁荣的文化支撑。

2. 新时代发展需要文化理性的引领

从本质上说，中国特色社会主义进入了新时代，这个“新”是要告别传统社会真正走向现代化的“新”。这个“新”意味着我们要彻底变革传统的思维方式和行为方式，在思想观念、价值理念乃至心理、心态和人格上，都要逐步按照现代化的发展要求来调整和转换，这显然是一场前所未有的深刻变革。面对这样一场从社会到观念、到心理、到人格、到意识的深刻变革，不是每个人都能自觉适应的。如果每个人都不接受这种现代化的转变，不能自觉按照现代化发展要求进行心性调整的“人格转换”，就不可能形成推动现代化发展的强大主体力量，那么现代化的发展目标就不可能实现。“拉美陷阱”最深刻的教训之一就是缺乏这种取向现代化发展的“人格转换”。为此，进入中国特色社会主义新时代需要我们进一步增强文化自觉，通过不忘本来、吸收外来、面向未来的文化建设，更好构筑中国精神、中国价值、中国力量，为取向现代化的转型发展提供基于理性共识的文化引领。如果说改革开放40年来广州的文化建设已经提供了能走在前列的文化引领，那么进入新时代的发展就更需要把这样的文化引领力发挥好、体现好。

3. 美好生活要有文化的品质与境界

在文化意义上说，人民对美好生活的需要，如果没有文化修养和文化情趣，是很难作出合理评价、给出满意答案的。马克思说过："因为要多方面享受，他就必须有享受的能力，因此他必须是具有高度文明的人。"①这就意味着人的生活越是进入高端化、品质化，就越需要有对生活意义的理性认知能力和审美评价能力的文化提升。这种提升，其实是人在新时代真正追求和品味美好生活所必需的文化心境。因此，进入新时代的文化建设更加具有对全民文化素质提升的紧迫性。至于美好生活本身包含着人们对文化和艺术享受有更高层次的追求，这就更加需要通过加强文化建设来满足。广州作为改革开放的前沿地和示范区，更要通过文化产品和服务的供给侧结构性改革来引导新的文化消费，增强人民群众对提升精神文化生活品质的获得感和满足感，避免各种腐朽文化、糟粕文化、低俗、庸俗文化给人带来的灵魂扭曲、思想堕落和精神萎靡。这说明，进入新时代，广州文化建设依然任重而道远。

（二）广州文化建设的短板与问题

改革开放40年来，广州的文化建设取得了长足进步和发展。不论在全社会的思想理念、人文精神、文明素质方面，还是在文化基础设施、公共文化服务、文化产业方面，广州文化建设已经达到的水平和规模都是前所未有的。但是，从进入中国特色社会主义新时代的经济社会发展

①马克思，恩格斯．马克思恩格斯全集：第4卷［M］．北京：人民出版社，1979：392.

对文化建设提出的新要求来看，广州文化建设还存在不少短板和问题，或者说在新征程上需要面对的新挑战是不可忽视的。

1. 城市文化形象的特色不鲜明

广州是一座具有深厚文化底蕴的城市，文化资源也非常丰富，但是长期以来人们对广州的文化认同都非常有限，甚至对广州文化还有不少的负面印象，比如有“文化沙漠论”“文化肤浅论”“文化粗俗论”“舶来文化论”等，似乎广州只是一座人来人往做生意的“商城”，没有什么值得称道的文化可言。改革开放以来，虽然广州在文化建设上下了许多功夫，但是人们对广州作为现代文化都市还是没有广泛认同。主要原因就是在文化建设过程中城市文化形象的定位不清，提升文化认知度和认同度所需要的特色和风格没有凸显出来。从客观上看，一座城市要培育和形成特色鲜明的文化形象并非一日之功，它需要一个长期积累的漫长过程，不可能立竿见影、一蹴而就。所以，尽管广州一直在努力，文化建设的总体水平不断在提升，但要彰显独特的文化魅力仍然还有较长的路要走。从主观上看，一座城市的文化形象如何定位也有一个逐步认识和明确的过程，不可能一锤定音，更不会一成不变，不少认识都需要进一步斟酌和修正。比如20世纪90年代，广州曾经把城市文化精神确定为“稻穗鲜花献人民”，“稻穗”和“鲜花”虽然与广州的别称“穗城”和“花城”有所联系，但要把两者作为这座城市文化精神的内涵来表达，其所能展示的文化特色和品格恐怕就非常有限了；又比如，广州的文化形象宣传曾经定位为“千年羊城，南国明珠”，其中“千年羊城”可以体现这座城市历史文化的悠久，但“南国明珠”恐怕就很难把广州与深圳、香港、珠海、中山、东莞等城市相区别了。显然，文化建设如何做到有特色、上水平、显气魄，这是广州面向未来必须着重研究和解决的重要课题。

2. 文化建设的协同性亟待加强

就一个城市而言，文化功能并不是单一的、孤立的，它要融入城市运行的各个系统和部门，渗透在社会生活的方方面面，通过相互协同、相互配合、相互促进，来体现其在文化层面上的进步或落后，表现出具有在真善美评价意义上的品位高低。所以，文化建设不能仅仅看作是文化部门自己的事情，它需要全社会的相互协同、相互配合、相互推动，否则再完美无缺的文化发展规划也不可能得到真正有效的落实。在改革开放过程中，虽然广州的文化建设逐步得到加强，总体思路和布局也逐步明晰，但是文化建设和发展的部门化、单一化和项目化特征比较明显，文化建设如何融入经济社会发展全过程也缺乏有效的思路、途径和机制，导致文化建设在整体效能和功能上出现诸多的不协调，从而制约着文化发展的质量和水平。比如对公共文化事业发展的经费投入相对不足，文化发展的投入水平与经济实力相比存在着较大差距，文化服务“缺钱”的状况一直没有得到根本改变；又比如新旧城区之间、城市和农村之间公共文化服务体系建设不均衡，导致提供公共文化服务的能力、品质和效能存在着较大的差距，从而影响到市民对公共文化服务的满意度评价和文化获得感的提升。进入21世纪，随着一个以知识生产力为引领和主导的新文化时代的来临，广州迫切需要解决文化滞后于经济社会发展的问题。

3. 城市文化引领功能有待提升

在城市的文化功能当中，最有影响力和最具竞争力的功能无疑是它的引领功能。所谓引领就是走在前列、起着引导和示范作用。一个城市的文化引领功能强弱决定着它的文化竞争力高低，也是衡量其城市地位的重要尺度。改革开放初期，广州城市文化的引领功能是比较强大的，尤其是在大众流行文化方面，曾经一度形成了很有影响、被全国热追的

“广式文化潮”。但是后来“广式文化潮”逐渐式微，城市经济实力不断增强的同时文化引领功能并没有同步提升。这是因为：其一，文化体制改革的力度不够大，文化管理的体制机制也不够活，高端文化人才集聚度较低，文化发展的创新活力没有充分激发；其二，文化市场的开发不足，缺乏有市场占有度和影响力的文化产品，在国内外获奖的精品力作也不多，城市文化带动力和影响力有限；其三，在文化产业发展中没有带动力强的龙头企业，文化创意产业“小、散、弱”的局面没有完全改变，文化发展的品牌、规模和水平都缺乏足够的竞争力；其四，文化消费需求仍主要停留在大众普及性的层次当中，有些文化需求甚至还有低俗化倾向，对推动文化发展取向高品质发展缺乏主动性、积极性和创新性；等等。这些问题或短板的存在，影响和制约了广州对文化发展的引领力。所以，未来广州推进文化建设需要高度重视文化引领功能的提升和作用的发挥。

（三）广州文化建设的未来与希望

进入中国特色社会主义新时代，需要我们进一步坚定文化自信，勇于开创文化建设和发展的新局面，更有作为、更有成效地推动社会主义文化繁荣兴盛。未来广州的文化建设，要切实按照“五位一体”总体布局的要求，在市委、市政府的统一领导下，通过各职能部门的相互配合、共同担当、一起作为，带动社会各界的广泛参与，大力营造文化大发展、大繁荣的良好氛围，全面提升广州文化建设和发展的质量和水平，以更加充满开放活力与魅力的文化形象拥抱世界、走向未来。

1. 以国际化视野进行新的布局

经过改革开放40年的发展，广州的文化建设已经站在了新的历史起点上。然而，作为一个代表中国率先改革开放并取得辉煌成就的城市典范，广州还要登上世界舞台、融入国际化发展的全球城市体系当中；作为国家中心城市，广州要在全面深化改革、提升开放水平、扩大文化影响力的新征程中有更大的担当，以改革开放先行者和排头兵的崭新姿态向世界展示中华文化的新辉煌。这就决定了广州的文化建设不能囿于独善其身、自我满足、自得其乐的“小天地”，必须有迈向全球化发展的国际化视野和要成为有影响力的国际文化城市的宏大气魄。所以，要把中华民族五千多年文明历史所孕育的中华优秀传统文化，与我们党领导人民创造的革命文化和社会主义先进文化融为一体，让它植根于新时代中国特色社会主义伟大实践，成为发展面向现代化、面向世界、面向未来的社会主义文化的先行地和示范区，为实现广州对接国家“一带一路”倡议提出的“建设枢纽型网络城市”目标提供坚实的文化支撑。

2. 实施文化创新驱动发展战略

从理论上说，能否真正推动事物的新发展、形成新优势，关键在于有没有内因与外因相结合所产生的动力和活力。如果没有动力和活力或者失去动力和活力，即使有再明确的目标和方向也无法继续前行，即使有再好的条件和基础也没用。对于推动文化建设而言，一个城市如果没有文化建设的动力和活力，纵然它有对文化建设和发展的目标和希望，其结果还是望梅止渴，不可能真正如愿以偿。那么，动力和活力怎么形成？这就需要通过改革创新来培育和激发了。所以，推动文化建设的新发展不能只停留在期盼的口头上，而要落实到具体的行动中。当前，要通过全面实施文化创新驱动发展战略，来调动和激发全民族、全社会文化创新创造活力，以形成推动文化建设的强大动力和活力。要把创新驱动落实到能推动广州文化建设发挥引导、带动和示范作用上，尤其要在名家大师的培养、文化人才的引进、原创产品的生产、流行文化的培育、文化企业的扶持、文化市场的拓展、文化金融的壮大、文化科技的研发、知识产权的保护、文化产权的交易、新媒体融合发展等方面有一系列体制机制的创新和突破，以营造广州推动引领型文化发展的新优势和新气象。

3. 满足人民对美好生活的期盼

在中国特色社会主义进入新时代之后，随着社会主要矛盾转化为人民日益增长的美好生活需要和不平衡不充分的发展之间的矛盾，如何全面提升文化产品和服务供给的数量和质量，以更好地满足人民群众过上美好生活后对精神文化生活的需要，就成为推进文化建设的重中之重。广州要在改革开放40年不断夯实和完善城市公共文化服务体系建设的物质基础上，要在不断提升和优化公共文化服务能力建设的现代化水平的基础上，以人民群众过上美好生活后对文化需求的期待为导向，进一步加快构建现代公共文化服务体系，以更高水平的优质公共文化产品和服务供给，让人民群众在广州过上"诗意般栖居"的美好生活，以增强对自己精神家园的心理认同及精神满足上的获得感和幸福感。尤其要将构建现代公共文化服务体系纳入全面深化改革、提升发展质量和效益的全局，以基层、农村、边远地区作为重点，着力解决区域、城乡、人群之间公共文化资源、服务欠均衡问题，让全市人民可以共享文化发展成果，共同迎接更加美好的未来。

（李仁武）

第九章

改革开放以来广州市民生社会事业发展与经验研究

民生社会事业是国之重器。若民能安生，则国家繁荣，社会稳定。改革开放以来，广州市大力发展民生社会事业，累积了诸多有益的发展经验，取得了巨大成就，诸多方面走在全国前列，在全国具有引领和示范作用。尽管如此，随着经济社会的快速发展，与人民对美好生活的追求相比，广州市民生社会事业仍存在发展不够充分和不够平衡的短板。为此，在改革开放新时代，广州市应当继续发扬改革开放初期敢于担当、敢为人先的魄力，从制度体系、财政投入、机制创建、服务经办能力等多个方面发力，构建权责清晰、协同有效、更加公平、共建共享的民生保障体系，大力提升广州市居民的民生获得感和幸福感。

一、改革开放以来广州市民生社会事业发展阶段与历程

“民生社会事业”（以下简称“民生事业”）是个文件性概念，在学理上并无此概念。民生事业涵盖的内容也随着社会发展或政治表述需要而“变幻”。由于每个人看问题角度的建构效应，要对广州市民生事业40年发展历程进行阶段性划分就成了一件棘手的事情。比如，广州市住房改革从1978年就启动，以土地与外商合作开发商品房小区，在全国

率先释放出房地产复苏和市场化的信号；而1995年7月和1997年1月广州市先后在城镇和农村实施最低生活保障制度，才标志着传统社会救济制度向现代社会救助制度的发展转型。以上两个例子表明，广州市各项民生事业在发展脉络上是不同步的。因此，应该将广州市民生事业发展放在整个更宏观的政治、经济和社会发展脉络和框架中加以考察。基于此，本课题组将广州市民生事业40年发展分为四个历史时期，以期能够逼近发展事实，真实描述和分析各阶段民生事业的发展内容与鲜明特征。

（一）探索阶段（1978—1991年）：探索民生事业社会化、市场化发展模式

改革开放，广州先行。在这一阶段，广州市民生事业在住房商品化改革、教育市场化探索和与市场经济相配套的社会保险起步发展方面均取得了重大突破，逐步形成了民生事业社会化和市场化发展模式，改变了改革开放前政府包办社会的传统局面。值得一提的是，虽然1978—1992年的中国改革开放以1984年为分界分别进入两个不同的起步和全面发展阶段，但整体来讲，这两个阶段的民生事业都处于市场化改革和社会化探索的阶段。

首先，广州市积极尝试住房的商品化改革，并逐步建立三级房地产市场，通过市场手段配置住房资源的发展模式开始生成和发展。一是率先在全国引进外资，以实物有偿使用土地方式达成开发商品房的合作。1979年，广州市东山区引进外资住宅建设指挥部（东华实业股份有限公司的前身）和香港宝江发展有限公司以实物有偿使用土地方式达成了合作兴建东湖新村的协议。二是以土地作为合资条件，收取土地使用费，对土地实行有期有偿使用，开放经营商品房，初步形成房地产市场。1984年广州市在部分地区开始征收土地使用费，1985年对新划拨土地使

用权有偿出让。1986年5月广州市实行土地使用权招标出让。三是随着1986年《中华人民共和国土地管理法》和1990年《中华人民共和国城镇国有土地使用权出让和转让暂行条例》的出台，国有土地使用权开始全面有偿使用，实行土地所有权和土地使用权分离，以协议、招标、拍卖三种方式有偿出让土地使用权，广州形成了较为完整的三级房地产市场。伴随房地产市场的产生，房地产咨询和房地产中介行业出现。20世纪80年代后期至90年代中后期，住房制度改革不断深化，促进个人购房业务逐渐成为商品房市场主体业务，也促进了房地产业的形成与发展。1989年8月16日，经广东省政府批准，广州市政府公布了《广州市住房制度改革实施方案》，成为全国第一个全面实施住房制度改革的省会城市。

其次，在教育发展市场化探索方面，广州市大力发展职业教育，职业高中和中专教育得到蓬勃发展。在发展模式上，探索市场化办学机制，积极试点企业等多主体办学。为了推进教育的市场化发展，广州市推行企业办教育试点改革。广州先对中等教育结构进行改革，有计划地把40所普通中学改为职业高中，部分职业高中与企业联合办学。万宝电器集团公司、东方宾馆、白云山制药厂、文冲船厂、紫坭糖厂5家企业及从化县被定为全国企业和农村地区教育综合改革试点单位，实行经济、科研、教育三结合，基础教育、职业技术教育、成人教育统筹安排。至1982年，广州市企事业办学单位占78.4%，各级成人学校在学人数40.4万人，职工在学率约为30%。同时积极提倡社会力量办学，1986—1990年，广州市属4县、新4区和海珠区新滘镇都认真大力抓普及九年义务教育工作，投入普及九年义务教育工作的资金达3.5亿元，其中市政府投入占25.4%，区、县投入占33.5%，群众集资以及港澳同胞和海外侨胞捐资占41.1%。其中1987—1990年，广州市中小学接受爱国侨胞、港澳同胞兴学赠款共计人民币2663万元，港币3177万元。

最后，广州市积极探索社会保险制度创设，先行先试。广州市探索建立职工社会养老保险制度，积极推动社会保险事业诞生和发展。广州市于1983年在中国大酒店、广州钢铁厂、广州友谊商店等企业积极开展合同制职工社会养老保险工作，并率先建立全民企业退休费社会统筹养老保险制度，由此广州市社会保险事业正式“诞生”。随后，集体企业退休费统筹、全民职工待业（失业）保险制度和广州市户籍的临时工养老保险制度逐步建立起来。再之后，随着20世纪90年代国家建立社会保障制度大目标的确定，广州市全民集体企业固定工养老保险个人缴费制度开始实行，广州市社会保险事业迎来了大发展。

综上所述，无论是住房的商品化改革还是教育的市场化、社会化探索，都紧紧围绕经济建设需求，以激发经济发展活力为主要任务。社会保险制度的诞生与发展则为改革开放前期经济转型产生的社会问题和市场经济发展中所伴随的社会风险进行了有效的制度防控。这一时期的民生社会事业发展凸显了市场化改革和社会化探索的特征，为后期政策深化和调整探寻了方向。

（二）深化发展阶段（1992—2002年）：改革助推形成的积极民生事业发展模式

以1992年邓小平南方谈话和社会主义市场经济确立为契机，广州民生事业发展在前期发展基础上，掀起了新一轮发展热潮。在这一阶段，广州市民生事业取得重要发展，其中主要改革任务就是要解决市场经济发展中利益受损部分群体的社会保障等问题。同时，政府对民生事业发展开始更加积极地介入，民生保障领域中的国家责任逐步回归（即政府承担越来越多的民生责任）。

一是实施积极的福利政策，促进社会救助制度的现代化转型。广州市率先在城乡先后实施最低生活保障制度。社会救济标准在1993年以后逐年提高。1995年实行的最低生活保障，市区居民为人均200元/月，县级市城镇居民为170～200元/月。居民月人均收入低于最低生活保障标准的家庭，民政部门负责给予社会救济。1998年实施《关于我市城镇居民最低生活保障资金转由财政负担的通知》，将原来市属企事业单位困难职工的单位负责改为财政负担，并确立了市、区财政按比例分担机制，政府在社会救助方面积极承担了更多社会责任。同时，在下岗工人的再就业方面，政府率先扩大就业援助对象和范围，实施积极的职工培训办法。根据就业培训工作的需要，广州市建立了相关的信息库，包括下岗职工信息库、培训单位信息库、师资信息库等，为培训工作的开展与管理提供良好的基础。比如1998年广东国有企业下岗工人45万人，其中24万人参加再就业培训，再就业率达70%。职工下岗或失业是经济发展多年累积的深层次矛盾的综合反映，也是改革和发展进程中必然要经历的阶段。因此，在社会保障体系不健全的情况下，由政府大力促进和推动的再就业工程是分流安置下岗和富余职工再就业的现实最优选择。

二是建立健全社会保险体系。1993年开始逐步建立和实施的职工工伤保险、失业保险、生育保险和养老保险制度，加上以低保制度为基础的社会救助制度和2001年建立的城镇职工基本医疗保险及重大疾病医疗补助制度，基本形成了多层次的社会保障体系。在社会养老保险方面，广州市不仅建立统一的企业职工基本养老保险制度，出台关于非本市城镇户口劳动者参加基本养老保险的制度办法，还建立了全市一体化的社会养老保险制度，统一全市国有企业与区街集体企业职工退休条件、计算办法。随着1998年《广州市私营企业和个体工商户从业人员基本养老保险实施办法》的出台，非公有制企业和个体工商户被纳入参保范围，社会养老保险覆盖面得到扩大。在社会保险管理与经办服务方面，社会保险和养老金逐步实行社会化管理和社会化发放。1999年末，市属32万多名离退休人员100%实现养老金社会化发放，至2002年低保金也实现了发放的高效化和社会化。

三是教育事业整体布局和资源配置不断优化。在高等教育方面，推进市属高校布局调整，重点发展高等职业教育，促进中等职教与高等职教的衔接，至1997年已有8所市属成人高校开办17个高等职业教育试点班。在素质教育方面，广州市先是于1998年制定《广州市中小学全面实施素质教育的若干意见》，全面推进素质教育，完善素质教育的运行机制，建立、健全配套政策和措施，推进体现广州市素质教育特色的“五项设计”（目标设计、课堂设计、教学设计、德育设计、质量监测设计）。在教育结构布局方面，第一，在“教育综合改造工程”中推进老城区中小学布局调整；第二，大力调整农村中小学布局，促进农村义务教育资源的合理配置，对中等职业学校的布局进行整体优化。在社会办学方面，1991—1995年华侨、港澳同胞捐资办学进入高峰时期，捐款捐物折合人民币4.1588亿元（包括直接捐赠），比“七五”计划期间增长5.8倍，全市共有346所大中小学及幼儿园和基金会受益。在社会各界的支持下，广州市2000年普及了高中阶段教育，普通高考成绩连续多年居于广东省领先地位，教育信息化等多项工作走在了广东省甚至全国的前列。

总的来说，该阶段是广州民生事业快速发展的时期，各项制度逐步健全和优化调整，这既是市场经济体系健康发展的要求，也是市场化改革所倒逼的改革调整。随着经济发展，社会风险逐步浮现和加深，与此相关的就业、社会救助、社会保险等民生事业开始深入发展，但是该阶段的中心仍然是经济领域上的市场化改革，因而民生事业也只是一种社会化的调整和优化。

（三）均衡发展阶段（2003—2011年）：和谐理念下的普惠性均衡型民生事业发展模式

党的十六大报告和党的十六届四中全会提出社会和谐，以及构建和谐社会的任务，成为广州民生事业发展的又一契机和起点。和谐社会的建设与民生问题的解决密切相关，在2005年出台的《中共广东省委、广东省人民政府关于构建和谐广东的若干意见》的助推下，广州市民生事业正式步入一个普惠均衡化发展的新阶段。在这个阶段，广州市在缩减城乡发展差距，统筹城乡发展以及统筹社会福利、教育、住房保障、养老服务发展等方面呈现均衡发展的特征，向公平和普惠迈进。

第一，广州市重视统筹城乡发展和强化农村民生事业均衡发展。从2002年起，广州分三个阶段推进农村税费改革，逐步降低农业税率，2003年税费改革推广至全省，农民减负率达到83.7%，广州市于2004年起免征农业税，比全国提早了两年。广州大力实施“城市支持农村、工业反哺农业”战略，积极推进“城市化、工业化、农业现代化”，农村社会事业得到均衡发展。首先，农村居民最低生活保障水平和覆盖面进一步提高，农村“五保户”供养机制进一步健全和完善，使农村民生事业发展成果惠及广大农民群众。为了进一步保障低保对象的生活，广州市2006年下发《关于对我市特困人员实行分类救济的通知》，对低保、低收入困难家庭的重病患者、双老、学生等特殊群体按低保标准的20%给予救助；2007年建立了物价上涨与价格补贴机制，进一步加强了对城乡低收入对象的生活保障力度。在医疗救助方面，2009年印发了《广州市困难群众医疗救助试行办法》，医疗救助从单一的大病救助向门诊、住院、专项等综合性救助转变，率先在全国建立城乡统筹的综合性医疗救助体系。2011年，广州市按照《广东省农村五保供养工作规定》，按不低于当地上年度农村居民人均纯收入的60%的标准调整五保供养标准。全市五保供养平均标准提高到608元/月，提幅19%。五保对象除享受《广州市困难群众医疗救助试行办法》规定的各项医疗救助政策外，还可以在区、县级市内农村合作医疗定点机构就医时，门诊免交普通挂号费、住院免交押金。实行农村五保村统一立项、统一设计制度，开展具有广州特色的五保村建设示范活动。截至2011年9月，全市累计建成功能齐全、环境舒适的五保村110个。农村“五保”供养机制渐趋完善。①其次，继续加强农民转移就业技能培训，促进农村富余劳动力转移就业。加快发展农村职业教育，实施新型农民科技培训工程，增强农民文化科技素质和就业创业能力，促进农民持续增收。再次，加快农村卫生服务体系建设，增强农村基本医疗服务能力。按照二级综合性医院规模推进中心镇医院建设，加强农村卫生技术人员培训，做好对山区镇卫生院的帮扶工作。2011年末，已实现全市县级医院均达到二级以上综合医院水平，每个镇均设有1所镇卫生院或社区卫生服务中心，每个行政村设置了1所村卫生站，初步建成城市15分钟、农村30分钟医疗卫生服务圈。2011年基层医疗卫生机构诊疗人次占全市医疗机构总诊疗人次的45.61%。②同时，新型农村合作医疗制度不断完善，参合率和筹资水平进一步提高。至2011年新型农村合作医疗的参合率达99%，新型农村合作医疗累计受益人数达502万人次。③最后，落实农村免费义务教育政策，推动义务教育均衡发展。2006年起，农村地区全面实施免费义务教育。

---

①参见广州市人民政府网站《广州市民政局2011年工作总结》，2012-01-17，http://zwgk.gz.gov.cn/GZ09/8.1/201201/5cac8d1f249f43458c25edd10ec6e4e9.shtml。

②参见广州市卫生和计划生育委员会网站《广州市卫生局2011年工作总结及2012年主要工作安排》，2012-04-11，http://www.gzmed.gov.cn/rhin_gzmed/xxgk/jhzj/3704.html。

③参见广州统计信息网站《统计年鉴2012》，http://210.72.4.52/gzStat1/chaxun/njsj.jsp。

第二，广州市率先在全国践行城乡教育统筹发展。2009年广州市为健全和完善义务教育经费保障机制和监督机制，推动公共教育资源向农村和困难地区倾斜，从全市挑选了100所优质学校对口帮扶100所城镇薄弱学校和农村学校，建立区、县级市教育行政部门的对口联系制度，城乡中小学对口联系制度，以及特级教师、名教师下乡指导教学工作制度，城乡教育资源配置渐趋均衡。广州市制定了《关于进一步做好优秀外来工入户和农民工子女义务教育工作的意见》《关于基本解决义务教育阶段“择校”问题的实施方案》等制度，合理划分义务教育学校的招生地段，积极推进解决义务教育“择校”问题。“十一五”期间，广州市本级财政教育支出累计达107.8亿元，比“十五”时期增长135.49%。①100%的区（县级市）和镇成为省教育强区、强镇，普通高考连续21年处于全省龙头地位，中等职业教育保持全国领先，高等教育位居全国同类城市先进行列。

第三，积极推进社会保障普惠覆盖。广州市于2005年出台了有关灵活就业人员参与基本医疗保险的办法②，将符合本市基本养老保险参保缴费年龄范围的非全日制、临时性或弹性工作等形式就业的人员以及自由职业者、个体经济组织业主及其从业人员纳入医疗保险对象范围。同时，于2007年出台非本市户籍职工享受市城镇职工生育保险待遇③和落实建筑农民工的工伤保险参保办法，推动非本市城镇户籍职工参加生育保

①参见广州市人民政府网站《2011年广州市政府工作报告》，2011-02-28，http://www.gz.gov.cn/gzgov/s2821/201102/768746.shtml。

②参见广州市人民政府网站《印发〈广州市城镇灵活就业人员医疗保险试行办法〉的通知》，2005-11-09，http://www.gz.gov.cn/gzgov/s2812/200511/162667.shtml。

③参见广州市人民政府网站《职工参加生育保险有新规定》，2007-08-21，http://www.gz.gov.cn/gzgov/s2342/200708/508965.shtml。具体文件名：《关于非本市城镇户籍职工参加生育保险有关医疗费问题的通知》。

险。规定注册地或生产经营地在本市行政区域内的建筑施工企业，应按《工伤保险条例》的规定办理农民工的工伤保险手续，按规定缴纳工伤保险费，落实工伤保险待遇。统计数据显示，2011年城镇职工养老保险参保人数达到396.4万人，职工医保人数为466.2万人，失业保险参保人数为362.4万人，工伤保险参保人数达到398.1万人。①

第四，大力推进保障房建设和探索经济适用住房货币化分配，妥善解决“夹心层”住房问题。“十一五”期间新开工建设4万套共300万平方米保障性住房，累计解决6.83万户低收入家庭住房困难问题。②深化住房分配货币化改革，完成了住房货币分配信息管理系统的开发，实现了住房货币分配动态化管理。2009年广州市新增实施住房货币分配单位274个，享受住房补贴职工增加了59 188人，住房补贴支持职工解决住房问题作用明显。完善保障性住房分配审核，强化供后监管工作，开展全市保障性住房拉网式入户调查及资格复审、重审，依法处理了36户家庭的转租、出借和连续空置行为，确保公益资源公平分配和有效利用。

第五，大力发展养老服务。长者长寿保健金提标扩面，从2011年7月起，长寿保健金发放范围从原来（2010年7月起）的80周岁以上长者（含驻穗部队离退休干部）扩大至70周岁以上长者，标准为每人每月30元，同时提高80周岁以上长者长寿保健金发放标准，发放总人数达566 957人，占全市户籍老年人口总数48.74%的长者直接受益。同时，自2011年7月1日起，“平安通”紧急呼援服务系统免费安装范围由原来的90周岁以上扩大至80周岁（含80周岁）以上广州市户籍长者。③

---

①参见广州统计信息网站《统计年鉴2012》。

②参见广州市人民政府网站《2011年广州市政府工作报告》。

③参见广州市人民政府网站《2012年广州市政府工作报告》，2012-01-06，http://zwgk.gd.gov.cn/007482532/201201/t20120114_300881.html。

综上可见，这一阶段广州市民生事业出现了较大转变，社会政策注重积极的公平主义，推进城乡统筹发展，凸显民生事业普惠均衡发展特色或重心。

（四）一体化发展阶段（2012—2018年）：美好生活导向的民生事业一体化发展模式

党的十八大以来，人民的幸福感与获得感成为民生领域的主题词。这一时期，我国经济发展实力雄厚，民生事业整体发展态势良好。在此背景下，民众对幸福和对美好生活的向往成为广州市民生事业发展的终极追求。广州市积极围绕城市社会经济发展大局，在积极做好底线民生保障的基础上，大力提升民生保障水平。民生事业的范围和内容不断得到扩展，以美好生活为导向将民生事业从碎片化发展推进到全面一体化发展阶段。

首先，在医疗卫生领域加强薄弱领域薄弱地区建设，推进医疗供给侧和公平化改革，探索尝试医养融合和长期护理保险等新举措，迈向美好健康生活。2013年，广州在基层医疗卫生网底建设（包括城镇和农村）、医疗服务体系建设（包括省部属医院、市属医院、专科医院、中医医院和社会办医）以及公共卫生服务体系建设（包括专业公共卫生机构、采供血和急救医疗）三大方面加大财政投入力度，尤其重点保障医疗资源薄弱地区和薄弱领域的医疗设施建设，维护基本医疗卫生服务供给的公平性和公益性。2017年深入推进医疗卫生设施供给侧结构性改革，强基层、补短板、建高地，合理配置优化提升医疗卫生资源布局，缩小区域之间、城乡之间基本医疗卫生设施差距。同时，大力尝试推进国家级医养结合试点建设，在白云、黄埔、从化等区规划建设医养结合医院。支持养老机构按规定开办医疗机构，开展老年人治病、康复、护理和临终关怀等服务。

其次，教育的公益性和普惠性得到重视。幼儿教育、特殊教育、社区教育、农村成人教育、义务教育、网络教育等各种教育得到全面发展，教育公益覆盖面得到有效拓展。促进义务教育均衡优质发展，实现全国义务教育发展基本均衡区全覆盖。启动129所中小学新改扩建工作，新增2万个学位，义务教育普惠面有较大扩展。2015年广州市对低收入困难家庭儿童、孤儿、残疾儿童以及其他优抚对象接受普惠性学前教育进行资助，学前教育公益性、普惠性得到强化。实施第二期学前教育三年行动计划，全市公办幼儿园和普惠性民办幼儿园有1227所，占比72.8%。规范化幼儿园1309所，占比77.94%。成立广州市特殊教育中心以及听力语言障碍学生随班就读指导中心、视力障碍学生随班就读指导中心和自闭症学生随班就读指导中心，特殊教育从义务教育向学前教育和中职教育延伸工作取得较大进展。2015年全面取消小升初“推优生”制度，义务教育阶段公办外国语学校和民办学校均免试入学。制定《关于进一步做好来穗人员随迁子女接受义务教育工作的实施意见》，实施异地中考和异地高考政策，基本实现义务教育阶段特殊儿童“零拒绝”。[①]

再次，社会保障城乡一体化发展和就业创业取得大进展，为市民美好生活的实现奠定了重要的基础。城乡居民养老保险并轨，医疗保险、低保制度逐步实现城乡一体化。2012年广州市对《广州市城镇老年居民基本养老保险试行办法》（2008）和《广州市新型农村社会养老保险实施办法》（2010年）进行了整合和完善，出台了《广州市城乡居民社会养老保险试行办法》，形成了城乡一体化的城乡居民社会养老保险制

①参见广州市教育局网站《2015年广州教育工作总结》，2017-03-15，http://www.gzedu.gov.cn/gzeduxxgk/0802/201703/dd06e7f919cc41f79d1588c7434a6545.shtml。

度。同时，调整提高企业离退休人员的基本养老金，月人均达2614元。调整提高农转居人员养老金，月人均达671元，增幅为10%。[①]自2015年1月1日起，广州市实施城乡居民社会医疗保险制度，将原城镇居民医疗保险、原从化市城乡居民医疗保险与新型农村合作医疗并轨，实施统一的城乡居民社会医疗保险制度，实现全市城乡居民社会医疗保险统一政策制度、统一基金管理、统一信息系统、统一经办操作。值得一提的是，2017年广州市推行医疗保险一体化，城镇职工医保制度、城乡居民医保制度统一为一个医疗保险制度，实现制度一体化和制度公平。在促进就业创业方面，2016年建设253个创业基地，新增就业31万人。组织创业培训及创业辅导2.69万人次，资助劳动力技能晋升培训7.45万人，帮扶16.82万名城镇登记失业人员实现再就业。实现广州生源应届高校毕业生就业率93.41%。[②]

最后，民生保障水平得到大提升，为市民对美好生活的向往提供了稳定预期。2016年为4.8万名低保对象发放救助金4.1亿元，城乡低保标准提高至840元/月，居于全国前列。医疗救助最高标准每人每年提高到35万元。[③]推进全国养老服务业综合改革试点，每千名老人养老床位达到40张。城镇职工养老保险平均待遇超过3000元/月，城乡居民养老保险平均待遇达到624元/月，均居于全国领先水平。[④]

总的来看，党的十八大以来，广州市民生事业发展加快，重视城乡

①参见广州市人力资源和社会保障局网站《2011年—2013年社保数据》，2015-06-15，http://gzrsj.hrssgz.gov.cn/zwxxgk/xxgkml/tjxx/201506/t20150615_230944.html。

②参见广州市人力资源和社会保障局网站《着眼民生福祉　增创人才优势——广州市人力资源和社会保障局2016年工作总结和2017年工作计划》，2017-03-21，http://www.hrssgz.gov.cn/zwxxgk/jhzj/zjbg/201703/t20170320_257318.html。

③参见广州市民政局网站《广州市民政局2016年工作情况》，2017-04-25，http://www.gz.gov.cn/gzmzjg/zjjjh/201704/4ccc174321cc463ab9413b582b4c7d80.shtml。

④参见广州市人力资源和社会保障局网站《着眼民生福祉　增创人才优势——广州市人力资源和社会保障局2016年工作总结和2017年工作计划》。

制度一体化发展，重视民生获得感提升，全面、有效回应居民对美好生活的向往。这一阶段是一个与经济改革、社会改革和政治文明发展高度相关的、待遇快速提升、服务优质高效的民生事业一体化发展阶段。

二、改革开放以来广州市民生社会事业的发展成就

习近平总书记在党的十九大报告中重点强调“必须多谋民生之利、多解民生之忧”。这些重要论述都是新时期保障和改善民生的行动指南。保障和改善民生任重而道远，当前解决民生难题仍是社会建设的第一要务。在人民诉求全面升级的时代，民生的痛点就是改革的着力点、发展的落脚点。广州作为改革开放的前沿阵地，在各项民生改革上的步伐从未放慢。

（一）民生事业发展领域和覆盖面不断拓展，发展水平不断提升

1. 发展领域不断拓展

改革开放以来，广州市民生事业领域不断拓展，由原来比较单一的优抚救济、卫生防疫、一般教育等民生服务发展为丰富的民生事业体系（主要包括社会救助、多层次教育、社会保险、就业、医疗卫生、养老服务等）。同时，每个具体民生领域的服务内容也不断丰富和发展。一是改革开放的40年是社会救助从建立到不断完善丰富的阶段，基本形成了具有广州特色的综合救助体系。1995—1997年，广州市先后在城镇和农村实施最低生活保障制度，社会救助开始进入现代转型阶段。随后，社会救助由单一的生活救助发展丰富为以生活救助为基础，医疗救助、教育救助、住房救助等专项救助为配套，加上少量的心理救助和社会捐助为补充的现代社会救助体系。特别是党的十八大以来，广州在制度化

的社会救助体系之外，建立和推行了临时救助制度，在全国首创了“主动发现”的救助理念。二是与经济发展相适应，基于人民需求，广州市教育事业和社会保险领域得到拓展。随着教育制度改革和教育政策的创新发展，义务教育、职业教育和高等教育等领域的内容不断得到新的发展，同时也开创了幼儿教育发展的新方向。社会保险由最早的单一养老保险发展到多样化风险防控的社会保险制度体系（包括：养老保险、工伤保险、失业保险、生育保险、医疗保险和住房公积金）。三是广州医疗卫生重心从城区向基层社区和农村延伸。基层医疗能力得到极大提高。截至2016年底，13个卫生院当选“群众满意的乡镇卫生院”，2016年3家社区卫生服务中心入选2016年全国百强社区卫生服务中心。广州市6家社区卫生服务中心入选2017年全国百强社区卫生服务中心。基层全科医生配置达到国家标准。大力推进“三医”（医疗医药医保）联动、建立以家庭医生制度为基础的分级诊疗制度，加强以基层医疗卫生服务为基础、以人为本的一体化卫生服务体系建设，加强医联体建设等。四是在养老服务领域，广州由原来政府包办的公办养老院承担养老责任向养老服务社会化、专业化方向发展。同时，大力推进医养结合养老服务。广州市根据《人力资源社会保障部办公厅关于开展长期护理保险制度试点的指导意见》，开展长期护理保险制度试点，推动专业护理产业化发展。同时，养老服务内容不断丰富。截至2018年5月底，全市共有长者饭堂952个，惠及160余万老年人，街道（镇）、社区（村）覆盖率达到100%，市中心城区10～15分钟、外围城区20～25分钟的全覆盖老年人“大配餐”服务网络基本形成。[①]中央财政支持的居家和社区养老服务改革试点绩效考

①参见广州市民政局网站《广州构建全覆盖的社会化“大配餐”服务体系》，2018-06-19，http://www.gzmz.gov.cn/gzsmzj/mtgz/201806/9bd6bf48780c4934a15998e4971e2102.shtml。

核被民政部、财政部评为优秀。全覆盖社会化“大配餐”服务项目在2017第十二届中国全面小康论坛获“2017年度中国十大民生决策奖”。

2. 覆盖面不断拓宽

社会保险从无到有，统计数据显示，2016年末全市参加基本养老保险1249.15万人，参加基本医疗保险1096.38万人，参加失业保险502.14万人，参加工伤保险495.48万人，参加生育保险476.61万人。城乡低保覆盖由2000年的3.5万人扩展为2016年的近5万人。住房保障中的公共租赁房供应量，仅2016年就有10 406套。实施“银龄安康行动”以来，33.55万名老年人参加“老年人意外伤害综合保险”，覆盖率达25.2%，其中五类特殊困难老年人由市财政统一补助。各级各类教育实现全面普及，学前三年幼儿园全市在园人数从1998年的23.16万人增加到2016年的46.30万人，毛入园率达100％，从2007年起至今小学适龄儿童入学率都达到100％。小学、初中和高中的升学率分别从1998年的98.65%、83.10%和57.24%到2016年的100%、96.51%和94.7%[①]。残疾儿童义务教育阶段入学实现零拒绝。社会福利性收养单位数量从1995年的139个增加到2016年的204个，收养单位床位数从1995年的5238张增加到2016年的54 732张，收养在院人数从1995年3956人提高到2016年的28 619人。在机构养老服务方面，2016年全市有养老机构179个，养老机构床位5.9万张，每千名老年人拥有养老床位数40张。[②]2016年广州市城乡社区居家养老服务机构3316个，城市日间照料场所床位3532张，广州市106个街（镇）开展了老年人助餐配餐服务，占全部街（镇）的62.4%，其中社会化运营助餐机构97个，占

---

①参见广州统计信息网《统计年鉴2000年》(注:《统计年鉴2000年》中有1998年数据)，《统计年鉴2017》，http://210.72.4.52/gzStat1/chaxun/njsj.jsp,http://210.72.4.52/gzStat1/chaxun/njsj.jsp.

②参见广州统计信息网《统计年鉴2017》，2017-11-06，http://210.72.4.52/gzStat1/chaxun/njsj.jsp。

91.5%，共设置助餐点184个。[①]

3. 发展水平不断提高

改革开放40年来，广州市民生事业领域不断拓展的同时，其发展质量和水平也得到不断提升。一是社会保障水平不断提升，步入适度普惠型“全民社保”新时代。城镇职工养老保险人均待遇由每月几百元提升到每月超过3000元。城乡低保标准由开始时的每月几十元到现在的每月近千元，居于全国前列。二是教育投入和水平提升明显。仅在“十二五”期间，全市教育经费投入合计1767.18亿元，财政投入连续攀升。广州市小学、初中、高中、中等职业学校、高等学校的公共财政预算生均教育事业费支出以及生均公用经费支出均大幅提高。2016年重本人数首次破万，重本上线率达22.22%。职业教育办学水平和服务水平明显提升，建成国家和省级示范性学校13所。三是医疗卫生发展水平大幅提高。无论是城镇职工医疗保险还是城乡居民医疗保险，报销比例均已达到90%。同时，广州通过优化资源配置提升社区和农村的医疗服务和保障水平。一方面，公立医院优质资源往城区外围地区转移，填补外围地区优质医疗资源的不足。另一方面，引进国内外优质医疗资源来穗，为民众就医提供更多选择。2015年统计数据显示，各类卫生机构数量（不含村卫生室）达到2673个，其中，医院229个，妇幼保健机构16个，专科疾病防治机构7个，疾病预防控制机构18个，卫生监督机构15个；医院床位7.33万张。[②]四是劳动就业政策效果显著。创业带动就业跨入新阶段。仅在“十二五”期间，广州累计新增就业人数211.5万人，约占全省1/4，实现城镇登记失业人员再就业100.5万人，新增农村劳动力转移就业35.1

①参见广州市民政局网站《广州市民政局2016年工作情况》。

②参见广州统计信息网《统计年鉴2016》，http://210.72.4.52/gzStat1/chaxun/njsj.jsp。

万人；就业形势保持总体稳定，连续5年超额完成广州生源应届高校毕业生就业率达90%的目标任务。同时，创业带动就业倍增效应显著，每年扶持成功创业超2.3万人，创业孵化基地达260家，累计带动就业15.7万人。2012年被评为“全国创业先进城市”，是全省唯一获评城市。

（二）民生事业发展走在全国前列，实现标杆引领，织密社会民生安全网

1. 民生领域发展引领全国

广州作为全国改革开放的先行地和试验田，在“摸着石头过河”的大时代背景下，在民生领域进行诸多率先尝试，走在全国前列，起了标杆引领的作用。如：在全国率先实施养老退休金的社会统筹，率先实现普通医疗门诊的社会统筹，出台全国首个工伤康复管理的专门规定，率先出台劳动能力鉴定办法和各类伤病鉴定标准，率先实施将外来工纳入生育保险范围并享受同等待遇政策；在全国率先探索由政府借资解决困难企业退休人员参加医疗保险的问题，率先解决早期离开政府、国有集体企业下海人员的社保问题和下放知青的社保问题，率先落实“预防优先、监控危害、保障健康”的工伤预防新理念，率先开展跨省异地就医合作；在全国率先以土地与外商合作开发商品房小区，并于1989年公布了《广州市住房制度改革实施方案》，成为全国第一个全面实施住房制度改革的省会城市。诸多广州实践和广州经验成为国家制定全国性政策的蓝本，指导全国民生社会事业发展。

同时，广州民生事业发展收获众多“全国第一”的成就。如：建立全国第一家工伤康复专门机构，将工伤康复纳入工伤保险，坚持“先治疗康复、后评残补偿”的原则，让许多工伤职工重返工作岗位；成为全国第一个开展异地就医信息系统结算的城市，实现了广州市作为参保地、就医地

的全国医保联网即时结算；出台全国第一部退管服务地方性政府规章——《广州市退休人员社会服务管理规定》，优化老年人的养老福利，关怀和慰问退管人员。2016年联合国开发计划署在《2016年中国城市可持续发展报告：衡量生态投入与人类发展》指出，广州以人类发展指数0.869排名中国城市第一，北京、南京、沈阳、深圳居第二至第五位。人类发展指数可用于评估可持续发展中的人类福利水平，由人均预期寿命、人均受教育年限、人均地区生产总值三个分项综合统计得出，广州市的人类发展指数接近准发达国家水平，继续蝉联全国第一。

2. 织密底线民生和发展民生相协调的社会民生安全网

改革开放40年来，广州市在推进更加公平更可持续的民生事业发展上不断迈出重要步伐，不断织密扎牢覆盖城乡的、底线民生与发展民生相协调的、多层次的社会民生安全网。特别是党的十八大以来，面对城乡贫困问题，广州市构建了以低保制度为基础、专项救助制度为配套、临时救助制度和慈善救助为补充的“综合救助体系”，为全面脱贫和全面小康的实现奠定了强有力的制度基础。

面对人口老龄化加速加重的新形势，广州市一方面加强老年人的经济保障制度供给和优化（如老年贫困救助、定期提高养老金待遇），提高老年人生活的经济保障水平；另一方面又采取有效措施推进养老服务保障，激发社会力量、市场力量提供养老服务，实现养老服务专业化、社会化发展。同时，还大力建设老年人社会福利设施和提高老年津贴，构建“经济保障+福利支持+服务配套”的养老保障大系统。建立统一的城乡居民基本养老保险制度，打通职工和居民两大基本养老保险制度的衔接通道。整合城乡居民基本医疗保险制度，维护城乡居民公平享有基本医疗保障的权益，实现“全民医保”。整体推进医疗保险支付方式改革，医保在深化医药卫生体制改革中的基础性作用进一步增强。完善社会保险关系转移接续制度，较好地维护了流动就业人员的社会保障权益。

标准化、规范化、信息化的经办服务体系基本建成，市民能在社会民生安全网中享受到方便、快捷、高效的民生服务。深入推进了“多证合一”登记制度改革，推动社保经办业务与“互联网+”技术深度融合，加快电子社保建设步伐，不断健全社保经办服务标准化体系，从市到区再到乡镇的多级社会保障管理组织体系和服务网络初步形成。

（三）为广州市民生事业继往开来的发展奠定了坚实的基础

1. 形成了全方面、高水平、宽领域的民生事业发展格局

改革开放40年来，广州市民生事业快速发展，发展领域不断拓宽，发展水平不断提升，发展内容不断丰富，基本形成了全方面、高水平、宽领域的民生事业发展格局。首先，民生事业全方面发展。无论是教育、就业与社会保险，还是医疗卫生、养老服务、住房保障，广州市在诸多方面均取得巨大发展。其次，民生事业发展水平高。教育均衡发展能力、医疗卫生水平、城镇职工养老保险平均待遇、低保综合救助待遇、养老服务水平等均居全国前列。最后，民生事业发展领域宽。由原来比较单一的优抚救济、卫生防疫、一般教育等民生服务发展为丰富的民生事业体系（主要包括社会救助、多层次教育、社会保险、就业、医疗卫生、养老服务等）。总的来说，广州市民生事业形成了全方面、高水平、宽领域的发展格局，基本实现了“幼有所育、学有所教、劳有所得、病有所医、老有所养、住有所居、弱有所扶”的民生保障目标。

2. 形成了规范化、信息化、标准化的民生服务体系

改革开放40年来，广州市民生事业在制度规范、行业标准、信息化建设等方面发展良好，基本形成了规范化、信息化、标准化的民生服务体系。广州市民政局、广州市社会福利服务协会就全市养老服务出台了

养老服务标准体系和框架。广州市出台规定，规范低保待遇、养老待遇定期调整安排。广州市以信息化为支撑手段延伸社保经办服务，充分利用现代信息科技，秉承“人性化、智能化、简便化”的设计理念，通过强化街（镇）基层平台建设，提高政府指导下的服务体系经办能力。总的来说，广州市基本形成了通过制度实现规范、通过标准实现均等、通过信息化实现便利可及的民生服务体系。

3. 奠定了基本公共服务均等化和民生发展的重要基础

党的十六届六中全会首次明确提出实现城乡基本公共服务均等化目标。经过党的十七大、十七届三中全会、十八大、十九大等重要会议的强调和部署，基本公共服务均等化总体实现已成为到2020年全面建成小康社会战略目标的重要内容。《广东省基本公共服务均等化规划纲要（2009—2020年）》将基本公共服务的范围确定为两大类八项内容：基础服务类包括公共教育、公共卫生、公共文化体育、公共交通；基本保障类包括生活保障、住房保障、就业保障、医疗保障。广州市也出台相关文件，推动落实基本公共服务均等化。可以看出，民生社会领域与基本公共服务领域重合多，所以，民生事业的发展，就是基本公共服务的发展，也是基本公共服务均等化的发展。广州民生事业发展走在全国前列，有着诸多“全国第一”的成就，从民生社会事业发展制度、发展设施、发展水平等多方面奠定了基本公共服务均等化的实现基础。

三、改革开放以来广州市民生社会事业的发展经验

（一）服务大局：紧紧围绕国家战略布局和政策指引驱动民生发展

改革开放以来，国家围绕教育、医疗、就业和社会保险等问题出台

了诸多大政方针，广州市都紧紧把握机遇，积极推进，大胆创新，甚至在国家出台政策前先行先试。围绕国家战略发展布局，响应国家政策，既是广州市民生事业不断发展的重要保障，也是重要发展经验。

1. 响应国家政策，推动就业发展

在国家统一政策的指引下，广州共经历了三次就业政策调整：第一次就业政策的核心是在国家统筹规划和指导下，实行劳动部门介绍就业、自愿组织起来就业和自谋职业相结合的就业服务体系；第二次就业政策的核心是实施“再就业工程”，构筑“三条保障线”，加强职业技能培训；第三次就业政策的重心是创业扶持、创业培训、资金扶持，开展创业援助，开发公益性就业机会，改善创业环境等方面。国家2007年《中华人民共和国就业促进法》和《就业服务与就业管理规定》出台后，广州市于2008年印发《广州市劳动用工备案和就业失业登记办法》规范本市劳动用工备案和就业失业登记管理，统一实行城乡一体化就业失业登记凭证制度。同时，成立推进农村劳动力技能培训转移就业工作专责小组推进广州市农村劳动力培训转移就业工作。随着《广州市劳动和社会保障局关于印发广东省贯彻落实残疾人就业条例工作方案的通知》的出台，广州市积极开展残疾人就业服务（如：广州市残疾人就业培训服务中心每年定期开展残疾人专场招聘会）和职业培训工作，进一步促进残疾人就业和再就业，为残疾人创造公平的就业环境。

2. 围绕政策导向，提升医疗卫生管理与服务

广州市依照国家相关卫生法规、《中华人民共和国职业病防治法》《国家卫生城市标准》（2014版）等对药品质量、公共卫生、传染病控制及医疗行政管理等进行系统优化，实施行政监督，加强卫生行风建设。2014年，广州市适应国家生育政策调整，将保障母婴安全放在卫生工作的突出位置，推进母婴安康行动，组织实施妇幼重大公共卫生项

目。市、区两级重症孕产妇、重症儿童医疗救治服务网络基本覆盖全市，全市孕产妇死亡率、婴儿死亡率和5岁以下儿童死亡率得到有效降低，居于全国前列。

3. 围绕国家战略，推动教育现代化发展

积极践行义务教育，1986年《中华人民共和国义务教育法》（以下简称“义务教育法”）颁布后，全国开始普及6年义务教育，而广州市围绕着义务教育法，锐意发展，于1990年成功实现了普及9年义务教育。努力推动职业教育，1996年《中华人民共和国职业教育法》颁布后，广州市积极将教育工作重点转向职业高中、中专、中技等学校的发展上，并积极推进职业教育改革，重点发展高等职业教育，促进中等职教与高等职教的有效衔接。“十二五”末期，职业技术培训学校培训203.31万人，成人教育毕业15 863人，为提升广州人力资源存量水平发挥了重要作用。此外，充分发挥社会力量优势举办职业教育，创新职业教育校企合作机制，校企联合开办178个“订单培养班”，年均订单培养学生近1万名，职业教育每年为广州及珠三角其他地区输送高素质劳动力和中高级技能人才4万人。2016年，中等职业学校招生6.73万人，在校生21.62万人，毕业生7.07万人。[①]大力推进教育信息化建设，建立覆盖城乡的教育信息化网络，建成全国基础教育规模最大的光纤城域网，覆盖城乡各级各类学校，使中小学的教学装备现代化水平得到有效提升。

4. 围绕战略布局，完善社会保险制度体系和养老服务体系

广州市社会保险制度建设与发展走在全国前列。1983年，广州市在中国大酒店、广州钢铁厂、广州友谊商店等企业摸索开展合同制职工社会养老保险工作。1985年颁布《广州市全民所有制单位职工退休基金统

---

①参见广州统计信息网《统计年鉴2017》。

筹暂行办法》，标志着广州市社会保险事业的“诞生”。进入20世纪90年代，随着国家建立社会保障制度大目标的确定，广州市又先后建立和实施企业职工工伤保险制度、失业保险制度、生育保险制度和城镇职工基本医疗保险制度，并根据国家相关制度变化，不断改革和优化社会保险制度体系。同时，广州市基于人口老龄化形势和国家养老服务“9064”（“9064”养老格局即90%的老年人在社会化服务的协助下通过居家养老，6%的老年人通过政府购买社区服务照顾养老，4%的老年人入住养老服务机构集中养老）布局，大力发展养老服务业，从养老服务制度创设、养老产业建设、养老服务多元主体和服务网络构建、养老设施建设等多方面着力，打造规范化、标准化、信息化、网络化养老服务体系。

总之，国家民生政策不仅明确和指引了广州市民生事业的发展方向、发展目标，而且提供了发展动力和合法性依据。广州市紧紧围绕国家战略布局和政策指引驱动民生发展，取得了卓著的成就。

（二）协调发展：民生事业与经济发展相协调，发挥民生事业的驱动甚至引领作用

纵观广州市民生事业发展历程，我们发现，不论是在哪个时期，也不管是哪项改革或创新，广州市民生事业发展总体上蕴含在经济与社会协调发展大局中。在广州市经济社会的发展中，民生事业从来都不是作为短板来发展的，而是作为经济发展的重要保障，甚至引领力量来发展。这表现在：

1. 教育事业、医疗卫生事业与经济发展相协调

传统观念认为，经济建设是创造GDP（国内生产总值），而社会建设（民生事业）是消耗GDP。广州市民生事业发展改革实践经验表明，

民生事业发展能为经济发展创设和累积驱动要素。如：教育事业发展，特别是职业教育和高等教育的发展，奠定了经济发展所需要的人力资源和知识存量。广州教育事业发展不但促进了居民智力投资的增长，还为广州建设国家中心城市、智慧城市和高端产业提供了大量人力。又如：医疗卫生事业发展为经济发展过程中的劳动力健康维系和劳动力再生产提供了重要的保障作用。

2. 社会保障与经济发展相协调

社会救助和社会保险等组成的社会保障制度体系为经济改革发展中伴随的社会风险提供了常态的、有效的制度防控和多层次保障。如：国有企业改革时期，下岗工人多，同时国有企业也分离了其社会职能。在此背景下，政府积极介入承担起民生事业发展职能，大力发展社会救助和社会保险事业，为国有企业改革和经济健康发展提供了良好的制度基础和制度保障。随着广州市社会经济发展水平的提高，社会救助水平、养老保险待遇水平与经济增长水平协同一致，保持同向提高。

3. 养老服务与经济发展相协调

人口结构转型和老龄化背景下，养老服务业或养老产业成为新的服务业发展点或重心，具有引领和优化产业结构的作用。广州市大力发展养老产业和养老服务业，创设诸多制度，鼓励和引领社会力量、企业等市场主体参与养老服务提供，不但有效回应了居民的养老服务需求，拉动养老消费，还提供了大量的就业岗位，促进劳动力市场发展。

数据显示，广州市民生事业发展与经济发展具有高度的“协调”性。（详见图9-1）

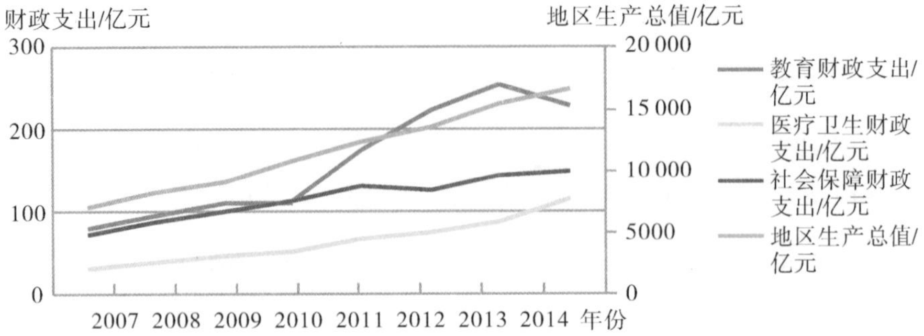

图9-1 2007—2014年广州市地区生产总值及各项民生事业财政支出

数据来源：根据广州市2007—2014年各年度的统计年鉴数据整理而成。

（三）需求导向：以居民需求为导向确定民生事业发展的价值取向和政策依据

广州市民生事业发展取得巨大成就，其值得称道的发展经验之一就是坚持民生发展的需求导向，以居民需求为导向确定民生事业发展的价值取向和落脚点。可以说，民生事业发展最根本的问题就是人的问题，民生事业要发展，肯定要涉及并回应居民需求，不然民生事业难以长足发展。

1. 需求导向推动社会民生政策优化调整

广州市根据群众强烈的需求，加大各类教育投入和基础设施建设，增加公办学校学位，同时，鼓励社会力量参与办学，实现幼儿园毛入园率100%、小学适龄儿童入学率100%。小学、初中和高中的升学率分别从1998年的98.65%、83.10%和57.24%提高到2016年的100%、96.51%和94.7%。[①]在社会保险方面，广州市基于市民需求和改革创新精神，率先在全国制定了有关下乡知青、从政府下海的人员、从国有企业下海的

①参见广州统计信息网《统计年鉴2000年》《统计年鉴2017》。（注：《统计年鉴2000年》中有1998年数据）

人员等“特殊群体”参加养老保险的有关规定（如《早期离开国有集体企业人员社会保险问题的处理意见》）。同时，作为流动人口流入的大市，广州有大量的灵活就业人员，广州市基于管理需要和该群体的参保需求，创设了一系列政策文件（如《广州市城镇灵活就业人员基本医疗保险试行办法》），妥善回应了群体需求，规范其参保行为，保障了这些群体的福利与权益。

2. 需求导向助推社会民生政策城乡统筹和一体化发展

由于优质医疗卫生资源集中在城区，基层农村社区居民进城看病难，看病也贵。或者说，农村居民具有对优质医疗服务的极大需求。在此情形下，广州市大力推动“医改”，医疗资源配置凸显强基层、强社区导向，对乡镇卫生院、社区医疗点加大投入和设施建设，为居民提供便利可及的医疗服务。积极推进“三医联动”、分级诊疗，开展医疗联合体试点，建立医联体内统筹管理、双向转诊、检验结果互认、技术帮扶关系，开展预约诊疗、转诊转介、预防保健、健康咨询、家庭病床、上门探视等个性化服务，满足居民对健康服务的不同需求。同时，广州市比国家提前几年整合城镇居民养老保险和新农保制度，创设城乡居民基本养老保险制度，实现城乡养老保险制度一体化，保障城乡居民享有公平均等的制度待遇。社会救助中的低保救助、教育救助、医疗救助等均实现了城乡一致或制度一体化，这既是对居民需求的回应，也是践行制度公平的内在要求。

（四）叠加优势：充分发掘和利用有利于民生事业发展的优势资源

1. 充分运用先行先试的政策优势，推进民生政策创设或优化

制度经济学理论表明，制度是第一生产力，不同的制度安排决定了

不同的发展效果。广州市民生事业发展取得巨大成就，其成功经验之一就是广州市抓住了发展的要领，即充分运用了制度（政策）及其优势。改革开放后的广州民生事业经历了四个发展阶段，也是民生事业发展的四大契机，每个阶段广州都紧紧抓住国家改革的动向，利用中央给予的政策优势和资源开拓创新，大胆地担负起了引领中国民生事业发展的重任。例如：利用国家推进经济建设和社会建设的政策资源和政策赋权，广州市先后在全国率先进行了住房商品化改革，建立房地产市场；在全国率先实施养老退休金的社会统筹，出台全国首个工伤康复管理的专门规定，率先出台劳动能力鉴定办法和各类伤病鉴定标准，率先实施将外来工纳入生育保险范围并享受同等待遇政策；在全国率先解决早期离开政府、国有集体企业下海人员的社保问题和下放知青的社保问题，率先落实“预防优先、监控危害、保障健康”的工伤预防新理念。值得一提的是，广州敢于担当，锐意创新，率先创设全国第一个农转居人员的基本养老保险办法（《广州市农转居人员基本养老保险办法（试行）》）。

2. 充分利用外部资源优势，推动民生事业发展

政府对民生事业发展负有主导性的福利出资责任。但是，福利多元主义理论告诉我们，多元主体（政府、市场、家庭、社会组织等）优势互补，共建共治民生福利服务，是民生事业可持续发展的有效途径。广州市基于这种认识，充分利用毗邻港澳的区位优势，学习借鉴先进经验，整合社会和市场资源，大力推进民生事业快速发展。一是充分利用港澳社会资本，学习先进社会建设经验，推动民生事业发展。党的十九大报告指出，香港、澳门发展同内地发展紧密相连。以粤港澳大湾区建设、粤港澳合作、泛珠三角区域合作等为重点，全面推进内地同香港、澳门互利合作。自改革开放以来，广州市除了在经济领域与香港、澳门紧密合作外，在社会建设，尤其是社会服务（如劳动就业职业资格认证、教育管理与服务等）和社会工作等方面合作紧密。例如：教育领域交流活动活跃，仅1997年共派出教育访问团（组）共44批；接待国外和香港、澳门、台湾地区教育界人士20批到广州开展教育交流和合作。1998年组织494名学校领导、优秀教师、学生到国外及香港、澳门、台湾地区考察学习，选派了一批教育教学骨干到国外进修学习。2004年全年接待香港、澳门中小学来访11批100多人次。①为推动养老服务专业化发展，广州积极考察学习香港的经验，在全市铺开“家综”（家庭综合服务中心）布点，推动社会工作参与养老服务项目。在这一过程中，广州机构聘请的香港资深社工、香港督导成为香港经验输入广州的重要载体。二是充分借力社会资源和市场力量，推动民生事业发展。广州市无论是在教育领域、医疗卫生领域，还是在社会保险经办服务领域、养老服务领域，都积极创设制度，鼓励社会资源和市场力量参与民生事业发展，积极兴资办学、兴资办医、兴资为老服务等。例如：改革开放初期，广州市职业病防治院接受中国银行广州分行、侨光制药厂等单位的资助款38.5万元，中山大学附属第六医院（原广州市第六人民医院）也得到员村工厂、企业等单位的支持，筹集资金58万元扩建医院。由188人集资筹办的广州益寿医院专为老年慢性病人和垂危病人服务，部分企业、团体资助广州市精神病医院122万元和一批物资，改造了医院，更新医疗器械和日常生活用具。又如：在促进就业领域，广州市积极引入民间培训机构。仅2012年全市共发放培训券11.4万张，参加职业培训者

①参见广州市教育局网站《二〇〇四年广州市教育系统工作总结》，2006-01-26，http://www.gzedu.gov.cn/gzeduxxgk/0802/200601/e0ea720ecc5042a6a91370d3a5ae9ce3.shtml。

达10.3万人。①

四、广州市民生社会事业发展面临的问题与挑战

广州市民生事业经过40年的发展，在一定时期、在许多方面在全国具有首创、引领之功，成就斐然。但由于发展阶段所制、知识存量所限、行政场域环境所束，与广州市民总体需求和对美好生活的向往相比，广州市民生事业发展仍然不够充分和不够平衡。

（一）民生领域存在诸多短板

党的十九大报告提出，要坚持在发展中保障和改善民生，在幼有所育、学有所教、劳有所得、病有所医、老有所养、住有所居、弱有所扶上不断取得新进展，保证全体人民在共建共享发展中有更多获得感。党的十九大报告将民生事业从原来的五项内容拓展到七项内容，进一步扩展了民生事业的内涵。

1. 幼有所育、学有所教尚不足，需要补短板

党的十九大报告把教育放在优先发展的战略地位，明确提出要“办好学前教育”“幼有所育、学有所教”“努力让每个孩子都能享有公平而有质量的教育”。这是党和政府对广大人民群众对教育需求和期许的一种直面回应。从国家层面上来看，这关系到新人口生育政策能否得到有效配套保障从而激发生育意愿、稳定生育预期，进而关系到人口抚养比，缓解老龄化压力。从学前教育规模看，2000—2015年期间，广州市

①参见广州市人民政府网站《2012年广州市十件民生实事全部兑现》，2013-01-18，http://www.gz.gov.cn/gzgov/s2342/201301/1409475.shtml。

在园幼儿数逐年上升，学前教育规模持续扩大。2000年广州市在园幼儿数为232 798人，到2015年，在园幼儿数增加至463 037人，在园幼儿人数翻了一番。但是幼儿园的数量从2000年的1428所到2015年的1693所，增长率只有18.56%，其中民办幼儿园的数量一直占多数。2015年广州市民办幼儿园占了幼儿园总量的69%，与北京市（47%）、上海市（37%）相比，广州市公办幼儿园资源投入不足，幼教服务提供不充分。可见，幼教服务供给难以满足广州市民对学前教育的迫切需求。从幼儿园的师资力量上看，广州市幼儿园的专职教师总人数从2000年的13 029人到2015年的30 875人，数量上增加了一倍，但每个专职教师平均负责14.18个学生（2015年数据），与北京市（11.58）、深圳市（13.83）相比，广州市师资供给偏少。同时，2015年广州市有幼儿园教职工61 843人，其中园长3051人，教师30 875人。园长学历达标率为99.84%，其中学校教育专业毕业的占83.68%，专科及以上毕业的占93.44%，中级职称及以上的占18.65%；专任教师学历达标率为99.41%，其中学前教育专业毕业的占86.74%，专科及以上毕业的占69.87%，中级职称及以上的占3.88%。①广州幼儿园园长及教师学历并未百分百达标，且总体学历偏低，专任教师甚至有近1/3的人数低于专科学历，中高级职称偏少。师资力量供给不足与日益增长的学前教育需求之间的矛盾会对学前教育的质量产生负面影响。

在国家强调做好“普及高中阶段教育”的背景下，广州市各类中等职业学校和技工学校都已经快速发展起来，形成高中阶段教育的多元化，但是普通高中教学资源却未得到提高。表9-1比较了广州市、北京市和上海市2013—2016年普通高中招生比例，可以看到广州市高中招生比

①参见广州统计信息网《统计年鉴2016》。

例一般维持在50%，也就是说，一半的初中学历的学生未能享受普通高中教育资源，有学习意愿和能力的学生只能选择就读中等职业学校或者技工学校，与北京和上海相比，广州市普通高中招生比例较低，普通高中教育资源供给总体上存在不足，难以达到“学有所教”的要求。

表9-1 北京市、上海市、广州市2013—2016年普通高中招生比例

地区	2013年普通高中招生比例	2014年普通高中招生比例	2015年普通高中招生比例	2016年普通高中招生比例
广州市	50.30%	49.89%	50.82%	51.06%
北京市	64.94%	61.22%	61.16%	61.94%
上海市	56.40%	57.31%	56.68%	—

数据来源：根据统计数据和内部数据整理而成。普通高中招生比例=当年普通高中招生人数/当年初中毕业人数×100%，其中初中毕业人数和高中招生人数来自北京市、上海市、广州市该年度统计年鉴。

2. 老有所养不够充分

据统计，截至2016年底，广州市60周岁以上户籍老年人口154.6万人，占总人口的17.76%，广州市步入了中度老龄化阶段。在这一阶段，养老保障需求开始凸显和扩张。在老年人经济保障层面，以广州市城乡居民养老保险制度为例说明。从表8-2中数据可以看出，广州市城乡居民平均养老金水平总体偏低，与广州市城镇职工平均养老金相差5～6倍；与广州市低保标准相比，不但广州市城乡养老保险制度养老金水平低于低保标准，而且这种差距呈扩大的趋势。同时，与北京市、上海市相比，北京市、上海市城乡居民养老保险的基础养老金是广州的2～3倍，人均养老金也超过广州。可见，广州市城乡居民养老的经济保障不充分，距离“底线保障”（低保标准）有差距，而且与国内标杆城市相比，差距较大。

表9–2　广州城乡居民养老金与不同项目不同地区标准比较

单位：元

项目	2014年	2015年	2016年	2017年
广州市城乡居民平均养老金	574	608	624	—
广州市城镇职工平均养老金	3019	3200	3388	—
广州市低保标准	588	650	840	—
北京市城乡居民平均养老金	—	—	—	—
上海市城乡居民平均养老金	688	823	906	—
广州市城乡居民基础养老金	165	180	191	202
北京市城乡居民基础养老金	430	470	510	610
上海市城乡居民基础养老金	540	660	750	—

数据来源：根据网站公布数据整理而成。城乡居民平均养老金、基础养老金数据来自北京市、上海市和广州市的人力资源和社会保障局官网，广州市低保标准数据来自广州市民政局官网。

在服务保障层面，近年来广州市陆续出台了《广州市人民政府关于加快养老服务业综合改革的实施意见》《广州市人口发展和基本公共服务体系建设第十三个五年规划（2016—2020年）》《广州市人民政府关于全面深化公办养老机构改革的意见》《广州市社区居家养老服务管理办法》等涉老服务政策文件，为养老服务发展奠定了制度基础。广州一直为形成“9064”养老格局作出不懈努力。数据显示，2016年全市有养老机构179个，养老机构床位5.9万张，每千名老年人拥有养老床位数40张，[①]提前完成了《民政事业发展第十三个五年规划》提出的“到2020年每千名老年人口拥有养老床位数达到35～40张”目标，也基本实现

①参见广州统计信息网《统计年鉴2017》。

“9064”养老格局的4%的老年人入住养老服务机构集中养老的供给量。然而，调查发现，广州市内九成以上的老人仍然偏好选择传统的居家养老方式，其中多数老人表示不愿意离开生活了几十年的居住环境。另外，广州自从2005年启动社区居家养老服务试点，2007年在全市全面推广实施以来，根据表9-3数据可以看出，近年来广州市对社区居家养老服务机构供给投入是逐年增加的，城乡日间照料场所覆盖率在2014—2016年均达到100%。但是，广州社区居家养老服务十年来的发展遇到了资源分散、日托入托率不理想、运营困难等瓶颈。总体而言，养老服务总体不充分，服务结构不平衡是当下广州养老服务面临的难题。

表9-3　2013—2016年广州市社区居家养老数据

指标	2013年	2014年	2015年	2016年
城乡社区居家养老服务机构数/个	2405	2863	3099	3316
城市日间照料场所床位数/张	1200	2471	3532	3532
城市日间照料场所覆盖率/%	100.00	100.00	100.00	100.00
拥有日间照料场所的居委会数/个	1532	1532	1540	1540
农村日间照料场所覆盖率/%	63.66	100.00	100.00	100.00
拥有日间照料场所的村委会数/个	727	1142	1144	1144

数据来源：根据广州市民政局官网2013—2016年公开数据整理而成。

3. 病有所医仍不足

表9-4表明，广州市的卫生机构、床位、医生在数量上低于北京市和上海市，但每万人口医院床位数和每万人口医生数分别是54.3人和31.4人，超过全国平均水平以及北京市和上海市，说明广州市医疗资源的供给总量有一定的优势。但是，供给结构存在不平衡，服务质量需要提

升。《中国医院竞争力报告（2017）》公布的中国医院竞争力排名，其中顶级医院100强中广州市医院上榜了9所，但是无论在数量上还是排名上，与北京市、上海市都存在差距。这说明广州市的优质医疗资源供给不足，存在短板。医学界高水平领军人才少，医学学科建设不强是广州市增强医疗资源综合实力、提升医疗卫生专业服务质量所面临的难题。

表9-4　广州市、北京市、上海市2015年卫生事业核心数据比较

项目	卫生机构数/所	医院数/所	床位数/张	医院床位数/张	医生数量/人	每万人口医院床位数/张	每万人口医生数/人
广州市	3 724	229	82 022	73 313	42 449	54.3	31.4
北京市	10 425	701	111 555	104 644	68 184	48.2	31.4
上海市	5 016	338	122 800	103 500	63 100	42.9	26.1
全国	—	—	—	—	—	51.1	22.2

数据来源：根据北京市、上海市、广州市2016年度的统计年鉴中数据整理而成。每万人口医院床位数=床位数/年末常住人口；每万人口医生数=医生数/年末常住人口。

广州市医疗资源存在城乡之间、区域之间配置不合理不平衡的短板。从表9-5可以看到，卫生机构、床位、执业医师等医疗资源都集中在市区，特别是老城区，广州大约80%的大型医疗机构分布在越秀区、海珠区、荔湾区北部、天河区和白云区南部等区域，越秀区更是集中了全市一半的省部属、市属医院。荔湾区南部、白云区北部、南沙区、从化区和增城区等缺乏大型综合医院。优质医疗资源分布不平衡导致部分地区居民难以就近获得高水平医疗服务，同时，也进一步加剧了老城区大型医疗机构的服务压力。

表9-5　2016年广州市各区卫生机构、床位、医师数据对比

区域	卫生机构数/个	医疗机构数/个	实有床位数/张	执业（助理）医师/人
荔湾区	210	185	5412	3129
越秀区	330	299	24 071	12 427
天河区	489	462	11 977	6382
海珠区	268	245	9542	4920
白云区	551	528	15 686	6521
黄埔区	249	229	3379	1870
番禺区	275	268	5947	3935
花都区	437	428	3630	2709
南沙区	201	189	1774	1086
从化区	346	334	3268	1432
增城区	450	434	3273	2380

数据来源：2016年广州市主要卫生统计数据简编。

另外，广州市医疗资源（特别是以医生为载体的人力资本存量）在公办与民营、医院与基层医疗卫生机构方面存在结构不平衡。从表9-6可以看出，从机构数上看，基层医疗卫生机构是医院的将近14倍，但是医疗卫生人员配置却只占约四分之一，基层医疗卫生机构的诊疗人数还不到医院的二分之一。可见，由于基层医疗卫生机构/站点诊疗力量非常弱，未能成为承担居民基本医疗服务的主体。数据表明，公立医院与民营医院机构数比例将近2：1，但是存在人员配置将近10倍、诊疗人员将近20倍的差距，这不仅是因为民营医院自身规模不大、医疗水平不高、医疗能力不足，更是由于广州市医疗市场尚未真正开放、缺少鼓励民营资本办医的政策文件，形成了民营办医障碍，难以建立高水平健康医疗服务产业体系。

表9-6　2016年广州市医院和基层医疗卫生机构相关数据比较

项目	性质	医院	基层医疗卫生机构
机构数/个	总计	243	3309
	公立	145	1625
	民营	98	1684
卫生人员/人	总计	118 067	32 739
	公立	106 751	18 605
	民营	11 316	14 134
诊疗人员/万人	总计	9485.82	4341.75
	公立	9008.85	2920.89
	民营	476.97	1420.86

数据来源：广州市卫生和计划生育委员会提供的数据文件。

表9-7显示，全市88%的社区卫生服务中心和81%的镇卫生院开展家庭医生签约服务。截至2015年底，广州市全科医生2743名，每万人口2.1名全科医生，每人每年基本公共卫生服务经费仍然偏低。可见，广州市医疗资源供给仍不充分，各区之间医疗资源供给结构也不平衡。

表9-7　2015年常住人口拥有卫生资源情况

地区	人口数/万人	每千人口床位数/张	每千人口医院、卫生院床位数/张	每千人口卫生工作人员数/人	每千人口卫生技术人员数/人	每千人口执业（助理）医师数/人	每千人口执业医师数/人	每千人口注册护士数/人
全市合计	1350.11	6.08	5.37	11.40	9.38	3.15	2.94	4.07
荔湾区	92.17	5.56	5.40	10.15	8.55	3.30	3.15	3.52
越秀区	115.68	20.67	18.69	38.47	32.77	10.18	9.97	14.96
海珠区	161.37	5.76	5.34	11.18	8.84	2.84	2.74	3.87
天河区	154.57	6.28	5.93	12.64	10.47	3.65	3.48	4.43
白云区	240.34	5.57	5.35	7.97	6.40	2.24	2.04	2.87
黄埔区	89.85	3.95	3.03	6.88	5.51	1.96	1.76	2.14
番禺区	154.41	3.74	3.68	8.41	6.92	2.46	2.30	2.90

（续表）

地区	人口数/万人	每千人口床位数/张	每千人口医院、卫生院床位数/张	每千人口卫生工作人员数/人	每千人口卫生技术人员数/人	每千人口执业（助理）医师数/人	每千人口执业医师数/人	每千人口注册护士数/人
花都区	101.58	3.45	2.77	8.07	6.66	2.30	2.03	2.72
南沙区	65.58	2.37	2.19	5.25	4.19	1.45	1.25	1.69
从化区	62.53	4.90	4.27	8.83	6.86	2.13	1.71	2.78
增城区	112.03	2.80	2.30	6.28	5.03	1.68	1.34	2.20

数据来源：根据广州市《统计年鉴2016》数据整理而成。

（二）民生发展资源投入不足和配置不均衡

1. 公共财政投入总体不足

数据显示，1999—2014年间广州民生事业公共财政投入占财政支出的比例与全国相比存在较大差距。（详见图9-2）总体来看，投入占比最大的是教育事业，约12%～14%；医疗卫生投入和社会保障补助投入占比皆不足10%，更多时候处于8%以下；社会救济投入占比甚至不足2%。同时，数据表明，广州民生事业公共财政投入增长幅度也比较小，除社会保障补助以外，年度增幅皆不足3%，社会救济的投入甚至还减少了。全市民生事业公共财政投入总体偏少。（详见图9-3）

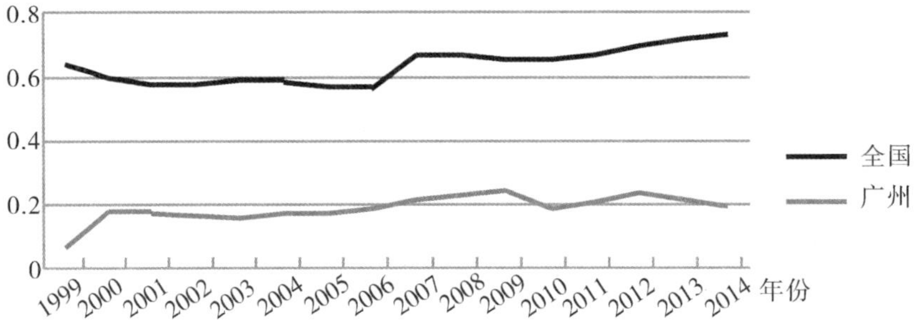

图8-2　1999—2014年全国与广州民生事业公共财政投入占财政支出比例

资料来源：《广州统计年鉴》（2000—2016各年份）。

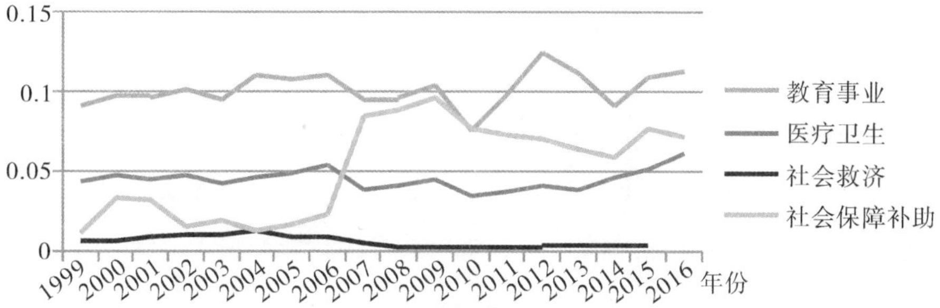

图9-3　1999—2016年广州市各项民生事业公共财政投入占比

资料来源：《2016广州统计年鉴》。

同时，对标北京市可以发现，广州市民生事业投入相对不足。（详见表9-8）

表9-8　广州市与北京市2012—2016年民生支出占比

年份/年	民生支出/一般公共预算	
	广州市	北京市
2012	0.45	0.70
2013	0.49	0.69
2014	0.48	0.72
2015	0.51	0.73
2016	0.52	0.65

数据来源：根据广州市、北京市2012—2016年各年度的统计年鉴数据测算得出。

总的来看，广州市民生财政投入总量存在较大不足，这与广州市经济发展水平不相匹配。与居民对更大获得感和幸福感的追求相比，广州市民生事业发展还有较大的可为空间。

2. 投入配置结构不尽合理

这主要表现在两个方面：一是民生事业各领域投入结构不平衡。表

9-9显示，广州市在教育、社会保障及就业、医疗卫生及计划生育三大民生领域的投入占比之和超过民生事业总投入的60%，其他民生领域占比低于40%。这种配置结构的失衡印证了广州保障房建设和夹心层住房供给的不充分。二是城乡之间的投入配置结构也存在一定程度的失衡。如当前的优质卫生资源主要集中在城区，农村医疗卫生资源较为薄弱。城镇职工基本医疗保险与城乡居民医疗保险制度之间缺乏统筹，独立运行，城乡之间条块分割现象严重，保障程度和保障水平存在较大差异。

表9-9　广州市2012—2016年民生事业财政投入结构比例

单位：%

项目	2012年	2013年	2014年	2015年	2016年
教育支出	37	38	33	33	32
社会保障及就业支出	21	22	22	23	20
医疗卫生及计划生育支出	12	13	17	15	17
住房保障支出	9	8	8	10	11
科学技术支出	4	3	3	3	4
民政支出	11	10	10	9	9
文化体育及传媒支出	6	6	7	7	7

数据来源：根据广州市2012—2016年各年度的统计年鉴数据整理而成。

3. 社会资源整合投入不足

社会组织是民生建设不可或缺的社会力量，它能够利用自身优势，整合社会资源，提供公益服务。目前，广州市民生事业发展主要依靠政府力量和公共财政投入，如投入大量资金来增加学校的数量、建设医疗卫生机构等。与政府相比，社会组织具有草根性，更贴近民众的实际需求，从而更好地满足居民多样化服务需求。如：民政部门推动政府购买一些公益组织从事社会救助服务输送的工作，旨在为服务使用者提供更人性化的服务，从以往的给予式扶贫转向发展式扶贫。这是社会资源参与民生建设的一种重要形式。然而，总体来看，广州市社会组织参与民生事业建设程度低，途径少，能够整合到的社会资源很少，其服务资源主要还是来自政府购买。这与西方发达国家社会组织高度参与民生事业和公益服务提供、资源来源多样化的情形相去甚远。

（三）民生事业发展机制不健全与经办服务能力有待提升

1. 民生事业发展机制不健全

主要表现在以下几个方面：一是民生事业发展主要是政府驱动型发展，从上而下决策供给，忽视了对民生服务对象（居民）的偏好或需求的发现，未能构建需求导向的民生事业发展机制；二是社会民生服务社会化参与与供给机制激发不充分，除了在鼓励社会资本参与养老服务方面较有成效外，医疗保险、就业服务、社会救助服务、住房保障等方面的社会力量参与和社会化提供激发还有很大的可为空间；三是筹资机制不通畅，民生事业发展存在财力与事权不匹配的矛盾。在分税制财政体制背景下，财权不断上收，基层政府在保障运转之外的可用财力十分有限。但随着支出重心的不断下移，基层政府不仅要承担繁重的基础设施建设任务，而且在公共教育、医疗卫生、社会保障与就业等各项民生事业方面的保障压力巨大。同时，上级部门下拨的各种专项资金往往需要基层进行一定比例的配套，使得财力与事权不匹配的矛盾更加凸显，资金缺口突显。

2. 经办服务能力不足

主要表现在两个方面：一方面，经办服务人员配置不足。随着改革开放的纵深推进，民生事业逐步发展，保障水平持续提升，这让广州居民能够更全面地享受各项民生成果。但与此同时，经办工作人员的人均负荷比重也急剧扩大。究其原因，是经办人员基数少，陷入“小马拉大车”的困境。如：社会救助事业由于编制名额少、政府聘用人员限制较多，导致社会救助工作人员数量上严重不足。调查显示，一般街（镇）仅数名工作人员负责辖区内全部民政事务，而负责社会救助事务的工作人员往往仅有1名。据估算，广州市城乡居保工作人员与参保和退休人员之间的配比是1：4271（详见表9-10），配比比例较高，一定程度影响了社保经办的效率和服务的可及性。郑秉文教授研究发现，从人员负荷比来看，在统一模式里，美国基本养老保险即养老、遗属及残障保险制度（OASDI）的负荷比大约为1：3000。在自治模式里，荷兰养老经办机构大口径负荷比仅为1：1622（SVB，2011）；奥地利则更低，其大口径负荷比是1：808，小口径仅为1：307。在公司模式里，养老基金管理公司在养老保险缴费、投资管理、养老金发放这三个主要环节里实施的是“一站式”服务，在争夺客户（参保人）的前端销售环节和中端的投资管理环节需要雇佣大量专业技术人员，因此从理论上讲，其负荷比应远高于其他两种模式和中国的经办体系。但事实上并非如此，智利的负荷比为1：1457，乌拉圭的负荷比为1：2968。[①]由此看来，无论是与发达国家相比，还是与发展中国家相比，广州市城乡居保的经办服务配比都偏高，影响制度的经办服务效率。

①郑秉文．中国社会保险经办服务体系的现状、问题及改革思路［J］．中国人口科学，2013（12）：2-16.

表9–10　广州各区城乡居保经办服务人员情况（2017年）

行政区划	越秀区	天河区	海珠区	白云区	黄埔区	番禺区	南沙区	花都区	增城区	从化区	合计	配比
经办人员数/人	40	43	23	24	21	34	27	49	59	61	381	1：4271

说明：本表根据内部数据整理而成。配比是指广州市城乡居保经办服务人员与参保者之间的比值，以2016年度参保总人数（1 211 727）和退休人员数（415 629）为计算标准。

另一方面，由于城乡居保参保人数多，政策调整频繁，信息化建设远远跟不上居民的服务需要。公安、民政、卫生、社保、残联、就业、保障房等部门信息不能共享，在待遇认定、生存认证、转接关系等方面存在信息孤岛和管理漏洞。由于部门业务分割，导致资料审核重复、基础信息录入重复，这大大降低了工作效率，并且也加大了建立服务需求者个性化档案的难度。然而，北京市和上海市已走在我国经办服务信息化探索的前端，如在《北京市“十三五”时期信息化发展规划》中，北京市政府提出建设新型“智慧北京”，全面推进大数据、物联网、云计算等新一代信息技术在民生服务、城市治理、产业升级等重点领域的深度融合和创新应用。

（四）政策连贯性和协同配套不足，制度顶层设计滞后

1. 因人制策影响政策连续性

广东省作为经济大省，发展过程中需要面对的矛盾和问题比较突出；作为人口大省，特别是外来务工人员较多的省份，社会管理的难度很大；作为改革开放前沿的地区，社会舆情比较复杂，维护社会和谐稳定的任务非常繁重。要解决社会问题、优化社会管理、维护社会稳定，

保持民生事业发展中的政策连续性和稳定性是非常重要的。政策的连续性一般是指不同阶段之间的政策在目标、手段和效果等维度保持的某种继承性和一致性。政策的连续性不仅仅表现在不同阶段政策内容的继承性上，也体现在其持续时间的适度性上，更呈现在其一整套公共政策过程的连贯性上。民生事业上许多工作项目都有自身的规律，往往不是一年或者领导人一届任期能够完成的，其实施效果也并不是一朝一夕就能如愿的，党的十九大报告也强调了保障和改善民生要抓住人民最关心最直接最现实的利益问题，既尽力而为，又量力而行，一件事情接着一件事情办，一年接着一年干。因此政策连续性需要实现内容的继承性、阶段的稳定性、过程的连贯性。

2. 政策之间协同配套不足

民生是民众的基本生存和生活状态，以及民众的基本发展机会、基本发展能力和基本权益保护等与人民群众生活相关的总和。社会民生涉及居民衣食住行、生老病死各个方面，广州市政府是社会民生工作的统筹者，但养老、医疗、教育、就业等各领域的工作是需要多个部门通力合作共同完成的。然而在广州市民生事业发展的进程中不难发现，各个民生部门在制定政策的时候往往是从本部门目标实现和利益出发，民生部门之间缺乏有效沟通、信息共享和政策协同，在消解社会问题和回应需求的同时，又产生新的社会问题。例如广州市社会救助工作是市民政局的主要工作范围，但是救助工作包括生活救助、医疗救助、教育资助等各个领域，从近年出台的《广州市人民政府办公厅关于加强和改进流浪未成年人救助保护工作的实施意见》《广州市公共租赁住房保障制度实施办法（试行）》《广州市扶助特殊儿童学前教育试行办法》《广州市最低生活保障办法》《来穗务工人员申请承租市本级公共租赁住房实施细则》《广州市医疗救助办法》《广州市临时救助暂行办法》等各个政策的实施，需要人力、物力、财政等配套支持，可见教育、司法、公安、住房保障、人力资源和社会保障、工会、妇联、残联等职能部门和群团组织都需要参与社会救助。然而在政策实践中，各部门各自实施，政出多门，由于政策之间衔接配套脱节出现政策重复或错位的现象，以致出现一部分居民在多种政策中重复受益，一部分居民在政策缺失中得不到生活权益的保障。典型表现之一是低保标准（2016年为840元/人·月）和广州城乡居民养老保险的平均养老金（2016年为624元/人·月）之间的政策“失调”，这不但表明城乡居民养老金的水平不能够充分保障老年人的基本生活，也颠倒了社会保障体系中社会救助（底线保障）与社会保险（一般保障）的功能定位。普惠性的社会福利系统是满足国民特定生活需求，并实现全体国民参与分享国家发展成果的基本途径。这也就决定了社会救助、社会保险、社会福利从低到高的保障层次。典型表现之二是社会保障与医疗体制改革协同不力。主要体现在：公立医院“管办分离”，费用支付机制改革、药品生产流通体制改革等医改重要环节推进不到位，为基本医疗保险政策执行不到位、医疗费用虚高、套取医疗保险基金等现象提供了“温床”。典型表现之三是社会保障与劳动就业制度协同不力。主要体现在：市场体系机制不健全导致劳动力资源配置效率不高，市场机制作用的人群和领域受限，劳动合同形式主义成分较大，存在订立不公平合同和欺诈性合同、违反合同等问题；政府促进就业的制度不健全、政策不配套、运作效率不高；政府投入社会保障和就业的财力、人力不足，虽然财政用于社会保障和就业的经费逐年增加，但仍然不足，基层财政负担较重。典型表现之四是社会福利仍是以扶老、助残、救孤为重点的补缺式福利，急需向普惠式福利制度发展。

五、广州市民生社会事业发展的未来思路

发展广州市民生事业，要坚持党的领导、政府主导、社会参与的发展思路。广州市政府要拿出敢于担当、敢为人先的魄力，从顶层设计、投入强化、结构优化、能力提升等多个方面发力，构建权责清晰、协同有效、更加公平、共建共享的民生大保障体系，大力提升广州居民的民生获得感和幸福感。

（一）注重顶层制度设计，建立民生大保障体系

传统经济发展观甚或“GDP发展观”认为，民生事业是“分配或消耗”GDP的，是一种消费。在此思维影响下，民生事业领域原本有限的投入大多花在各类民生工程或硬件设施上，但它们只是民生保障的必要物质条件或载体。我们认为，各种非实体形态的制度性基础设施，才是民生保障体系的核心所在。因此，应从现代社会重要基石或基础设施的意义上，重新审视民生保障体系建设的重要性，以及民生领域资源投入的生产性或创造性。广州市要进一步推进民生事业发展，首要任务就是注重顶层制度设计，构建和落实中央提出的“学有所教、劳有所得、病有所医、老有所养、住有所居、贫有所扶”的民生大保障体系。

1. 体系构建原则：以人民为中心，以利益实现为基础，与经济发展相适应

在全面贯彻落实习近平新时代中国特色社会主义思想的过程中，始终坚持以人民为中心的民生事业发展的基本思路，促进公共产品和公共服务均等化，实现党的十九大报告提出的“在幼有所育、学有所教、劳有所得、病有所医、老有所养、住有所居、弱有所扶上不断取得新进展，深入开展脱贫攻坚，保证全体人民在共建共享发展中有更多获得

感，不断促进人的全面发展、全体人民共同富裕”的新目标。坚持发展民生事业与促进经济社会发展相结合，加快建设现代化经济体系，实现持续增长的经济利益，为广州市民生事业发展提供稳定的资金保障。

2. 体系构建思路：底线保障、基本保障与美好需求相结合

构建社会主义和谐社会，首先确保人民群众的基础生活得到保障，实现以底线公平为准则的社会保障兜底功能必不可少。在此基础上，充分考虑群众的多样化、多层次的服务需求，兼顾社会民生大保障事业建设的适度性和适当性，保障居民逐步从“基本生活”迈向“尊严生活”，真正形成“全覆盖、多层次、可持续”的社会民生大保障体系。

3. 体系构建重点：立法先行、顶层设计和重点突破

党的十九大报告的第八部分“提高保障和改善民生水平，加强和创新社会治理”对七个问题作了如下论述：优先发展教育事业；提高就业质量和人民收入水平；加强社会保障体系建设；坚决打赢脱贫攻坚战；实施健康中国战略；打造共建共治共享的社会治理格局；有效维护国家安全。这七个问题归纳起来就是民生领域的“五个短板”：教育、就业、社保、脱贫、健康。如何补短板？构建大民生保障体系。如何构建？有以下几个重点：一是加强立法。以立法建设为基础的，没有立法就没有真正的民生保障。应该“立法先行、及时修订”。广州可以建立广州特色的“广州民生保障法”，像美国的《社会保障法》一样，把人民的生存权、福利权和发展权统统囊括进来，用顶层制度规范各项福利项目之间的配合、各个行政管理部门的配合、各个税收优惠制度的配合，消解政府部门之间扯皮、推诿、待遇水平相互冲突的现象。郑秉文认为，从基本民生和公共财政的角度看，再也没有什么其他立法能比民生保障更接近依法办事了。二是民生保障政策要协调整合和注重顶层设计。在经济社会发展长远规划中，要对民生事业发展所需的基础设施、基建用地等做好预留规划，留足空间，如社区养老中心、社区健康中心、行政与服务中心等。同时，建立民生社会政策统筹协调委员会，及时整合、修订民生政策。三是体系内容要重点突破。推动养老保障政策一体化（养老保险、养老服务一体化；基本社会养老保险、家庭保障、个税优惠一体化）；推动教育保障政策一体化，包括推进义务教育均衡发展、实施学生营养改善计划、改善学生饮水就餐条件、完善家庭经济困难学生资助体系、加快普及学前三年教育、推动优质教育资源共享等；推进城乡基本医疗卫生体系一体化，包括提高农村医疗保障水平、提高公共卫生服务水平、加强城乡医疗服务能力建设、推行分级诊疗和家庭保健医生制度等内容；完善住房保障体系，在加大城镇住房困难群体保障力度的同时，着力解决农村困难群体住房问题。同时，扩大住房保障覆盖面，通过经济补贴或实物配租等方法解决中低收入阶层的住房问题，让其安居乐业。

（二）加大政府公共财政支持和优化配置结构

受传统经济发展观甚或“GDP发展观”影响，广州市在民生保障领域的财政投入份额偏低，或者说与经济发展水平不相适应。广州市要建“首善之城”“民生之市”，需要有顶层制度框架和体系，也需要公共财政投入支持。

1. 依法依规保障民生事业财政投入

依照上级政府或中央政府的制度要求保障民生事业投入。例如：《中共中央、国务院关于深化医药卫生体制改革的意见》等一系列卫生改革政策明确规定：“各级人民政府要逐年增加卫生投入，增长幅度不低于同期财政经常性支出的增长幅度。”按照公共财政的要求，建立和完善卫生投入机制，为统筹城乡基层卫生事业发展提供必要的财力保障。财政对卫生事业的投入逐年增加，增长幅度不低于同期财政经常性支出的增长幅度，并逐步达到同期财政经常性支出的5%以上。

2. 加大民生公共财政投入和鼓励多元化筹资

首先，要坚持民主财政原则，建立民众声音表达机制。投入民生、保障民生、改善民生的先决条件是知晓民生。要全面地了解民生需求和存在的问题，建立需求导向的财政投入优先次序。其次，加大投入重点保障民生社会事业支出。各级各相关部门要统筹、策划、生成一批针对性强、实效性高的项目工程包，积极争取上级的财政转移支付、资金支持。再次，用好用足金融和税收政策，发挥对社会事业发展的引导和扶持作用。积极盘活闲置资产资源，加强相关公共服务设施整合利用，防止一边加大投入、一边低效浪费。有效发挥国有资本在基础设施建设和改善民生中的主力军作用。最后，积极发挥行业协会作用，鼓励倡导社会各界、海内外同胞捐赠助推民生事业发展。鼓励支持公共服务投资主体和投资模式多样化，大力引进社会资本，加快培育市场主体，推进政府购买服务，形成多方参与、多元供给格局，增强民生事业可持续发展能力。

3. 优化民生服务资源投入的配置结构

为适应全面建成小康社会的需要，应优化民生事业资源投入的整体结构。首先是优化民生投入和非民生投入的结构。应该逐步缩减非民生公共投入，扩展民生投入在总投入中的比重。其次是优化民生投入板块的内部结构。重点投入缓解“读书难”（托幼、十二年义务教育）、“看病贵”、“养老困局”（居家养老、社区养老）等问题，尤其是农村。如：从全体民众“病有所医”的目标出发，在加大医疗卫生领域的支出规模的同时，调整卫生事业经费支出结构，财政对卫生投入的新增部分主要用于农村卫生、公共卫生、城市社区卫生和城乡居民基本医疗保障。

（三）构建民生事业发展的有效机制

在宏观制度架构完善和财政投入有保障的基础上，广州市民生事业发展在实践运行中需要有效的机制来支撑和保障。

1. 构建需求与利益表达机制

西方学者研究发现可以从四个维度来界定需求：（1）感受性需求，即人们可以感觉到的某种需求；（2）表达性需求，即大家都知道的需求，不存在隐藏起来的问题；（3）标准性需求，即通过某种专业标准进行衡量而判断得知的需求；（4）比较性需求，指一群人和与自己相关的另一群人进行比较而显示出来的需求，这中间主要是公正问题。①从上述四种需求来看，搜集和获得表达性需求与标准性需求的可行度较高，通常这两种需求可以由政府部门、政府智库或科研机构专家学者，通过开展基层调研或召开座谈会、听证会、论证会等途径获得基本了解，并借助已有的知识和经验进行初步界定和梳理归纳。但感受性需求与比较性需求的内容则较难获取，从社会结构的视角来看，其障碍往往来源于社会制度安排中的不公正与公共领域中广泛存在的社会排斥。②因此，必须构建居民需求与利益表达机制，创设利益表达渠道，收集居民需求和利益诉求，从而实现需求导向的或基于需求的政策创设。现实表明，除了传统的“听证会”“座谈会”等渠道外，培育孵化社会组织，通过社会组织实现分散利益的组织化表达和聚焦，是一种成本节约的、便利的利益表达方式。

2. 构建便利可及的参与机制

首先要在培育居民的参与意识的前提下，注重对民间社会力量的激

---

①肯·布莱克默．社会政策导论［M］．北京：中国人民大学出版社，2009.

②刘娜．我国社会政策运行机制存在的问题及其对策［J］．理论学刊，2012（2）：78-82.

发和运用，通过社会组织的引领和组织化转化，把分散的个体参与整合成为组织化参与，实现有序参与、规范参与和有效参与。其次要打造公众参与的平台，创新参与方式，优化参与流程，实现便利参与。最后，推动项目式参与。通过服务购买的方式，以项目为载体，激发和鼓励社会力量参与民生事业发展。

3. 优化服务递送或输送机制

在西方福利国家社会政策体系中，政府以积极的姿态介入社会福利提供，切实提升了公民的获得感和幸福感。然而，这种政策体系也有一定的弊端，比如社会福利的提供过度依靠政府支持造成公共财政压力过大。在福利国家陷入危机之后，西方理论界提出了福利多元主义范式。罗斯于1986年率先提出了福利三角范式，他认为社会福利来源于三个部门，分别是家庭、市场和国家。约翰逊则将社会福利的提供者分为四个部门，即国家部门、商业部门、志愿部门、非正规部门。[①]可以说，福利提供主体的多元化是不可阻挡的国际潮流。为了实现民生福利输送主体的多元化，广州市政府应该转变在社会福利提供中大包大揽的传统方式和做法，增强对社会组织的培育和支持力度，鼓励非政府组织及社会个体力量参与到社会福利的提供中，普及慈善意识，鼓励高收入群体通过慈善行为回馈社会。此外，还应大力探索政府补贴服务、政府购买服务等形式的福利输送渠道，以降低社会服务成本，提高社会服务效率。

4. 创新筹资机制

当前，民生事业面临大发展环境，必须拓宽思路，创新机制，多形式、多渠道、多方法筹集民生事业发展资金，既要强化财政资金的引导

①彭华民. 福利三角：一个社会政策分析的范式［J］. 中国社会学会学术年会. 2005：157-168.

和兜底作用，又要引入社会资本参与民生事业建设发展。为此，要完善市场参与体系。市场参与模式一般可以采取市场单独承担、私人与政府合作以及与社区等自愿性组织合作的模式。如在住房保障领域，通过建设廉租住房、公共租赁住房、限价商品住房等方式，依靠政府与房地产企业之间的合作，将各方面的资金捆绑使用，从而多渠道筹措资金，多方式解决住房问题。同时，鼓励社会力量投资参与民生事业发展。政府应采取有针对性的鼓励和扶持政策。如在社会保障与养老领域，政府应巩固家庭养老功能，注重社区养老服务，构建以居家为基础、社区为依托、机构为支撑的养老服务体系。优先发展养老服务，加强公益性养老服务设施建设，鼓励社会资本兴办养老服务机构和参与社区居家养老服务提供与运营。

（四）提升民生事业服务经办能力

1. 打造一站式、一体化经办服务体系

所谓民生事业经办服务体系，实为一种综合工作制度模式，包括民生事业相关法律和政策的落实、事务的办理、服务的提供以及资源的筹集等方面，是一套制度执行系统。在民生事业改革中，要注意防止“重政策、轻执行，重管理、轻服务”的倾向。近些年不乏相关专家及业务部门对健全民生事业或某类民生事业经办服务体系的思考和探索，但关注点多集中于现行体系内人员、经费、配比等，这些固然是优化和完善该体系的重要方面，但我们认为，健全民生事业经办服务体系应当更加注重与经济发展阶段相适应，注重机制创新，在对原有体系进行优化升级的同时，打造民生事业经办服务多元化体系框架。为此，必须构建大平台、一站式、一体化经办服务体系，做到一窗受理、后台运转、按时结办。

2. 推进经办服务社会化、专业化、信息化和网络化

一是扩大以“政府购买服务”为核心的社会化。组合运用服务外包、凭单制、补助或奖励等方式，增强民生事业经办服务工作的灵活性。同时，通过竞争机制选择专业机构提供专业优质的经办服务，实现经办专业化。二是打造多元参与的经办服务网络，发挥社区、社会组织的力量，并与“网格化”管理等模式相融合。三是提高经办服务信息化水平，继续规范、统一、完善原有民生领域基本公共服务平台。推动各个社会民生领域的不同系统的合并与融合，整合社保、就业、保障房、民政、残联等部门的信息，适应大数据时代的需要，简化服务流程，提升经办服务的便利性和可及性。

（张开云、陈玉生）

第十章

建设生态文明
打造美丽广州

生态兴则文明兴、生态衰则文明衰。历史上有许多文明古国和著名城邦，都是因为遭受生态环境破坏而导致文明衰落、城市凋敝。改革开放40年来，广州的经济社会发展和城市建设发生了翻天覆地的变化，在工业化和城市化突飞猛进的进程中，广州的资源环境承载力也面临日益严峻的考验。为了摆脱大都市病的困扰，广州高度重视对生态环境的保护，借助亚运会等重大事件不断强化环境治理力度。党的十八大以来，广州更是在习近平生态文明思想的指导下，把生态文明建设放在前所未有的高度，突出其在“五位一体”总体布局中的重要地位，从城市发展的全局和战略高度去解决日益严峻的生态矛盾，使生态环境保护尤其是大气环境治理取得了重要的阶段性成果，污染防治攻坚战初战告捷，绿色发展的体制机制初具雏形。未来广州仍将在建设美丽花城和宜居都市的征途上砥砺前行。

一、改革开放以来广州生态文明建设与环境保护的历史回顾

改革开放以来，广州从一个普通省会城市成长为国家中心城市、超大型一线城市和国际枢纽型城市，发生了巨大变化。在同一块土地上发

生的这种经济社会和空间物理状态的巨变，对广州的自然生态环境产生重大影响。为了控制人类活动对自然生态系统产生的各种不利影响，开展生态环境保护，推进生态文明建设是历史的必然选择。

（一）广州生态文明建设的生态本底与历史紧迫性

1. 广州的地理条件和生态本底

自然地理。广州位于珠江三角洲北端，是西江、北江、东江三江汇合处；广州濒临南海，隔海与香港、澳门相望，是粤港澳大湾区、珠三角都市圈的核心城市。

广州地处南岭山地向珠江口的过渡地带，珠江前、后航道自西向东穿城而过。生态特征以山体、水系为骨干，形成北部山林—中部城镇—南部水网、农田和海洋的生态基底，兼备“山水林田湖海”各类景观。“六脉皆通海，青山半入城”是广州山水生态城市的形象写照。

广州属南亚热带典型的海洋季风气候区，具有温暖多雨、光热充足、温差较小等气候特征。全年平均气温20～22摄氏度，平均年日照时数1629.5小时。地形总体北高南低，东北部为中低山区，中部为丘陵盆地，南部是珠江三角洲冲积平原。广州雨量充沛，有利于植物生长，为四季常青、花团锦簇的花城。

土地资源。广州地形多样，结构为“五山两田两城一分水”。在全市土地总面积中，林地占39.45%，耕地占22.24%，水域占11.87%，居民点及工矿用地占10.74%，园地占8.45%，交通用地占5.10%，未利用土地占2.12%。

水资源。广州地处南方丰水区，年平均降雨量1800毫米，过境客水资源量达1860.24亿立方米，可利用量为397.96亿立方米；本地水资源总量79.79亿立方米，可利用量为28.38亿立方米。城市供水水源以地表水为主，主要分布在西江、北江、东江和流溪河四个片区，全市城市集中式饮用水水源地水质达标率100%。截至2015年底，全市共有47家水厂，总供水能力750万立方米/日；建有污水处理厂48座，城市污水日处理能力471.18万吨，全市城镇污水处理率达93.22%。

森林资源。广州地带性植被为南亚热带季风常绿阔叶林，截至2015年，全市现设自然保护区6个，城市公园246个，森林公园73个，林业用地面积2920平方千米，生态公益林1800平方千米，森林蓄积量1593万立方米。2015年，全市森林覆盖率42.03%，建成区绿地率36%，绿化覆盖率41.5%，人均公园绿地面积16.5平方米。

湿地资源。广州市湿地总面积762.8平方千米，占全市国土总面积的10.26%。已建成海珠国家湿地公园、南沙湿地公园等12个湿地公园，其中海珠国家湿地公园规划面积达到8.69平方千米，是全国特大城市中心区最大的国家湿地公园。

能源资源。广州一次能源全部依靠外地调入和进口，能源供应对外依存度较高。2014年，能源消费总量5496.46万吨标准煤，其中煤炭消费1245.17万吨标准煤；全年发电量396.91亿千瓦·时，全社会用电量765.85亿千瓦·时，其中工业用电量386.04亿千瓦·时。单位地区生产总值能耗0.35吨/万元，能源效率居于国内领先水平。

2. 经济社会发展的巨大变化

改革开放以来，广州经历了快速的工业化和城市化进程，地区生产总值以年均约13%的速度持续快速增长，综合经济实力跃居中国城市第三位。2016年，广州市实现地区生产总值19 610.94亿元，第一、第二、第三产业增加值的比例为1.22∶30.22∶68.56。2015年广州的人均地区生产总值突破2万美元，达到高收入国家（地区）标准。广州对外经济贸易发达，2016年商品进出口总值8566.92亿元（1297.06亿美元）。

改革开放以来，随着经济快速发展和内陆人口向沿海地区迁移，广州的人口成倍增加。2016年末，广州市常住人口（户籍人口加半年以上来穗人员人口）达到1404.35万人（其中户籍人口870.49万人），城镇人口比重为86.06%。根据国务院规划，广州2020年常住人口控制在1800万人。联合国报告指出广州人类发展指数居中国第一。广州社会消费品零售总额居全国第三，人均消费额居全国第一；居民人均可支配收入、住户存款总额（居民储蓄存款）、人均住户存款均居全省第一。

3. 生态文明建设的重要性与紧迫性

生态文明是物质文明和精神文明的高度统一，也是对工业文明的新型超越。党的十八大明确提出，建设生态文明是关系人民福祉、关乎民族未来的长远大计，要把生态文明建设放在突出地位，纳入中国特色社会主义事业“五位一体”总体布局，融入经济建设、政治建设、文化建设、社会建设各方面和全过程，努力建设美丽中国，实现中华民族永续发展。

城市是人类集中聚居的地区，也是工商业发达的经济中心，城市的生态文明建设对于国家和地区乃至全球的可持续发展具有举足轻重的作用。大城市在工业化过程中的急速扩张反映了人类社会的进步和文明，但同时又集中了经济社会发展过程中的一切矛盾和问题。一方面，城市的生态环境和雄厚资本为人类的社会经济活动提供物质基础；另一方面，超大城市人口密集，经济活动强度大，对资源环境消耗巨大，对自然生态的干预也最为强烈。世界超大城市无不出现过资源匮乏、交通拥堵、“三废”排放量巨大、环境污染日益严重等问题，如果对这些问题听之任之，不仅影响到人类的健康和生活质量，而且反过来会阻碍经济发展。广州作为世界级的超大城市和国内一线城市，在快速城市化过程中同样遇到了经济社会发展与生态环境之间的矛盾。改革开放前期广州的工业化和城市化没有完全摆脱粗放式的发展模式。20世纪80年代，随着对外开放的开展，香港的大量低端制造业转移到广州，高能耗、高排放、高污染的传统产业也一度迅速发展，加上人口过快膨胀和汽车保有量迅速增加，经济社会发展给广州的生态环境造成了巨大压力，废气、污水、固体废物等污染迫近环境承载力的上限，土地、能源、饮用水等资源约束趋紧，交通拥堵和房价高企等大城市病日益凸显。广州如果不加快转变经济发展方式，加大环境治理力度，大力推进生态文明建设，形成绿色、低碳、循环的发展方式和生活方式，花城将变得美丽不再，离华南首善之区的目标将越来越远。广州生态文明建设起步较早的动因如下：

（1）转变经济发展方式，缓解资源环境压力。改革开放以来，广州的工业化发展迅猛，第二产业占地区生产总值的比重长期高居榜首，1994年才被第三产业的占比超越。（详见图10-1）广州的工业过去一直以轻工业为主导，但自20世纪90年代以来，钢铁、水泥、石化等重化工业迅速崛起，汽车、钢铁、石化、建材等重化工业成为广州工业的主导产业。重化工业虽然夯实了广州经济发展的基础，但水泥、钢铁等“三高”产业在20世纪90年代的大幅增长（详见图10-1），也对广州的资源和环境构成了巨大压力。如果不能转变发展方式、优化产业结构，资源约束、环境污染和生态破坏的形势将变得日趋严峻，使经济社会发展不可持续。

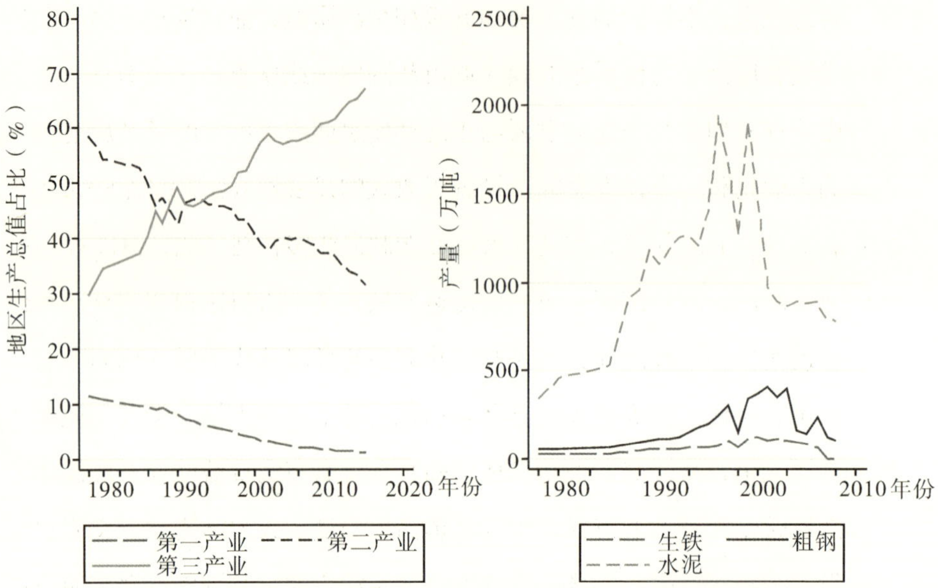

图10-1　广州地区生产总值构成（1978—2015年）及钢铁水泥产量变化（1978—2007年）

资料来源：广州市各年度的统计年鉴。

（2）摆脱大都市病的陷阱。改革开放以来，随着经济发展和城市化的快速推进，大城市吸纳了大量农村劳动力转移就业，广州的人口迅速增加，外来人口大量涌入，使常住人口的增长幅度远远超过户籍人口的增长幅度。内陆人口向沿海迁移，中小城镇和农村人口向超大城市集中，在世界工业化历史上是一个普遍现象。据统计，2015年，京津冀、长江三角洲和珠江三角洲三大城市群以2.8%的国土面积集聚了全国18%的人口，创造的地区生产总值共占国内生产总值的36%。一方面，人口向大城市的集中提高了城乡生产要素的配置效率，促进了城市地区水、电、路、气和信息网络等基础设施的建设，推动了经济持续快速发展。在人口规模膨胀的同时，广州的人均地区生产总值也实现了高速增长，从1978年的907元增至2015年的136 188元，增长了150倍。

但是，在工业化和城市化快速扩张、人口迅速增长的同时，广州也像其他超大城市那样，患上了交通拥堵，大气、水和土壤等污染加剧，城中村和城乡接合部的人居环境堪忧等日益严重的“大城市病”。“大城市病”的重要根源是人口的过快增长对资源环境造成了难以承受的压力。广州的户籍人口密度从1989年的787人/平方千米增至2015年的1149人/平方千米，常住人口密度从2007年的1351人/平方千米增至2015年的1816人/平方千米。（详见图10-2）人口密度的过快增长不仅给城市基础设施和城市管理带来压力，而且使城市的资源环境承载力面临巨大考验。表10-1列出了评估我国七个超大城市（不含港澳台地区，市辖区的人口数量加总超千万的城市）自然资源承载力的参考指标。

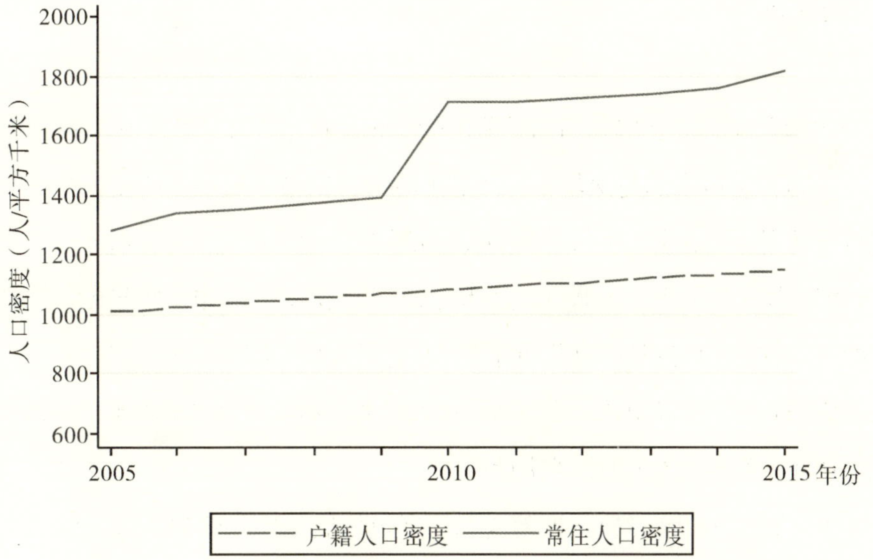

图10-2　广州市户籍人口密度与常住人口密度（2005—2015年）

资料来源：广州市2005—2015年各年度的统计年鉴。

表10-1　中国（不含港澳台地区）超大城市自然资源承载力参考指标
（生活用水和用能消耗，2014年）

城市	人口密度/（人/平方千米）	人均每日生活用水量/升	全年供气（液化石油气）总量/吨	人均城乡居民生活用电量/(千瓦·时)
北京	136	187.5	546 293	793.5
天津	1252	124.3	43 154	521
上海	3826	186.4	418 013	718.43
重庆	363	146.1	95 672	456.44
广州	1759	269.44	1 028 739	1906.6
深圳	5323	235	387 208	982
武汉	1203	173.8	140 000	756

数据来源：陈冠益主编《2015中国城市环境与可持续发展年度报告》，中国环境出版社，2017年版。

表10-1显示，在我国人口超千万的七个超大城市中（不含港澳台地区），人口密度最高的是深圳，其次是上海，再次是广州。而广州在人均每日生活用水量、全年供气总量和人均城乡居民生活用电量等几项资源消耗指标上均高居七大城市之首，虽然城市生活用水量与用电量等与华南地区的气候有关，但深圳的这些指标（尤其是用电量指标）远低于广州，这表明广州的资源消耗粗放，人口压力过大，如果不加强生态文明建设，广州自然资源承载力的可持续性堪忧。

（3）改善民生与绿色发展的要求。绿色发展，已不仅仅是经济问题，更是政治问题、民生问题。习近平总书记早已阐明了生态环境和人民幸福的关系："良好生态环境是最公平的公共产品，是最普惠的民生福祉。""环境就是民生，青山就是美丽，蓝天也是幸福。"改革开放以来，广州的环境质量总体上得到改善，但各领域的情况并不平衡，环境质量不稳定，一些过去曾经有所缓解的老问题反复抬头，城市发展中的生态环境压力依然很大。图10-3显示，广州的主要大气污染物浓度在21世纪初均呈现上升态势，经过大力整治后在2004年达到峰值并转而下行，这表明广州的大气污染已经通过环境库兹涅茨曲线的拐点进入右侧下降阶段。但废水排放量的情况则没有那么乐观，虽然21世纪以来工业废水排放量呈缓慢下降趋势，但生活污水排放量却在波动中上升，至今尚处于环境库兹涅茨曲线的左侧。广州水环境的治理形势依然严峻。垃圾处理的情况亦大致相同。总之，广州的环境治理成效波动较大，稳定的长效机制亟待进一步建立和完善，这也是生态文明建设和绿色发展所必须解决的重大课题。

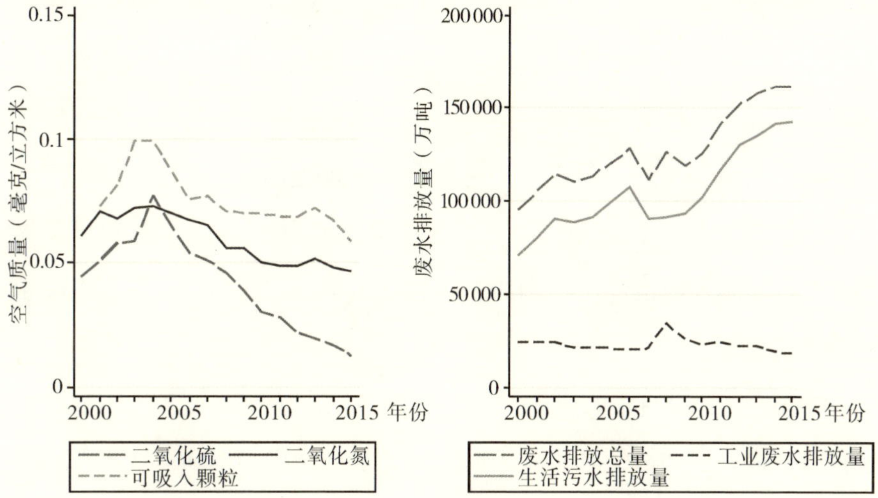

图10-3　广州空气质量和废水排放变化情况（2000—2015年）

资料来源：广州市2000—2015年各年度的统计年鉴。

（二）改革开放以来广州生态文明建设与环境保护的历史回顾

本节将对改革开放以来广州生态文明建设与环境保护的历史作一个较系统的梳理。主要依据环境质量的变化，我们把改革开放以来广州生态文明建设进程大致划分为三个阶段。

1. 经济快速发展和城市环境质量下降的时期（1978—1995年）

改革开放至“八五”时期，广州经济社会发展取得了巨大成绩，该时期是广州改革开放以来经济发展最快、增长持续时间最长、经济总量增加最多的时期。但不可否认，囿于历史条件，当时广州的经济发展是以引进港澳的低端制造业和本地传统产业的外延式增长为主，协调发展和绿色发展的意识比较淡薄，城市管理也不到位，因而产生了不少经济、社会和环境问题。在传统的增长方式下，高投入、高消耗、高污染的状况不同程度地存在，环境污染问题变得突出。城市的大气污染超过国家二级标准，机动车废气污染加剧，建筑施工噪音、粉尘扰民现象严重；城市生活污水处理跟不上，河涌黑臭水体随处可见，珠江广州河段有机污染迅速加重；城市绿地不断被蚕食；市区交通堵塞问题日趋严重。城市环境问题已经严重制约并威胁着广州经济社会的发展和人民生活质量的提高。

汤惠君①于2004年的研究发现，广州大气污染物浓度具有明显的时空分布规律，自20世纪80年代末以来光化学污染逐年增强。在大气污染的成因上，除了气象因素外，酸雨主要源自本地和珠三角地区珠江口两岸电厂群排放的SO_2（二氧化硫）。而日趋严重的光化学类污染［NO_x（氮氧化物）和CO（一氧化碳）］则与车辆的迅速增加密切相关。1981

①汤惠君. 广州市大气污染分布规律［J］. 地理研究，2004（4）：495-503.

年广州仅有机动车辆7.2万辆，2010年达到214.64万辆，汽车数量猛增不仅导致道路拥堵，而且使尾气排放量和污染物排放量大幅增加。据统计，广州机动车排放的NO_x占全市NO_x排放总量的60%以上。

水环境的污染情况也不容乐观。珠江广州河段的污染源主要分为两大类：一个是垃圾污染；另一个是城市生活污水和工业废水。垃圾污染大致又可分三类：一是上游的漂浮垃圾，占广州河段漂浮垃圾的近一半；二是市区河涌垃圾污水；三是船舶污染。据统计，1985年广州市的生活污水与工业废水排放量共计7亿吨左右，到了1994年仅生活污水排放量就达7亿吨，占废水排放总量的68%，成为珠江广州河段主要的有机污染源。而当时广州城市生活污水的处理率仅有一成多，污水处理设施严重滞后。大量的工业及生活废水，通过多条河涌流经广州入海，不仅加重了广州河段和珠江入海口海域的水污染，而且严重影响到广州市的饮用水安全。监测数字表明，广州石门等水厂在20世纪80年代初期，水质可达Ⅱ至Ⅲ类标准，20世纪80年代后期，水质仍有Ⅲ至Ⅳ类标准，进入20世纪90年代，只能达到Ⅳ至Ⅴ类水质标准。珠江水质的恶化，严重影响了芳村、河南、石溪、员村、黄埔等自来水厂的供水。

为了遏制生态环境恶化趋势，“八五”期间广州市政府采取了一系列治理措施，先后通过修正并颁布了《广州市饮用水源污染防治条例》《广州市大气污染防治规定》《广州市防治珠江广州河段水域饮食业污染管理规定》《广州市环境噪声污染防治规定》等4部地方性法规，还有《广州市水环境功能区区划》《广州市防治机动车排气污染监督管理办法》《广州市〈城市区域环境噪声标准〉适用区域划分》《广州市综合治理和利用粉煤灰若干规定》等6部行政规章，初步建立了环境治理的法制体系，使环境监督管理逐步纳入法制轨道。“八五”时期，广州的工业污染防治取得了较大的成效，在全市工业产值增长3.27倍的同时，工业废水排放量减少17%；结合城区改造，广州搬迁了52个严重污染扰民的工厂；加强对新、扩、改建设项目的环境管理，严格把关，控制新污染，5年间，竣工项目环保投资6.89亿元，新增处理废水能力60.3万吨／日，处理废气能力2023万标立方米／小时。经过努力，广州环境状况恶化的趋势得到初步遏制，但由于经济结构升级缓慢，环境保护欠账较多，投入不足，加上产业结构趋于重型化，生态环境质量下降的趋势未能得到根本扭转。

2. 在可持续发展理念下环境治理取得突出成绩的时期（1996—2012年）

“九五”时期，为了扭转生态环境恶化的趋势，避免重蹈发达国家“先污染、后治理”的覆辙，广州开始强调可持续发展的理念，提出经济社会的发展必须同资源节约和环境保护相协调，与城市规划、建设和管理相统一，努力营造高效、舒适的城市环境。“九五”时期广州制定了《广州市环境保护“九五”计划和2010年远景目标》，提出必须坚持可持续发展战略，大力加强生态环境保护，使环境保护与经济、社会协调发展，成为全国环境保护模范城市；提出广州市到2010年的环境保护远景目标是：在经济持续增长的同时，有效地控制环境污染和生态破坏，保持并不断改善城市生态环境质量，使环境质量水平与现代化国际城市发达的经济和社会状况相适应，把广州建成经济发达、城市空间布局合理、基础设施完善、各类建筑物美观协调、空气清新、水质洁净、环境优雅的花园式城市。1997年5月31日广东省第八届人大常务委员会批准了《广州市环境保护条例》，规范了各行政部门和各地区的环境保护职责分工，并规定了环保功能区的划分及其标准，对城市建设、自然资源和环保设施的规制与管理，以及对环保违法责任的追究与处罚等。这是广州第一部全面系统的综合性地方环保法规，对于广州后来的生态环境保护和生态文明建设意义重大。

1998年，广州开始实施“一年一小变，三年一中变，2010年一大变”工程，加大了环境整治力度，先后制定了防治大气、水源、噪声、固体废物、机动车污染和绿化管理等多部地方性法规，为依法治理环境提供保障。对污染源进行了重点整治，有近千家污染企业被关闭、停产，8000多家饮食单位实行整改，提高机动车排气质量标准。与此同时，建成了4个大型污水处理厂，日处理污水能力达58万吨。

在绿化方面，广州投入了巨资。1998—2000年，广州市、区两级政府投入近7亿元，建成了19个公园，面积达240万平方米；投入中心区绿地建设和城市绿化工程达4.45亿元；投入清理违章建筑、恢复绿化资金达4.5亿元，植树984万多株。

本阶段广州城市建设和环境治理的一个里程碑式的事件是2010年广州成功举办第十六届亚洲运动会（以下简称“广州亚运会”）。广州亚运会是广州有史以来承办的规模最大的综合性体育赛事，自2004年申办成功以后，广州就提出要办一届“绿色亚运”，借办亚运之机，使广州的城市面貌和城市品牌发生一个质的飞跃。广州市委、市政府提出了“迎接亚运会，创造新生活”的目标，高度重视加强城市环境综合整治，全力实施亚运城市计划、“花园城市”建设行动纲要和城市环境面貌“大变”工程。广州亚运环境整治工程总投入约700亿元（不包括“退二进三”涉及的100多家工厂的搬迁费用以及企业停产限产的损失），其中包括近500亿元的广州治水工程投入以及约190亿元的环境综合整治经费。广州迎亚运环境综合整治工作取得了以下重大成果：一是水环境整治力度大，珠江河段和东濠涌、荔枝湾涌、猎德涌等主要河涌的水质明显改善；二是空气整治措施实，空气质量指标持续好转，广州亚运会召开前的2010年1—9月，广州空气中的二氧化硫、二氧化氮和可吸入颗粒这三种主要污染物排放量浓度分别为0.035毫克/立方米、0.053毫克/立方米和0.067毫克/立方米，已经优于国家空气二级标准；三是交通设施和人居环境建设思路新，城市形象不断提升；四是“三旧”改造措施实，城区产业“退二进三”成效显著。

广州亚运会后，由于企业恢复生产，广州市区①的空气质量一度有所下降，但从2005年起三种主要污染物含量开始持续减少，空气质量不断提高。废水排放情况也大致相似。2003年，广州启动“青山绿水，蓝天碧水”工程，以“水变清、岸变绿、恢复河涌自然特征”为目标，编制实施了河涌综合整治计划。2006年，广州市政府确定市区7条河涌列入重点综合整治计划，被称为当年的“一号工程”。7条重点河涌包括沙河涌、猎德涌、车陂涌、乌涌、黄埔涌、花地河和大沙河。2010年，中心城区4座污水处理厂建成通水并投入试运行，配套泵站及污水管网数量迅速增加，全市水环境出现了持续改善的势头。总之，广州亚运会使广州的生态环境和城市面貌发生了重大转变，市民们开始有了天蓝、水清、地绿、城美的感觉。当然，这种依靠集中投入和行政措施换来的环境改善要想得到长期巩固并非易事，生态环境的根本好转需要建立政府和市场有机结合的长效机制，需要把生态环境治理作为城市发展的长期战略，通过建立系统的制度和政策体系，作为政府和市民一种必不可少的基础文明来推进。

3. 在“五位一体”总体布局下推进生态文明建设的新时期（2012年以来）

党的十八大以来，以习近平同志为核心的党中央把生态文明建设作

①广州市区一般是指行政区划调整前的老八区：东山区、越秀区、荔湾区、天河区、海珠区、芳村区、白云区和黄埔区。

为统筹推进“五位一体”总体布局和协调推进“四个全面”战略布局的重要内容，谋划开展了一系列根本性、长远性、开创性工作，推动生态文明建设和生态环境保护从实践到认识发生了历史性、转折性、全局性的变化。习近平总书记在党的十九大报告中指出，坚持人与自然和谐共生。建设生态文明是中华民族永续发展的千年大计，必须树立和践行绿水青山就是金山银山的理念，坚持节约资源和保护环境的基本国策，像对待生命一样对待生态环境，统筹山水林田湖草系统治理，实行最严格的生态环境保护制度，形成绿色发展方式和生活方式，坚定走生产发展、生活富裕、生态良好的文明发展道路，建设美丽中国。

党的十八大以来，广州进入了全面推进生态文明建设的新时期。广州市委、市政府认真贯彻落实党中央、国务院的决策部署，加快推进建立生态文明建设和生态环境保护的制度体系，深入实施大气、水、土壤污染防治行动计划，系统规划环境保护和生态修复重大工程，生态文明建设成效显著，美丽广州建设迈出了重要步伐。

该时期广州积极实施“节能、蓝天、绿地、碧水、清洁、低碳”行动计划，严格限制高耗能、高排放、高污染产业的发展，全面推行企业清洁生产，加快淘汰落后产能，严格控制煤炭消费总量，积极推进大气污染防治，加强水环境综合治理，实施森林进城、森林围城，大力推广绿色建筑，加快发展低碳交通，推进生活垃圾分类和处理，先后获得“全国文明城市”“国家森林城市”“国家低碳试点城市”“全国生活垃圾分类示范城市”“国家水生态文明示范城市”“联合国改善人居环境最佳范例（迪拜）奖”等众多荣誉称号。

为了贯彻党的十八大推进生态文明建设的战略部署，积极落实党的十八届三中、四中、五中全会加快生态文明建设的精神，根据中共中央、国务院印发的《关于加快推进生态文明建设的意见》和《生态文明体制改革总体方案》，广州编制并颁布了《广州市生态文明建设规划纲要（2016—2020年）》（以下简称“《规划》”）。《规划》的指导思想是以邓小平理论、“三个代表”重要思想和科学发展观为指导，深入贯彻习近平总书记系列重要讲话精神，全面落实党的十八大和十八届三中、四中、五中全会要求，按照“五位一体”的总布局，牢固树立创新、协调、绿色、开放、共享的发展理念，协同推进新型工业化、城镇化、信息化、农业现代化和绿色化，解决生态环境领域突出问题，以环境容量和生态承载能力为基础，优化国土空间开发格局，全面促进资源节约利用，加大自然生态系统和环境保护力度，培育弘扬生态文化，健全生态文明制度体系，推动形成绿色发展方式和生活方式，加快建设森林城市、绿色城市、生态城市，探索具有广州特色的生态发展模式。规划的目标是至2020年，资源节约型和环境友好型社会建设取得显著成效，生态红线和空间管控体系确立，环境风险得到有效管控，形成绿色、低碳、循环经济体系，生态文明主流价值观在全社会得到推行。森林城市、绿色城市、生态城市建设取得重大进展，生产空间更加集约高效、生活空间更加优质宜居、生态空间更加山清水秀，增强城市亲和力、凝聚力和可持续发展能力，建设全市人民的美好家园。

党的十八大以来广州市的生态文明建设在以下方面取得了突出成绩：

产业结构转型升级成效显著。坚定推进供给侧结构性改革，坚决淘汰高耗能高排放落后产能，实施现代服务业与先进制造业双轮驱动战略，积极培育新业态和新商业模式，促进产业集群集约集聚绿色发展，形成高端高质高新现代产业新体系，为生态文明建设奠定了坚实的经济基础。

划定了城市生态保护红线和生态控制线，城镇、生态、农业三类空间功能区区划清晰稳定，形成与资源环境承载能力相匹配的新型城镇化格局，山水林田湖生态系统稳定性明显增强。

环境质量持续改善。自2012年国家改变空气质量标准以来，广州空气质量优良天数持续大幅上升，2016年PM2.5年均浓度下降到36微克/立方米，2017年进一步下降到35微克/立方米，首次达到国家二级标准；饮用水源水质得到有效保障，水环境质量不断改善。

生态文明制度体系更加系统完备。基本形成源头预防、过程控制、损害赔偿、生态恢复、责任追究的生态文明制度体系。在生态红线管控、生态补偿、生态文明评估考核、生态产权市场化等制度建设上也取得重大进展。

作为国家超大城市，虽然广州的环境治理仍然面临种种挑战，生态文明建设仍行进在路上，但由于方向明确、基础扎实、体制机制不断完善、政府规划和管理能力增强、市民参与程度不断提高，未来广州的生态文明建设必将更上一层楼。

（三）小结

改革开放以来，广州的环境治理和生态文明建设经历了一个从不自觉到自觉、从被动到主动，从先发展经济后治理环境到在发展中治理、以治理推动发展的与时俱进的过程。这一过程既是一个现实问题倒逼的过程，一个以轻工业和传统商贸为主的大城市通过压缩型的工业化和城市化成长为一个现代化国际大都市所必然经历的阵痛和涅槃，同时也是勇立潮头的广州人民在中国共产党的领导下，不断更新观念，践行绿色发展理念的过程。在此过程中，政府的环境治理观念、政策手段和体制机制建设也取得了重大进展。在过去以GDP为中心的时期，各级政府偏好以高资源消费和高碳排放为特征的传统重化工业，舍不得淘汰落后产能，绿水青山与金山银山之间常常处于顾此失彼的对立关系，环境治理总是滞后于经济发展，环境治理手段也更多地依赖行政命令和动员式的整治。自党的十八大把生态文明建设融入“五位一体”的总体建设布局，作为考核各级政府和官员政绩的重要指标以来，广州的环境治理重心逐渐从通过行政手段突击整治转向重视全面规划、制度建设和全民参与等长效机制，在强化主体功能定位、实现绿色低碳的经济转型、利用市场机制提高资源能源利用效率和建立完善生态环境重大制度等方面取得了重大成就。广州的环境治理与生态文明建设离市民期望和新时代的发展要求还存在较大距离，未来道路依然任重道远。但在党的十八大和十九大精神的指引下，方向已经明确，蓝图已经绘就，生态文明制度体系的雏形正在形成，今后的任务是通过改革、创新、实干、市民广泛参与和环境法治体系建设实现美丽广州的梦想。

二、广州生态文明建设的成就与经验

改革开放以来尤其是党的十八大以来，广州历届政府不断更新发展理念，转变政绩观，牢固树立保护生态环境就是保护生产力、改善生态环境就是发展生产力的理念，正确认识经济发展同生态环境保护的关系，强调以提高经济发展质量为中心，转变经济发展方式，注重绿色、低碳和循环发展，生态文明建设取得了可喜的成就。

（一）主要成就

1. 城市环境治理成就

经过长期不懈的努力，广州不论是空气污染物排放总量还是水污染物排放总量都出现了持续下降的趋势。二氧化硫、二氧化氮、化学需氧量和氨氮等主要污染物下降幅度显著，这使得广州的空气质量和江河湖海水质状况明显好转。

（1）空气质量。近年来，广州空气质量处于不断好转并维持稳定的过程中，大气主要污染物浓度均有较大幅度下降。从图10-4中可以看出，广州的空气质量优良天数和空气质量达标率在2013年采用新标准之前呈U形分布，2004年达到“谷底”，2006年开始逐步提升。采用新标准之后，虽空气质量因指标变动而短暂下降，但其后优良天数和达标率均逐年上升。

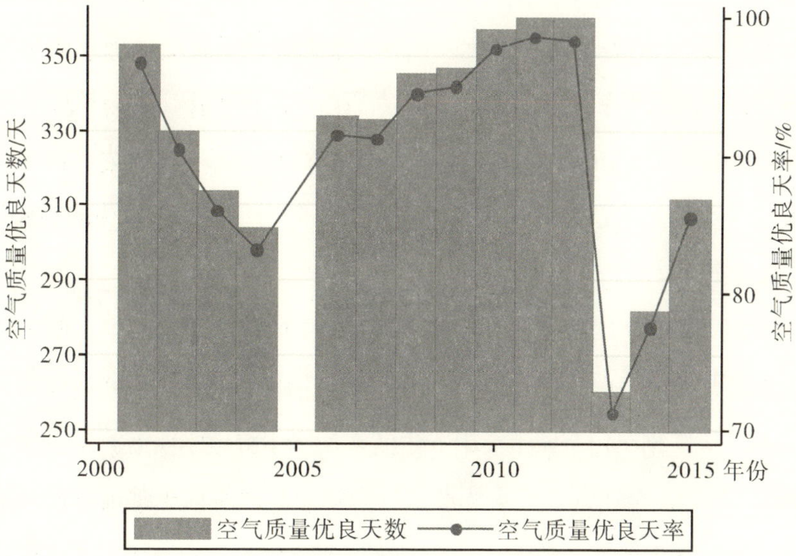

图10-4　广州市空气质量优良天数及达标率（2001—2015年）

资料来源：广州市2001—2015年各年度的统计年鉴。

在大气污染治理过程中，2001—2004年，二氧化硫、二氧化氮和可吸入颗粒物日均浓度曾一度升高，但是从2004年开始，二氧化硫、二氧化氮和可吸入颗粒物日均浓度逐年降低，年均分别下降0.0042毫克/立方米、0.0021毫克/立方米和0.002毫克/立方米。二氧化硫日均值远远低于国家规定的0.006毫克/立方米的标准，可吸入颗粒物日均值也低于国家规定标准。广州酸雨氢离子浓度指数（pH值）呈逐步升高的趋势（pH值升高表明酸雨程度减轻），2016年广州降水pH值比2000年上升0.71个pH值单位，表明广州受到酸雨污染的程度逐步减轻。

从2013年起，国家在空气质量指数中增加了PM2.5指标，2013年广州市空气质量指数出现明显下降。广州通过治理工业污染、淘汰黄标车及老旧车、实行乘用车限购等政策，加强挥发性空气污染物治理，加强对建筑工地的监管，增加洒水频率控制扬尘污染，对PM2.5来源进行全面分析，针对空气质量季节波动的特点，广州市冬季容易出现逆温层和静小风情况，广州市专门组织力量进行秋冬季大气污染预防治理工作，取得了良好成效。2017年广州市实现PM2.5达标（35微克/立方米），成为国家中心城市及地区生产总值超万亿、常住人口超千万的省会城市中率先实现PM2.5达标的城市。

（2）水环境治理。广州市城市集中式生活饮用水水源地水质达标率从2011年开始一直保持在100%。广州水源地监测数目从2014年起增加到10个。2017年广州市10个城市集中式生活饮用水水源地水质监测点水质全部达标，其中有8个达到Ⅱ类水标准，秀全水库和流溪河花都段水源为Ⅲ类水质。2016年Ⅱ类水质监测点占比为65.83%，2017年上升到73.33%。2016年城市集中式生活饮用水水源地水质达到Ⅱ类标准占比波动较大，2017年则稳中有升，进一步说明广州市城市集中式生活饮用水水源地水质整体稳定，并且逐步提高。

从河涌情况来看，广州市河涌监测点劣Ⅴ类水质占比处于波动下降的状态，治理取得了一定成效，由于河涌水质受季节影响较大，因此较为不稳定，但劣Ⅴ类水总体呈缓慢下降趋势。2015年广州市河涌劣Ⅴ类水质占比为83.65%，2016年小幅下降为83.31%，2017年下降为78.20%。虽然出现一定幅度下降，但是河涌劣Ⅴ类水占比仍然较高，针对河涌污染源存在着的“小、散、乱”现象，广州市正在积极整改中。

对城市黑臭水体的整治效果明显，2017年列入全国黑臭水体监测平台的35条黑臭水体基本消除。2017年广州市共落实四级河长2961名。在推动水环境治理方面，广州市制定了《广州市水环境质量达标方案》，以相关的规章制度为基础，采取优化工艺等措施完善市内污水处理厂的提质改效工作，对市内8个省级以上的工业区安装污水集中处理设施并且实时监督，针对农村面源污染开展综合整治，加强农村生活污水和垃圾处理的能力。

（3）垃圾处理。长期以来，垃圾处理一直是困扰广州的一个老大难问题。据2010年估算，广州日产垃圾12 000吨左右，仅中心城区日产垃圾就达到8000吨，而且还在以每年8%～10%的速度增长。近年来广州市在解决“垃圾围城”方面改换思路，采取源头控制、垃圾分类、资源回收和焚烧发电的方式，取得了重大进展，初步缓解了“垃圾围城”的局面。2016年，广州市将工业固体废弃物处理率提高到99.42%，生活垃圾无害化处理率提高到96.1%，并且在医疗废弃物无害化处理和工业危险废弃物处置利用率方面都达到了100%。

（4）噪声处理。广州市交通干线噪声平均值在2006年达到峰值，从2006年开始处于波动下降阶段。2016年城市道路交通干线噪声平均值和2015年持平，为69分贝。2016年影响广州市声环境的主要来源为生活噪音（48.6%）、交通噪音（29%）和工业噪音（18.1%）。

（5）生态环境指数。广州市生态环境指数逐年提高，从平均得分来看，越秀区的生态环境指数最低，从化区的最高。从均值来看，荔湾区、越秀区和海珠区的生态环境指数为一般，从化区为优，其他区为

良，优良级别区数量占广州全市的75%。（详见表10-2）

表10-2　2010—2015年广州市各区生态环境指数

行政区划	2010年	2011年	2012年	2014年	2015年	均值
荔湾区	53.3	50.8	52.3	46.5	48	50.18
越秀区	50	48.1	49.7	46	47.5	48.26
海珠区	53	50.3	51.9	50	51.5	51.34
天河区	56.8	54.7	55.7	54.3	55	55.30
白云区	65.2	63.3	64.6	66.7	65.9	65.14
黄埔区	56.3	53.7	54.9	53.6	57.8	55.26
番禺区	59.7	56.5	58.2	62.8	62.9	60.02
花都区	66.5	64.7	66.2	71.5	70.9	67.96
南沙区	69.4	68.3	68.2	62.4	62.4	66.14
萝岗区	73	70.9	72	72.8	72.7	72.28
增城区	73.5	71.2	73.2	77.3	77.2	74.48
从化区	79.4	77.4	79.2	83.5	83.5	80.60

数据来源：广东省环保厅。

注：2013年数据缺失故空缺。

2. 生态系统建设成就

习近平总书记2013年11月在《关于〈中共中央关于全面深化改革若干重大问题的决定〉的说明》中提出："山水林田湖是一个生命共同体，人的命脉在田，田的命脉在水，水的命脉在山，山的命脉在土，土的命脉在树。""由一个部门负责领土范围内所有国土空间用途管制职责，对山水林田湖进行统一保护、统一修复是十分必要的。"

广州素有花城之称，广州市各级政府在生态环境保护和生态系统建设上下足了功夫，取得了骄人的成就。城市绿地对大气和水环境质量的改善发挥着巨大的作用。根据统计资料，从2000年开始，广州的城市绿地面积就不断增加，伴随着城市绿地面积扩大，二氧化硫、二氧化氮、可吸入颗粒物等大气污染物的含量也随之下降。广州的城市绿化覆盖率从1991年的20%增加到2016年的42.14%，城区绿地面积增加一倍；目前广州共有湿地公园18个、森林公园83个、城市公园246个、绿道3200千米、生态景观林带507千米，建成区绿地面积94.12平方千米，建成区绿化覆盖面积100.25平方千米，人均绿地面积达到10平方米，绿色已经成为广州的底色。截至2016年，广州获得了“国家森林城市”“国家园林城市”“国土绿化突出贡献单位”“全国绿化模范城市”等殊荣。在此基础上，广州又提出了“打造国际先进、具有岭南特色的国家森林城市”的新目标。

广州在城市生态建设上独具匠心，其中一大亮点是打造“空中花廊”，将绿化工程见缝插针地覆盖到了人行天桥上。几十年前发达国家率先提出了“城市立体绿化”概念。广州市可用的绿化用地非常有限，在城市绿化过程中，广州以桥梁绿化为切入点，利用立体绿化的手段向空中索要绿化面积。目前广州已经建成一路一主题花树的16条景观大道，在春岗立交、南沙港快速仑头立交、东南西环快速土华立交等城市出入口增种木棉、宫粉紫荆等开花乔木，形成了具有广州特色的出入口景观。

近年来，广州全力实施新一轮绿化广东大行动和“花城绿城水城”战略。随着森林围城进城战略付诸行动，广州为城市筑牢了生态屏障。在广州北部，2920平方千米城市森林（其中生态公益林1800平方千米）郁郁葱葱，森林公园和自然保护区达59个、湿地公园11个，护卫着广州的生态安全。在广州东南部平原水网地带，营造了农田林网和沿海防护林带3000多千米，建设沿海湿地林区约13.33平方千米，修复乡村风水林900多片，对600多个乡村实施了绿化美化。在寸土寸金的城市中心区，重点保护好面积达20.37平方千米的“北肺”——白云山风景名胜区和面积达8.67平方千米的“南肾”——海珠国家湿地公园。海珠湿地主要包括万亩果园、海珠湖及相关河涌39条，总用地面积8.69平方千米，水域面积达3.77平方千米，是珠三角河涌湿地、城市内湖湿地与半自然果林镶嵌交混的复合湿地生态系统，是广州市城区重要的生态隔离带，与白云山一起构成了广州主城区的南北两大生态屏障。此外，流花湖、麓湖、白云湖等各类湿地绿地公园星罗棋布，构成了中心城区的绿色生态系统，营造了优美宜居的城市环境。

在一些人口密度较小，生态本底较好的广州郊区区县，当地政府还根据区情，因地制宜地规划和实施了独具特色的主体功能区区划。例如增城区根据区位条件、资源禀赋、产业现状、生态环境等发展要素，将全区土地划分为南、中、北3个功能区。南部地区位于广州、东莞、深圳之间，被定位为重点开发的新型工业区；中部地区是广州的城市副中心，被定位为优化开发的文化产业和居住区；北部地区则被定位为限制开发的生态功能区，着力营造以白水寨风景名胜区为主的都市农业与生态旅游区。通过推进主体功能区建设，增城的经济发展质量得以提升，产业结构得到优化，三次产业比重由2000年的14.35∶58.24∶27.41变为2016年的4.86∶48.49∶46.65。与此同时，北部地区因为人口大量转移使得资源环境的压力大大减轻，自然生态得到保护。增城全区人均绿地面积从2000年的4.73平方米增加到2007年的15.8平方米，全区森林覆盖率达51%。增城北部增江河上游水质达到Ⅱ类。全区空气质量近年均达到优良标准。

3. 经济转型升级与绿色低碳发展成就

（1）产业结构和能源强度变化趋势。能源强度是单位GDP所消耗的能源总量，它反映一国或地区在经济发展过程中的能源利用效率。图10-5反映了广州市2002—2015年能源强度的变化趋势，除第一产业能源强度以外，广州市的能源强度以2005年为拐点，2005年之前综合能源强度、第二产业能源强度、第三产业能源强度以及工业能源强度都处于高位波动阶段，从2006年开始进入持续下降趋势，2014—2015年下降趋势有所减缓。

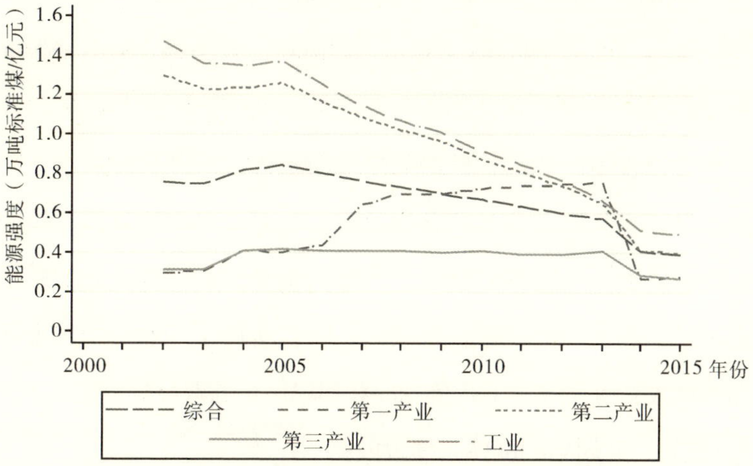

图10-5　广州市能源强度变化趋势（2002—2015年）

资料来源：广州市2002—2015年各年度的统计年鉴。

2002—2015年，随着第三产业产值比重的上升，广州市的产业结构转型升级稳步推进，产业结构升级不仅与广州的经济发展速度存在较强关联性，而且与广州能源强度的变化密切相关。随着产业结构不断优化升级，能源强度逐步下降，二者存在着显著的负相关关系。这一趋势表明随着产业结构的优化和低碳产业的发展，经济增长对能源的消耗降低，二氧化碳排放和空气污染也随之减少。

产业结构的变化直接影响能源强度，对能源效率的影响最大，产业结构变化还通过能源效率进而影响生态环境。[①]产业结构的优化升级可以

①张勇，蒲勇健．产业结构变迁及其对能源强度的影响［J］．产业经济研究，2015（2）：15-22.

实现经济发展过程中的节能降耗，降低能源强度，提升发展质量。采用结构向量自回归模型，允许模型变量存在当期影响，以改进的向量自回归模型（VAR模型）更加客观、准确地反映变量之间的关系。①

（2）结果分析。回归结果显示，广州市产业结构升级对能源强度的降低有正向促进作用，并且不论长期还是短期该效应都很显著。这表明在经济发展过程中产业结构升级与环境质量改善可以实现双赢。广州市近年来在以市场为导向的产业升级基础上，通过严格的环境评审、环境督查、超标处罚等行政规制手段，不断淘汰高污染、高排放的落后企业和过剩产能，第三产业比重稳步攀升，不仅实现了产业结构转型升级和经济提质增效，而且实现了绿色发展和环境保护的双赢格局。

4. 法规、规划与制度体系建设成就

我国《生态文明体制改革总体方案》对于生态文明建设作出了总体部署，环境保护法和《大气污染防治行动计划》《水污染防治行动计划》《土壤污染防治行动计划》等法律和法规对环境保护及其主要领域的污染防治作出了法律规范和专项部署。我国生态文明体系建设的顶层设计逐步清晰，生态环境治理逐渐被纳入法制轨道。按照国家的总体要求，结合本市实际，广州市在生态文明建设过程中不断制定和完善法律法规及中长期规划，为生态文明建设奠定了制度体系和法律法规的坚实基础。

（1）做好顶层设计，在城市建设与管理、生态环境治理和节能减碳等领域，制定符合市情适度超前的中长期规划。在此方面的主要规划有《广州市生态文明建设规划纲要（2016—2020年）》《广州市城市总

---

①张泊远．青海省第三产业与能源强度关系的实证研究——基于VAR和SVAR模型［J］．西安财经学院学报，2012（6）：59-64.

体规划2011—2020年》《广州市城市环境总体规划（2014—2030年）》《广州市环境保护第十三个五年规划》《广州市环境空气质量达标规划（2016－2025年）》《广州市能源发展第十三个五年规划（2016—2020年）》《广州市节能降碳第十三个五年规划（2016—2020年）》《广州市土地利用第十三个五年规划（2016—2020年）》等。这些规划为广州的生态文明建设树立了长远目标，使各级政府的政策制定有所遵循。

（2）在国家法律法规的基础上，不断建立健全生态文明建设和环境保护的地方性法律法规，促使经济主体和市民自觉遵纪守法，保护环境；同时政府在环境执法上也做到了有法可依，执法必严。这方面的主要法规有《广州市环境保护条例》《广州市饮用水源污染防治条例》《广州市河涌管理规定》《广州市流溪河流域管理规定》《广州市固体废物污染防治规定》《广州市防治机动车排气污染监督管理办法》《广州市环境噪声污染防治规定》《广州市环境污染事故防范及处理办法》《广州市防治污染设施监督管理规定》《广州市森林公园管理条例》《广州市野生动物保护管理若干规定》等。

（3）在制定生态文明建设相关法律法规的基础上，广州市的环境司法和环境执法也不断取得进步。为了提高法律法规的权威性和可行性、环境执法的严肃性和环境司法的公平性，广州市建立了环境保护领导责任制，各级政府的环境保护意识不断增强。同时，针对排污企业进行环境法律宣传和严格执法，提高了企业的环保意识，促使企业通过转型升级减少污染物排放。广州在调动市民参与环境保护的积极性、建立健全污染监督举报的社会网络、提高公民环境守法和环境监督意识方面也出台了不少管理办法。

（二）主要经验

1．更新理念、扮靓城市，把生态文明建设与新型工业化进程融为一体

广州作为中国的千年商都和主要对外通商口岸，历来重视自身形象。改革开放以来，广州的经济发展一度向劳动密集型产业和重化工业倾斜，加上城市人口急剧膨胀，生态环境质量曾经有所下降。但南国花城爱美扮靓的文化基因根深蒂固。广州每年一度的迎春花市历史悠久，享誉全国。广州人善于经商，但对生态环境的要求从来都是高标准的。只要政府摈弃以地区生产总值论英雄的政绩观，践行生态优先、绿色发展，“绿水青山就是金山银山”的理念，很快就会得到全社会的认同。同时，以广府文化为核心的岭南文化素以开放、包容、融汇中西而著称，作为中国对外开放的前沿和国际枢纽，广州历来奉行纳天下英才为我所用的人才战略，而吸引人才的重要一招就是为其提供一个优美舒适的城市生活环境。城市生活环境就是核心竞争力。党的十八大以来，广州深入推进“干净整洁有序平安”的城市环境建设，打好“蓝天保卫战”“碧水保卫战”“净土保卫战”三大污染防治攻坚战，同时通过城市生态景观建设、打造“城市绿心”——海珠国家级湿地公园等措施，以更加靓丽的身姿，迎接全球宾客。

空气方面，2017年广州市实现PM2.5达标，成为国家中心城市及地区生产总值超万亿、常住人口超千万的省会城市中率先实现PM2.5达标的城市。《广州市环境空气质量达标规划（2016—2025年）》提出，在2020年底前实现空气质量6项主要污染物（二氧化硫、二氧化氮、可吸入颗粒物、细颗粒物、一氧化碳、臭氧）全面达标，空气质量达标天数比例达到90%以上。为此，广州在计划采取提前实施机动车国Ⅵ排放标准、2019年前全面实现公交电动化、禁止新建扩建燃煤电厂和企业自备发电锅炉

等多项措施。

治水方面，水污染防治攻坚战也全面打响，广州通过全面落实河长制，按照“控源、截污、清淤、调水、管理”的治水方针推进水环境治理。国家督办的广州35条黑臭河涌治理达到初见成效的考核要求，35条重点河涌已经有23条基本消除了黑臭。

优美的生态环境不仅让全球人才、资本、技术等高端生产要素加速在广州汇聚，还提升了本地资源的质量，激发了广州的发展活力。目前，已有289家《财富》全球500强企业在穗投资或设立机构，其中至少有120家把总部或地区总部设在了广州。据不完全统计，2017年1—10月，就有首期投资610亿元的富士康第10.5代显示器全生态产业园区、LG投资的8.5代OLED（有机发光二极管）项目、广汽卡斯马汽车系统项目、中国移动互联网公司、花都东风启辰新工厂、中兴通讯研究院、日立汽车马达系统开发及生产基地等高端项目落户广州。绿水青山引来金山银山，优美的生态环境助推了创新驱动，促进了经济的高质量发展。以天河CBD（中央商务区）为例，天河区按照“公园里的CBD”的理念，对CBD实施精细化、品质化管理，引进整套环卫高端作业设备，主次干道保洁机械化率达到100%。天河CBD这块被精心呵护的城市名片，仅2017年上半年就实现了地区生产总值1360.37亿元，约占天河区生产总值的70%。

2. 通过市区“退二进三”淘汰落后产能，产业转型升级实现绿色发展

20世纪80—90年代，广州与国内其他城市一样，曾经在工业化浪潮中在市区引进了不少中小企业，加上中华人民共和国成立后建设的老工业企业，广州市区不少地段一度变为了工厂林立的工业区。这些工业企业不少属于高污染的传统产业和高耗能、高排放的重化工业，不仅严重

影响和危害着城市的生态环境，也阻碍了广州产业结构的升级和中心城市服务功能的发挥。而且，随着城市土地价格和其他要素价格的不断攀升，以及传统工业品市场趋于饱和，许多工业企业陷入亏损或者微利状态，在寸土寸金的市区已经无法生存。但由于复杂的利益关系和社会影响，要这些工业企业搬迁并非易事。自21世纪初以来，广州市政府以壮士断腕的决心、周密的部署和兼顾企业与市民利益的政策，多次出台文件规划，多次公布名单，在郊区设置产业园区，大力推动工业撤出市区的“退二进三”工作，并通过“退二进三”淘汰落后产能，加快全市产业结构转型升级。从1999年底至2015年，共有300多家工业企业在政府安排下迁出市区（不包括自发迁出的企业），对其中一些属于过剩产能的大型国有企业（如广氮企业集团有限公司、广州钢铁集团有限公司白鹤洞工厂等）则果断实施了整体关闭的措施。目前，广州“退二进三”的工作仍在继续推进，2017年底前须完成81家企业“退二进三”及淘汰落后产能，2018—2019年完成其余9家污染企业的淘汰。2020年之前，对石油化工类企业实施产能限制。

通过“退二进三”，一批金融、会展、创新创意、总部经济等高端服务业在腾出的土地上崛起，现代服务业获得了发展空间。同时政府还使用部分土地修建经济适用房和廉租房，解决低收入人群的住房问题。更重要的是，一批高污染产业的迁出和淘汰，为广州的生态环境治理提供了源头保障，使得广州的大气环境质量明显提高，水环境质量也得到了较大改善，并且建成了像海珠湿地这样的城市生态调节示范区。生态环境的变化又对新兴产业产生了无形的“溢出效应”。2015年以来，紧邻海珠湿地的琶洲互联网创新集聚区接连出让24宗地块，引来腾讯、阿里巴巴、复星、小米、科大讯飞等16家龙头企业在此“筑巢”，总投资达550亿元。可见，“退二进三”带来的生态效应加速了广州经济的转型升级，绿色发展与创新发展得以齐头并进，比翼双飞。

3. 根据生态本底实施环境治理，着力解决超大城市生态环境保护中的重点难点问题

拥有上千万人口的超大城市，其生态环境本底有着自身的特殊性。一是过高的人口密度对生态环境造成巨大压力。超大城市的污染排放源是复合型的，工厂、居民区、写字楼、酒店茶肆、道路交通等，可以说排放源无处不在，过多的人口和散乱排放造成生态承载能力脆弱，环境自净能力下降。二是由于历史原因，老城区和城乡接合部的环境基础设施老化且严重不足，但稠密的人口、狭窄的空间、密集的建筑、繁忙的道路和密布的地下管线等条件，使得环境治理和生态修复的工程难度极大，耗资巨大。面对这些困难，政府必须因地制宜、精心规划、尊重民意、因势利导、锲而不舍，才可能取得水更清、天更蓝、城更绿的治理成效。就从治水来说，广州的水生态本底是一条珠江穿城而过，上百条河涌交汇其中，这种错综复杂的城市水网生态对于任何城市管理者来说都是一种巨大挑战。自20世纪末以来，广州市就一直在实施河涌治理工程，希望改善城市生态环境，重塑“岭南水乡”形象。东濠涌治理即为其中重要一环。东濠涌北起白云山脚下的麓湖，南至珠江，全长4.51千米，是广州唯一一条连接云山珠水、贯穿市中心的河涌。东濠涌虽小，治理起来却不容易。它位于广州老城区，两岸人口众多、环境杂乱，居民生活污水直排是造成河涌污染的原因之一。为了解决这一问题，东濠涌的治理除了治水，也将沿河小区人居环境整治纳入其中。东濠涌综合治理历时近十年，耗资逾十亿元。治理工程在遵循生态自然规律的基础上共开展包括截污调水补水、堤岸绿道、景观休闲带建设等在内的八大工程，力求最大程度恢复岭南水乡的河涌风貌，唤醒广州的水城记忆。截至2017年第四季度，东濠涌监测水质为Ⅱ类，位居广州市重点整治河

涌水质的首位，鸟类、鱼群增多，水生植物生长茂盛。东濠涌的整治惠及周边24万多居民。

4. 树立区域一体化大局观，推进跨区域环境协同共治

珠江三角洲地势平缓、水网如织、城镇密集、工业区连片散布，城镇间相互影响大。改革开放以来，随着社会经济的快速发展，珠三角城市群的各种污染问题相伴而生，生态环境问题越来越具有区域性、复合性和联动性特征。区域内跨界水体污染问题突出，大气污染物排放量巨大，在城市间输送、转化、耦合，导致出现大面积酸雨、灰霾等现象。由于地区之间、城乡之间在产业准入、环保执法、污染治理水平上存在差异，跨界污染问题日益严峻，环境基础设施建设因缺乏统筹规划也难以发挥最大效益。这些问题单靠各个城市、各个部门自身的力量已经难以有效解决。2009年12月，广东省政府根据《珠江三角洲地区改革发展规划纲要（2008—2020年）》，发布了《珠江三角洲环境保护一体化规划（2009—2020年）》，提出环境保护一体化是破解珠三角环境难题的重要途径，是推进区域经济社会一体化的重要内容，是实现区域可持续发展的重要保障。要求珠三角各城市按照区域、流域环境管理的整体性和系统性要求，建立跨界水污染和区域大气复合污染联防联治机制。深化广佛肇、深莞惠、珠中江三个经济圈的内部合作，加强协调、集中资源、分工合作、攻坚克难，共同推进区域环保一体化进程。

随着广佛同城化和广佛肇区域一体化的快速发展，各城市逐步意识到跨界水污染治理的重要性，并就跨界污染治理问题进行了多次磋商。2009年，广佛两市针对跨界水污染问题，共同协商制定《广佛同城化建设环境保护合作2009年工作计划》，明确提出将跨界河涌污染整治作为重点工作，并于同年5月召开联席会议，商定联手治理跨界水污染以及广州西部水源整治事宜。2012年，广佛肇三市环境部门联合发布《广佛肇经济圈生态环境保护和建设规划（2010—2020年）》，推动三市跨界水污染合作治理，并尝试实施生态补偿机制，以此解决受益区与被受益区之间利益补偿问题。2013年3月，广东省环保厅公布了《广州、佛山跨界水污染综合整治专项方案（2013—2020年）》，开始实施挂牌督办。2014年7月，广佛同城化暨广佛跨界河涌综合整治联席会议在广州召开，为彻底治理好广佛跨界的16条河涌，双方达成协议：以广佛同城建设联席会议为平台，每半年召开一次会议，共同研究解决跨界河涌整治工作中的难点问题；同时，两市规划、国土、环保、水务、农业等部门每季度对接一次，协调落实具体工作；最后，建立并组织跨界河涌、河段、上下游、左右岸的各级河长对接机制，实现跨界河涌治理的规范化、常态化管理。目前，广佛跨界环境治理工作仍在持续推进中，一些合作治理已经初见成效。但是，目前的环境治理区域合作仍然主要是依靠行政力量在推动，今后亟待建立规范的法律保障制度、市场化的协调机制和多元利益主体共同参与的跨区域环境治理体系。

5. 重视运用市场机制，建设环境产权交易市场，为绿色发展提供金融支撑

广州是中国的千年商都，华南地区的商贸中心，城市中蕴含着深厚的市场经济“基因”。在生态文明建设进程中，广州充分发挥市场经济发育领先的优势，大力运用市场机制的杠杆去撬动环境治理、节能减排和绿色发展。在节能减碳和应对气候变化方面，广东省是全国七个碳排放权交易试点之一。早在2009年6月，广州环境资源交易所就正式挂牌运营。2010年11月，广州交易所集团、广州环境资源交易所向广州市政府提交《关于申请依托广州交易所集团建设碳排放权交易市场、广州碳排放权交易所的报告》，同年，广州市提出的省市合作共建碳排放权交易所的方案得到广东省同意。2013年12月19日，广东省碳排放权交易在广州碳排放权交易所正式启动，吹响了以市场化机制推动节能减碳的号角。目前，全国碳市场已于2017年底正式启动，作为国内首个现货总成交量突破6500万吨，总成交额超过15亿元的交易所，广州碳排放权交易所正抓紧深化试点碳排放权交易，同时继续探索环境能源领域的多元化业务，全力建设环境能源综合交易服务平台、绿色金融综合服务平台、碳普惠制平台等多个重要平台，为“加快转型升级、建设幸福广东”以及广州打造国家碳金融中心城市提供支撑与动力，为全面深化绿色发展和建设生态文明提供保障。

在发展绿色金融方面，2017年6月，中国人民银行等七部委下发了关于印发《广东省广州市建设绿色金融改革创新试验区总体方案》的通知，同意在广州市花都区率先开展绿色金融改革创新试点，要求立足服务实体产业，防止脱实向虚，积极探索建立绿色金融改革与经济增长相互兼容的新型发展模式，通过构建符合主体功能区定位的差别化绿色金融服务体系，推动广州市战略性主导产业的绿色转型升级。广州绿色金融改革在支持绿色产业发展、体制机制创新、产品服务创新、政策体系构建等方面取得了阶段性成效。截至2018年6月，共筛选出将获得财政、税收和信贷支持的绿色项目90个，广州发展集团股份有限公司发行了规模24亿元的绿色企业债券，广州越秀集团有限公司为广州造纸集团有限公司发行了规模20亿元的绿色中期票据，等等。

6. 动员广大市民积极参与环境保护和生态文明建设

广州历来重视市民的环境权，积极动员广大市民参与生态文明建设。在广州亚运会召开前夕，广州市政府呼吁广州市民积极行动起来，投诉举报机动车冒黑烟、饮食业油烟污染、向江河湖泊直接排放污水等各种环境污染行为，以实际行动支持和参与环境保护工作。广州市环保部门将公众举报机动车冒黑烟、向江河湖泊直接排污等环境违法行为的举报电话整合到全国环境保护举报热线“12369”。广州市信访部门还制定了《广州市环保领域信访问题法定途径清单》，对于群众举报企业污染环境、企业违反环保“三同时”制度、申请调解环境污染损害纠纷、申请环保部门公开政府信息等作了详细规定。从2016年4月起，广州市环保局开始执行《广州市环境违法行为有奖举报试行办法》，对实名举报7类环境违法行为的市民给予奖励，奖金最高可达3万元。

在引导市民积极参与环境治理的同时，广州市还不断完善环境监管监测网络和发布环境监测信息，增强市民对城市环境的了解和对保护环境的响应。2012年前，广州市仅有10个环境空气质量国控监测点，2012年底新增至29个，其中2个为路边监测站，使得广州成为中国（不含港澳台地区）第一个设立路边监测站的城市。2014年底国控监测点新增至36个。《广州市大气污染综合防治工作方案（2014—2016年）》中明确十大防治行动中其中一项为“完善空气质量监测体系和信息发布机制”。2015年底，PM2.5自动监测站点达到50个。广州市环保部门每日通过官方网站、微博、电台等多种渠道定时发布全市空气质量状况。2013年6月5日，广州市环保局发布全国首个官方版本的空气质量手机客户端“广州环保”，客户端数据每小时更新一次，可查询全市29个监测点位、6项污染物的实时监测数据。广州市有关部门还加强与环保非政府组织之间的合作，各大媒体为环保非政府组织搭建了交流与沟通的平台，促进了环保民间组织可持续发展。广州市环保部门也在发挥环保民间组织作用，推动公众参与环境保护，发挥政府助手的作用，实现了环保非政府组织作为社会第三方力量的支撑作用。

（三）小结

自党的十八大以来，广州市在城市环境治理、生态系统修复与建设、产业转型升级与绿色低碳发展、生态文明体制机制建设等方面都取得了巨大的成就，城市环境和生态系统扭转了改革开放以来在反复波动中的不稳定状态，开始转向逐步改善、持续向好的趋势。这表明广州的环境库兹涅茨曲线已经越过拐点，由高排放高污染的工业化社会向低排放低污染的后工业化社会转型。这一成就来之不易，它是广州市政府和市民在习近平新时代中国特色社会主义思想的科学指引下，把生态文明建设融入“五位一体”总体布局，团结奋斗、不懈努力的结果，是历届市委、市政府高度重视生态环境保护，在保持政策连续性的同时不断创新体制机制，并得到广大市民大力支持和积极参与的产物。在此进程中，广州的主要经验是：

其一，在创新驱动的新时代，不仅人才是第一生产力，保护环境也是发展生产力。在各地纷纷推出优惠待遇争抢人才的情况下，只有创业创新环境和生态宜居环境两者俱佳的城市，才有可能捷足先登。因此，对于一线城市广州来说，优美的生态环境将带来人才洼地效应，绿水青山不仅是生态财富，亦将转化为社会财富和经济财富，绿色发展成为创新发展必不可少的条件和支撑。

其二，作为人口超千万的超大城市，产业结构调整一定要与“退二进三”等城市空间布局调整和结构优化相结合，要舍得放弃“三高”型传统产业的“瓶瓶罐罐”，在给高科技产业和现代服务业腾出发展空间的同时，使城市市区的工业污染源得到彻底清理。可以说，没有广州多年前提出的“南拓、东进、北优、西联、中调”的城市空间发展战略，没有持续多年的城区企业“退二进三”，就没有今天城市空气质量率先达标的“广州蓝”。

其三，作为华南中心城市和粤港澳大湾区的地理中心节点，广州的环境治理和生态文明建设要跳出广州，放眼珠三角和粤港澳大湾区，成为区域环境保护一体化的领头羊。否则，同处一个自然生态区的各个城市自扫门前雪，不可能有生态环境的整体好转。而区域环保一体化要靠常态化的协作制度和利益协调机制来加以保障。

其四，对于环境公共产品的提供，政府的主导作用责无旁贷，但政府也有失灵的情况。政府应当灵活运用市场机制，通过市场杠杆和第三方治理使环境保护事半功倍。

其五，广泛动员市民和社会组织参与治污攻坚战和生态文明建设，不仅编织了污染监管的天罗地网，而且极大地提高了全社会的生态文明意识，推动广州逐步进入绿色低碳社会。

三、评价与分析

广州是珠江三角洲的政治、经济和文化中心，也是珠三角经济发展和资源环境矛盾最为突出的城市之一。本节构建生态文明评价体系，通过纵向和横向比较，分析广州自身的优势与不足，为广州解决未来经济社会发展过程中的资源环境问题提供必要的依据和方向。同时，从区域生态环境协同治理的视角，生态文明建设评价与分析可以为贯彻实施粤港澳大湾区城市群发展规划提供有益的借鉴。

（一）生态文明建设评价体系

本部分借鉴已有的研究，结合广州市情，构建广州市生态文明建设的评价指标。如表10-3所示，评价体系包括4个分类指标和17个单项指标。

表10-3　广州市生态文明建设评价指标

分类指标	单项指标	指标单位	指标性质
生态环境指标	市区二氧化硫年日平均值	毫克 / 立方米	负向
	市区二氧化氮年日平均值	毫克 / 立方米	负向
	市区可吸入颗粒平均浓度	毫克 / 立方米	负向
	降水pH值	pH	中性
	交通干线噪声平均值	分贝	负向
资源环境消耗强度	废水排放总量	万吨	负向
	工业废气排放总量	亿标立方米	负向
	二氧化硫排放量	万吨	负向
	工业烟粉尘排放量	万吨	负向
	工业固体废物产生量	万吨	负向
	能源消费合计	万吨标准煤	负向
面源污染治理率	工业固体废物综合利用率	%	正向
	生活垃圾无害化处理率	%	正向
	污水集中处理率	%	正向
居民生活宜居度	建成区绿化覆盖率	%	正向
	建成区绿地率	%	正向
	人均道路面积	平方米	正向

（二）广州市生态文明建设评价

1. 评价步骤

根据数据的可获得性，指标评价的数据来源于广州市2002—2015年各年度的统计年鉴。在计算指标变量信息熵的基础上，根据各个指标的相对差异对系统的影响来确定指标权重，根据综合评价法进行评价。篇幅所限，基本评价计算步骤在此省略。

2. 广州市生态文明建设评价结果

（1）生态环境健康度评价。2002—2015年广州市生态环境健康度评价结果见图10－6。2002—2004年广州的生态环境健康度指标有所下降，主要原因是2003年和2004年市区二氧化硫日均值、市区可吸入颗粒物平均浓度和降水pH值上升。广州市生态环境健康度从2004年起取得了较大进步，逐年提升。市区二氧化硫日均值、二氧化氮日均值以及可吸入颗粒物平均浓度均从2004年开始稳步下降，说明广州市在大气治理方面取得了显著进步。

（2）资源消耗强度。图10－6显示，2002—2012年广州市资源消耗强度在波动中出现明显下降趋势，但从2013年起资源消耗强度又有小幅回升。其中，二氧化硫排放量和工业粉尘排放量明显下降，但是工业废水排放量则一直处于上升趋势，工业废气排放量从2010年开始才出现下降势头。固体废弃物的变化趋势为倒“U”形，在2010年达到峰值为691.79万吨，此后开始逐年下降。能源消费在2013年前处于增长阶段，2013年之后开始快速下降。

（3）面源污染治理率。图10－6显示，广州市面源污染治理率自2011年后开始逐步提升，2011年之前面源污染治理率一直处于徘徊状态。其中工业固体废弃物处理率波动较大，从2010年开始工业固体废弃物处理率逐步上升。生活垃圾无害化处理率一直处于90%以上的较高水平。污水集中处理率在2013年之前一直较低（75%左右），从2013年起污水集中处理率逐步提升到90%以上。

（4）居民生活宜居度。根据图10－6可知，广州的居民生活宜居度一直呈现上升趋势，波动较小。建成区绿化覆盖率和建成区绿地率稳步提升，人均道路面积在2014年之前稳步提升，2015年出现小幅下降，从而导致居民生活宜居度在2015年首次出现小幅下降。

（5）综合评价。从图10－6可以看出，自2002年以来，尤其是2007年之后，广州市生态文明建设综合指标总体呈现平稳上升的趋势，2012年党的十八大召开之后，2013—2015年广州市生态文明建设的步伐进一步加快，取得了较好的成绩。生态文明建设综合指数总体趋势向好。2015年广州市生态文明建设综合指数是2002年的1.34倍，其中2002—2007年广州市生态文明建设综合指数处于波动上升的阶段，2007年以来处于稳步上升的阶段，这是由于2002—2007年期间生态环境健康度出现了较大幅度的波动，即虽然在此期间广州市的社会经济发展较快，但是环境质量一度有所下降，经济发展和环境保护协调程度不够。2007年之后生态环境健康度、面源污染治理率以及居民生活宜居度都实现了稳步提升，并且资源消耗强度也出现快速下降，因此生态文明建设综合指数在2007年之后稳步上升。广州市的资源环境消耗强度和生态文明建设呈负相关关系，在资源环境消耗强度波动较大时，生态文明建设综合指数波动幅度也比较大；当前者快速下降时，后者则稳步增长。这表明广州的经济发展逐步摆脱大量消耗资源环境的粗放发展方式，向资源集约利用的绿色发展转变，这种转变又进一步反映为生态环境健康度逐步提高和居民生活宜居度稳步上升。

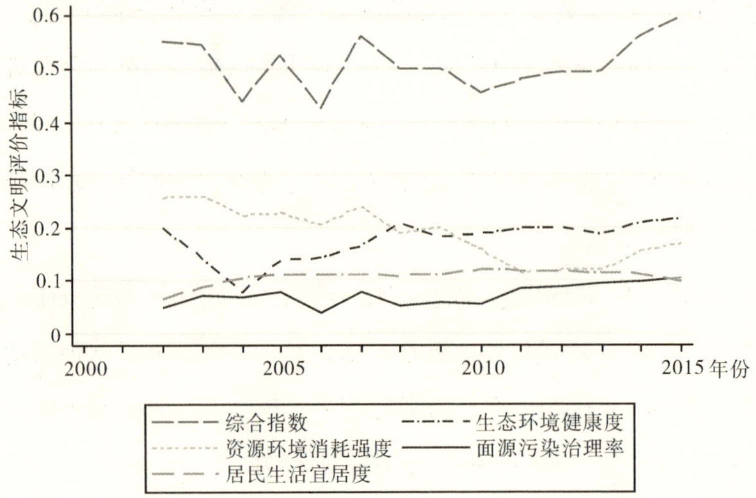

图10-6　2002—2015年广州市生态文明建设评价

资料来源：作者计算整理所得。

（三）广州市经济发展和生态文明建设协调关系评价

习近平总书记在党的十九大报告中对当前我国社会主要矛盾作出与时俱进的新表述，指出中国特色社会主义进入新时代，我国社会主要矛盾已经转化为人民日益增长的美好生活需要和不平衡不充分的发展之间的矛盾。解决我国社会的主要矛盾，离不开在经济持续发展的基础上实现生态环境的持续改善。近年来，随着广州城市生态环境的改善和经济转型升级，广州市民的获得感不断增强，但广州是否真正实现了经济发展和生态环境的有机融合，仍然值得深入探讨。客观评价经济发展和生态文明之间的协调关系，不仅可以探索二者关系的发展规律，总结广州经验，而且可以及时发现并解决问题。

1. 评价体系构建

经济和生态是社会发展的两大系统，在经济社会发展过程中，经济系统和生态系统相互影响、相互制约，从而形成了对立统一的关系。①本节从耦合协调的角度来研究广州市经济发展和生态文明的关系，在参考相关研究成果②的基础上，构建广州市经济发展和生态文明协调程度评价指标体系。其中，经济体系包括产业结构、固定资产投资、财政收入、人均铺装道路面积、能源消耗总量、外商直接投资和从业人数总数，环境体系包括人均公园绿地面积、环境空气质量优良率、废水排放总量、工业废气排放总量、二氧化硫排放量、工业烟粉尘排放量、工业固体废弃物综合利用率和生活垃圾无害化处理率，共15个指标。

---

①刘耀彬，宋学锋．区域城市化与生态环境耦合性分析——以江苏省为例［J］．中国矿业大学学报，2006（2）：182-187.

②宁小莉．包头市城市环境与经济协调发展分析与评价［J］．干旱区资源与环境，2008（1）：32-35.

2. 经济发展和生态文明建设之间的耦合协调度模型

$$C=\left\{\frac{f(x_1)\ g(x_2)}{\left[\frac{f(x_1)+g(x_2)}{2}\right]^2}\right\}^k \qquad (3-1)$$

公式（3−1）是广州市经济发展和生态文明建设的协调度计算模型，代表了广州市经济发展和生态文明建设在$f(x_1)$和$g(x_2)$之和一定的条件下，即经济发展和生态文明建设水平达到最佳状态时，经济发展和生态文明建设达到的协调程度。C为经济发展和生态文明建设的协调度，k为调节系数（$k\geqslant 2$）。C处于0～1之间，越接近1代表经济发展和生态文明建设的关系越协调；越接近0，则代表经济发展和生态文明之间的关系越不协调。

表10−4　不同协调度与协调阶段对应表

协调度（C）	协调关系	协调阶段
0	不协调	萌芽阶段
$0<C\leqslant 0.3$	低度协调	成长阶段
$0.3<C\leqslant 0.7$	中度协调	发展阶段初期
$0.7<C<1$	高度协调	发展阶段中后期

协调度模型反映的是广州市经济发展和生态文明建设之间的关系，但二者之间可能会存在协调度相对较高，而经济发展水平或者生态文明建设水平却处于较低阶段的情形，从而造成二者之间协调关系的失真。因此，有必要进一步运用耦合协调度模型考察广州经济发展和生态文明之间的真实关系。耦合协调度是既衡量经济发展和生态文明建设的水平，又衡量两者协调关系的指标，其不仅考虑广州市经济发展和生态文

明建设中的数量组合程度，又反映两者之间的整体协调状况。耦合协调度模型如下：

$$D=\frac{(C+T)}{2}\text{，其中}T=\gamma f(x_1)+\delta g(x_2) \quad (3-2)$$

D代表经济发展和生态文明建设的耦合协调度；C为经济发展和生态文明建设的协调度；T为经济发展和生态文明建设的调和指数，反映经济发展和生态文明建设的整体水平，γ 和 δ 代表了经济发展和生态文明建设之间的贡献系数（权重），γ + δ =1，两者的最优系数约为 γ =0.6，δ =0.4。根据广州经济发展和生态文明建设的情况，将二者的耦合协调度划分为6种类型，以反映经济发展和生态文明建设耦合协调关系所处的阶段。（并见表10-5）

表10-5　经济发展和生态文明建设耦合协调度类型

耦合协调度D	耦合协调类型	耦合协调度D	耦合协调类型
0.00～0.20	严重失调型	0.51～0.60	初级协调型
0.21～0.30	轻度失调型	0.61～0.70	中级协调型
0.31～0.50	低度协调型	0.71～1.00	良好协调型

利用熵值法计算广州市经济发展和生态文明建设协调指标权重。根据指标权重计算出广州经济发展和生态文明建设的综合协调指标。

3. 结果分析

广州市经济发展和生态文明建设的协调度基本处于0.2～0.25的区间，变化相对平缓。根据协调度和协调阶段可以看出，广州市经济发展和生态文明建设的协调度为成长阶段的低度协调，生态文明建设滞后于经济发展的步伐。

表10-6 广州市经济发展和生态文明建设耦合协调度以及评价结果

年份	经济发展贡献度	生态文明贡献度	协调度	协调阶段	耦合协调度	协调发展类型
2003	0.0742	0.2317	0.2143	成长阶段	0.1758	严重失调阶段
2004	0.0815	0.1989	0.2270	成长阶段	0.1778	严重失调阶段
2005	0.1046	0.2460	0.2288	成长阶段	0.1950	严重失调阶段
2006	0.1221	0.2170	0.2400	成长阶段	0.2000	轻度失调阶段
2007	0.1504	0.3145	0.2339	成长阶段	0.2250	轻度失调阶段
2008	0.1840	0.2462	0.2474	成长阶段	0.2281	轻度失调阶段
2009	0.2278	0.2781	0.2488	成长阶段	0.2483	轻度失调阶段
2010	0.2647	0.2603	0.2500	成长阶段	0.2565	轻度失调阶段
2011	0.3064	0.2424	0.2483	成长阶段	0.2646	轻度失调阶段
2012	0.3925	0.2073	0.2378	成长阶段	0.2781	轻度失调阶段
2013	0.3884	0.2066	0.2380	成长阶段	0.2769	轻度失调阶段
2014	0.3933	0.2148	0.2390	成长阶段	0.2804	轻度失调阶段
2015	0.4996	0.2392	0.2340	成长阶段	0.3147	低度协调阶段

表10-6显示，2003—2015年期间，广州市经济发展和生态文明的耦合协调度由0.1758上升到0.3147，表明经济发展和生态文明建设的水平以及两者的协调关系都在稳步改善。但是从耦合协调度类型来看，2003—2005年处于严重失调阶段，2006—2014年期间为轻度失调阶段，到2015年经济发展和生态文明的耦合协调度才转为低度协调阶段。由于广州生态文明综合指数增长较慢，波动幅度较大，造成整体的耦合协调度处于较低水平。2003—2011年广州市经济发展综合指数稳步提高，生态文明建设综合指数却起伏波动，从2012年起经济发展和生态文明建设指数的变动方向才由不确定转为趋同，即随着经济发展指数的提高，生态文明

指数也逐步提高，经济发展和生态文明的双赢局面初步显现。但目前广州市经济发展和生态文明建设之间的协调关系依然脆弱，正向联动性较低，亟待进一步加强。

根据一般规律，到后工业化时期，随着产业结构的高级化，经济增长质量提高，经济发展对资源环境的压力减轻，城市可以把更多的资源用于生态环境保护上，环境库兹涅茨曲线将到达拐点。不过，对于超大城市来说，即便进入后工业化社会，由于人口规模庞大，收入水平差距较大，城市发展对资源环境的压力依然巨大，因而环境库兹涅茨曲线的拐点可能晚于其他地区，或者拐点长期处于“高原”阶段，生态文明建设必须常抓不懈、久久为功。

四、挑战与展望

在习近平生态文明思想的指引下，广州市的生态环境质量不断提升和改善，但生态环境保护依然面临不少困难和挑战。比如，一些领导干部的认识和作风还不适应生态文明建设需要，企业的生态文明自觉尚待形成，新旧生态环境问题交织复杂，产业生态化绿色化水平不高，区域、城乡生态环境保护不均衡，全社会生态文明习惯亟待养成等。要确保三年打赢污染防治攻坚战、五年实现生态环境质量较大改善、2035年建成美丽广州，广州的生态文明建设和环境治理依然任重道远。

（一）广州市生态文明建设面临的挑战

当前，广州经济已由高速增长阶段转向高质量发展阶段，需要跨越一些常规性和非常规性关口，生态环境保护问题如果现在不抓紧，将来解决起来难度会更高、代价会更大。因此，我们必须咬紧牙关，抓住重要窗口期和历史机遇期，高度重视解决生态文明建设的突出短板，自觉把经济社会发展同生态文明建设统筹起来，坚决摒弃损害生态环境的增长模式。

1. 粤港澳大湾区超大城市群发展的资源环境承载力和绿色城市化挑战

资源环境承载力是指在某一时期和某种条件下，某地区的资源环境所能承受的人类活动的阈值。这里的“某种条件”是指现实的或拟定的环境结构不发生明显向不利于人类生存的方向改变的前提条件。所谓“能承受”是指不影响环境系统正常功能发挥、在维持区域环境系统结构不发生质的改变、环境功能不朝恶性方向转变的条件下，区域环境系统所能承受的人类各种社会经济活动的能力。

在陈冠益[①]主编的《2015中国城市环境与可持续发展年度报告》中，对中国的22个省份和5个自治区的省会城市，4个直辖市，5个计划单列市的综合资源承载力（自然资源承载力加社会经济资源承载力）进行了排名，除了台北、澳门、香港、拉萨和银川资源承载力指标数据不全外，青岛的资源承载力排名第一（约为0.6），天津、西安和呼和浩特的排名比较高，北京、上海处于中等水平，深圳的排名比较靠后，而广州的排名更是靠后，若除去澳门、香港、拉萨和银川，广州倒数第一，得分仅为0.41。主要原因是广州的人均每日生活用水量和人均居民生活用电量过高，拉低了自然资源综合承载力。如果城市人口继续增加，广州的资源承载力堪忧。

在城市环境承载力（包括自然环境承载力和社会经济环境承载力）

①陈冠益. 2015中国城市环境与可持续发展年度报告［M］. 北京：中国环境出版社，2017.

方面，深圳、北京、上海和广州统揽前四名，这主要是由于“北上广深”一线城市基础设施完善、财政充裕，因而在污水和垃圾处理率、卫生机构状况、城市绿化等方面处于领先地位。但环境承载力并不等于环境质量，如果人口和经济增长对环境的压力超过对环境保护的投入，环境质量仍然会趋于恶化，以至环境承载力最终不堪负担。目前，广州和深圳的水环境质量均未达到国家标准，环境保护形势不容乐观。

总体上看，中国的城市化进程尚未完成。今后，像粤港澳大湾区这样的超大城市群将给资源环境带来巨大压力，成为区域环境问题的根源之一。但超大城市群带来强集聚效应，催生污染少的现代服务业，迫使制造业离开城市重新选址，也给破解资源环境问题带来契机。超大城市群破解资源环境压力的关键是要选择走绿色城镇化之路，把城市规划、产业布局、土地利用、交通、能源、医疗、教育等城市发展与管理问题和改善空气与水的质量、废物和垃圾处理、噪声控制、自然资源保护等生态环境问题作为一个整体来对待，在制定和实施城市群发展规划、法规和政策时，始终把绿色发展、生态优先放在首位。对于粤港澳大湾区来说，还面临着各地如何超越制度差异，构建生态环境协同共治的绿色大湾区的艰巨任务。

2. 如何让绿水青山变成金山银山的挑战

广州的经济发展方式转变相对缓慢，尽管人均地区生产总值已达到高收入国家和地区的标准，但经济增长所消耗的资源投入与发达国家相比尚有较大差距。在新时代，广州在生态环境保护机制的倒逼下，经济发展需要由高速度转向高质量，但向绿色发展的转型也是有前提条件的。绿水青山要变成金山银山，首先，需要生态本底好，具有自然优势与人文优势。其次，需要具有比较优势的绿色产业的支撑，绿色产业包括现代服务业、绿色先进制造业、节能环保产业、生态农业和生态旅游业等。再次，需要有人才优势。没有人才就没有科技创新和管理创新，就无法实现产业转型升级。人才聚集才能产生有比较优势的绿色产业。人才是生态文明建设的核心因素之一。最后，依靠人才发展绿色经济和创新经济，为人才的创业创新营造一个高效、和谐和宽松的制度环境，让其能够愉快工作、愉快生活、自由创造，最终形成具有特色的专业比较优势。因此，现代化经济体系的竞争，归根结底是打造人才洼地的制度质量的竞争。一个城市要保持生产发展、生活富裕、生态良好，没有人才的集聚，没有高效的政府服务是难以实现的。

总而言之，让绿水青山变成金山银山，要有地域比较优势、产业比较优势、人才比较优势和制度比较优势，其中，人才比较优势是核心，制度比较优势是保障。

3. 体制机制障碍和重塑生态文明制度体系的挑战

生态文明是以人与自然和谐共生、全面发展、持续繁荣为宗旨的发展模式，将成为继应对全球气候变化之后，更为宽广领域的人类命运共同体的新诉求。在新的时代背景下，生态文明建设已经到了“必须立刻去做”的关键时期。生态文明建设是一个系统工程，不能奢望毕其功于一役，必须把打好污染防治攻坚战和生态文明持久战协同起来。打好生态文明持久战，将绿水青山转化为金山银山，关键在于建立和落实自然资源资产核算与有偿使用、绩效考核、生态补偿、空间管控、跨界协调、官民协同等一系列精准的生态文明制度体系。

广东目前是中国人口第一大省，广州又是广东人口最多的城市，人口对生态环境的压力巨大。改革开放以来在以“GDP论英雄”的体制下，经济增长客观上加剧了生态环境的恶化。因此，生态文明建设必须冲破旧观念和旧体制的束缚，创新制度供给，使各项有利于生态产品供给的体制改革精准落地。自然资源资产的精确核算、国土空间的精确划定、资源使用的量化控制、生态环境变化的准确监测，是生态文明制度精准化落地，推进生态文明建设的基础和标准。广州要深化体制机制改革，为自然资源资产产权制度、国土空间开发保护、空间规划体系、资源总量管理和全面节约、资源有偿使用与生态补偿、环境治理体系、环境治理与生态保护市场体系、绩效评价考核和责任追究等八项制度打下坚实基础，使得生态文明建设由愿景和理念，转为具体落地、切实可见的成果。

（二）当前广州生态文明建设亟待补齐的“短板”

广州市的生态文明建设取得了长足进步，其中在大气污染治理方面取得的成绩尤其令人鼓舞。过去，京津冀、长三角、珠三角是全国治理PM2.5的三大重点区域。2017年，广东省PM2.5年均浓度为33微克/立方米，珠三角区域PM2.5年均浓度为34微克/立方米，广州市的PM2.5年均浓度为35微克/立方米。珠三角在国家三大重点区域中率先实现PM2.5浓度连续三年达标，广州市则成为全国首个空气质量达标的人口超千万的省会城市，“广州蓝”成为广州的城市“新名片”。然而，我们也要清醒地看到，虽然广州的生态文明建设取得了骄人成绩，但广州的生态环境质量仍然滞后于经济社会发展，离市民对美好环境的要求仍然存在较大差距，要在未来三年打赢污染防治攻坚战，广州仍然面临着十分艰巨的任务。

1. 水环境治理的主要问题

广州地处连接南岭山地与珠三角冲积平原的生态交错带，生态环境重要而敏感。由于珠江水系进入珠三角冲积平原后水流动力减缓，且分异为纷繁复杂的水网地貌，水环境的自净能力下降，加之压缩型的工业化、城市化和人口密度倍增，广州的水环境质量一直是一个老大难问题。虽然广州历届政府斥巨资治水，但河涌水质黑、臭、脏的状况仍然反复出现，水质长时间未见根本改善。

为根治水污染问题，2013年和2015年广东省人民政府先后颁布了《南粤水更清行动计划（2013—2020年）》和《广东省水污染防治行动计划实施方案》。2017年6月，在中期评估的基础上，广东省人民政府又印发了《南粤水更清行动计划（修订本）（2017—2020年）》（以下简称"《行动计划》"）。为保障目标和任务落到实处，《行动计划》制定了联合治水、水源保护、设施提效、黑臭治理、能力建设五大类工程项目，计划总投资约1800亿元。根据《行动计划》，到2017年底，广州市和深圳市建成区要基本消除黑臭水体；到2018年，地表水水质达标率达到90%以上；广佛跨界河流佛山水道横滘断面水质2017年达到Ⅴ类、2019年达到Ⅳ类，珠江广州河段鸦岗断面水质2019年达到Ⅳ类，珠江后航道东朗断面水质2019年达到Ⅲ类；到2020年，全省基本消除划定地表水环境功能区区划的劣V类水体。《行动计划》按照"只能更好、不能变坏"的要求，以保好水、治差水为重点，强化源头控制、水陆统筹、河海兼顾，推进精细化管理，全力打好补齐环保短板攻坚战。

然而，治水是一个复杂的系统工程，工作量十分巨大。广州的污水治理存在三大短板：

其一，源头控制难。广州全市共有1368条河涌，这些河涌大多数汇入珠江。过去广州治水的常规做法是在珠江河道两侧建截污管截留污水，但对污水源头管控不力。随着污水逐年增多，截污能力变得不敷运用，今后必须把工作重点由截污转向控源。广州的污水排放源主要有两类：一是工业污水。主要来自造纸、印染、化工、制药、制革、冶金、电镀、电子等传统产业，这些产业大多为中小企业，散布在城乡接合部，布局分散且技术水平落后，而当地政府为了发展经济和维护社会稳定，对其排污往往采取睁一只眼闭一只眼的态度。二是生活污水。广州生活污水增长迅速，目前其比重已经超过工业污水，也超出了城市污水管网和污水处理的承受能力。未经处理直接排放的生活污水许多来自城中村，广州的城中村过去未纳入市政管理范围，缺乏污水收集管网和垃圾处理设施，加上大量外来人口集聚，于是城中村成为环境污染的黑点，整治难度很大。

其二，跨界治理难。广州地处佛山和东莞两座制造业发达的城市之间，跨界污染问题十分严重。尤其佛山与广州不少河道河涌相连，虽然两市正在加速推进同城化，但环境管理的责任仍然按行政区划来考核，协调起来障碍不少，这使广佛跨界河涌成为污水治理的难点。

其三，管理不到位。长期以来，广州的城市环境管理侧重于建成区（市区），而忽视郊区和城乡接合部；侧重于河道和河涌两岸的景观建设，而在截污、清淤、调水补水、雨污分流等治污工程的设计和施工上缺乏远见和科学规划，重面子不重里子，一些河涌越治越污的例子时有发生；另外，城建、环保、水务、工商等部门多头治水、管理体制混乱，一些地方的河长制有名无实、交界断面缺乏水质考核指标、难以做实等问题均有待解决。

2. 垃圾围城、垃圾分类和“邻避效应”问题

垃圾围城是中国大都市的通病。长期以来，广州的垃圾处理主要采取填埋方式，但随着城市人口的迅速增长和市民生活水平的提高，固体废物的增长远远超过垃圾填埋场容量的增加。据官方统计，2016年上半年，广州市以填埋、焚烧、生化等方式共处理生活垃圾330.3万吨，日均1.81万吨，2016年全市生活垃圾清运处理总量估计达676万吨（2015年为604万吨），环比增长率达11.9%。而由于兴丰等主要填埋场即使扩容后容量也已经接近饱和，广州的垃圾处理面临着“无地可埋”的危机。广

州必须另辟蹊径，从全流程改变垃圾处理方式。在发达国家，垃圾处理的核心理念是“3R”原则，即减量（Reduce）、再利用（Reuse）、回收（Recycle），无论末端如何处置，分类是前置环节。垃圾分类才能将废弃物分流处理，先进行物质回收利用，然后将不可回收的可燃烧垃圾用于焚烧发电，实现能量利用。经过权衡和征求民意，广州决定采用这种资源化利用的垃圾处理方式。

城市垃圾处理不仅是一个技术问题，还是一个社会管理问题。垃圾的前端分类、中端分类运输、末端分类处置，必须形成一条完整闭合可控的处理链，需要形成政府主导、市民主体、市场配置三股合力。作为全国垃圾分类的先行者，广州市充分运用政府的资源配置能力，不遗余力推动垃圾分类工作。广州召开了深化垃圾分类处理暨推进生活垃圾强制分类动员部署大会，制定了《广州市深化生活垃圾分类工作实施方案》，提出到2020年实现城乡生活垃圾分类全覆盖的目标。广州的垃圾分类历经宣传教育、试点和强制推广三个阶段，目前初见成效，但要实现精准分类、全面覆盖的目标，还有很长的路要走。由于广州外来人口多，市民环保意识不足，垃圾分类处理设施少，日本和北欧国家花了二三十年时间才实现的垃圾分类，据估计，广州至少需要花十年时间。

即使实现了垃圾分类，广州还面临着建设垃圾焚烧厂的选址问题。过去，广州只有两座运行中的生活垃圾资源热力电厂，焚烧能力不到垃圾处理总量的两成（按照政府规划，未来焚烧将占垃圾处理量的六成以上），为此广州需要大规模建设垃圾焚烧设施。但焚烧厂的选址问题，在任何国家都是一个敏感问题。由于居民担心垃圾焚烧可能产生有害健康的废气，往往拒绝将垃圾焚烧厂建在自家附近，这就是所谓的“邻避效应”。早在广州亚运会前，广州在番禺的焚烧厂选址就遭到当地居民的激烈反对，最终不得不放弃原方案。广州目前规划在建的五座垃圾焚烧发电厂（分别位于黄埔、南沙、花都、增城和从化），都遇到过“邻避效应”的压力，有的迁址，有的一再推迟投产时间。

总体上看，垃圾处理走资源再利用和焚烧发电的路，是一个正确的选择，这条路广州应当坚持走下去。但也要看到，广州破解垃圾围城困局任重道远，不仅垃圾分类和垃圾焚烧面临重重阻力，而且即使五座垃圾焚烧发电厂全部建成投产，也不一定能够满足日益增长的垃圾处理需求。治本之道，还是要减少生活垃圾的产生，提倡绿色简约的生活方式，实行精细分类和循环利用，从源头上解决垃圾围城。

（三）未来广州生态文明建设的主要任务

1. 近期任务——确保打好打赢污染防治攻坚战

这是广州生态文明建设和生态环境保护的重点任务、当务之急。要不折不扣把中央环保督察整改工作落实好，打几场标志性的重大战役，集中力量解决突出的生态环境问题。

首先，水污染治理是当前广州生态环境保护的重中之重，要集中力量打好碧水攻坚战，切实加强水源地保护，落实河长制，全力消除城市黑臭水体，加快消除劣V类水体。

为了治理好水环境，广州需要学习外地经验，建立政府主导、市场激励的长效机制，通过外部效应内部化的制度设计，消除水环境保护过程中的“搭便车”行为，使保护者不吃亏，污染者受惩罚，受益者分摊成本，即实行市场化的生态补偿和污染赔偿制度。鉴于广州市河涌众多，治污的重点和难点都在河涌，建议建立全市的河涌治理基金，基金池由河涌流经的区政府（在区范围内可由乡镇街道）按辖区内河涌长度（或流域面积）出资，市财政配套构成，用于对河涌流经地方政府治污的奖励（或惩罚）。凡河涌入江河断面及行政区交界断面水质考核标准静态达标和水质动态改善者获得奖励，静态不达标和动态退化者缴纳罚金；断面水质考核标准（等级与污染因子浓度）、静态与动态考核指标权重、奖罚额度以及监测方法由各当事方协商、上级主管部门批准备案形成。生态补偿基金奖惩制度还可以与河长制相结合，赋予河长治理河涌以激励与约束机制，实现行政问责与经济激励的有机结合。对于跨市级行政区的河涌及流域，在广东省政府的协调和支持下，也可运用以上制度进行治理。

其次，继续巩固大气治理成果，确保打赢蓝天保卫战。广州要继续优化产业结构和能源结构，大力压减燃煤，推进工业燃料清洁化，强化工业污染治理，加强移动源污染防治。

最后，打好净土防御战，尽快摸清土壤污染底数，实施农用地分级分类管理，推进污染地块安全利用，加强农业农村污染治理。要着力解决固体废物污染问题，继续大力推进生活垃圾分类，强化固体废物减量化和资源化利用，严厉打击固体废物环境污染违法行为。加快环保基础设施建设，重点推进污水处理管网、垃圾处理设施、危险废物处置设施建设。

2. 长期任务——在生态保护红线基础上，科学布局和构建城乡生态空间格局

《广州市生态文明建设规划纲要（2016—2020年）》把饮用水源一级保护区、市级及以上自然保护区的核心区、省级及以上风景名胜区的核心景区、森林公园的生态保育区、湿地公园、地质公园的一级保护区等法定生态保护区和水源涵养、土壤保持、生物多样性保护、水土流失等生态系统重要区域划入生态保护红线，这些区域约占全市面积的14%。对生态红线要实施严格的管控制度，红线内禁止城镇建设、工农业生产和矿产资源开发。要开展生态系统综合评估，妥善处理生态用地与发展用地关系，将山、水、田、林、湖和绿地、生态廊道等对城市生态安全具有重要作用的生态要素划入生态控制线范围。生态红线和生态控制线可以防止城市无限扩张和无序开发对生态环境的破坏，构筑起牢固的生态安全屏障。

同时，借鉴主体功能区思路，构建市域整体生态格局。广州未来要构建三大生态功能区，一是北部生态屏障区（主要包括从化区、增城区、花都区、白云区二环高速公路以北地区、黄埔区北部地区）。主导生态功能为水源供给、生物多样性保护、农产品供给以及生态旅游等服务，总体战略为生态优先。二是中部环境维护区（主要包括荔湾区、越秀区、天河区、海珠区、白云区北二环高速公路以南地区、黄埔区南部地区）。主导功能是维护人居环境健康安全，提供生产、生活空间。总体战略为坚持优化发展，合理疏散中心城区人口与功能。三是南部生态调节区（包括番禺区和南沙区）。重点管控珠江口重要湿地、岸线资源，以及水生生物、鸟类的栖息地、觅食场和迁徙通道等，保护山体、河口滩涂、海域、湿地、农田等特有自然景观，维护河海生态平衡。主导功能是维护珠江口生态平衡，维护人居环境健康安全。总体战略为高效绿色、可持续发展。

3. 制度建设——创新体制机制，构筑生态文明制度体系

（1）建立生态文明决策管理制度体系。主要措施包括建立生态文明重大决策机制，建立健全生态文明公众参与制度，建立生态红线管控制度和国土空间用途管制制度，建立能源，水，土地等资源使用管理和循环利用制度，建立湿地、海洋资源开发保护制度，建立生态补偿制度，完善基本农田和生态公益林保护制度，建立健全环境空气功能区管理、污染物排放总量控制、污染防治区域联动、环境信息公开等制度和机制。

（2）建立健全生态文明市场制度体系。建立社会资本市场主体培育机制，加快推进水价改革，深化电力体制改革，完善土地价格形成机制，完善碳排放权交易机制，探索排污权初始分配和交易试点，探索建立水权交易机制，加快推进绿色金融改革创新试点，支持绿色产业健康发展。

（3）建立生态文明评估考核制度体系。编制自然资源资产负债表，建立生态环境损害评估制度，建立生态文明评价考核机制，对领导干部实行自然资源资产离任审计，建立生态环境损害责任追究制度等。

（4）弘扬生态文化，倡导绿色生活方式。强调树立尊重自然、人与自然和谐相处的生态文明理念，加强生态文明教育，建设生态文化载体，强化政府示范带动作用，倡导绿色低碳生活消费方式，构建生态文明宣传教育体系，提升生态文化软实力。

未来三年，是广州打赢污染防治攻坚战、初步构建城乡生态空间格局、创建生态文明制度雏形的关键时期；到21世纪中叶，广州要建成资源节约型和环境友好型社会，形成绿色、低碳、循环经济体系和高效和谐的生态文明制度体系，生态文明主流价值观在全社会得到普及，成为生产空间集约高效、生活空间优质宜居、生态空间山清水秀的森林城市、绿色城市和生态城市，成为全市人民的美丽家园。

（四）结语

改革开放以来，伴随着工业化和城市化进程，广州市的生态文明建设经历了从自发到自觉、从他律到自律的发展过程，见证了一个古老的商业城市从传统工业化见物不见人、重器物轻自然的窠臼中挣脱出来，走向人与自然和谐共生的现代文明社会的艰难转型历程。广州的生态文明建设也体现出中国共产党不忘初心、为民谋利、造福于子孙后代的历史担当。广州市在生态文明建设中扭转生态环境恶化趋势，尤其是在城市空气环境治理上所取得的突出成就，表明了党的十八大以来以习近平同志为核心的党中央把生态文明建设纳入中国特色社会主义事业“五位一体”总体布局、予以空前重视的路线方针是完全正确、十分及时的，它不仅适用于广大农村和中小城镇，对于中国的超大城市治理大都市病、摆脱人口与资源环境失衡的困境也同样行之有效。广州和珠三角地区之所以能够在大气治理上初战告捷，与其在产业结构调整和城市环境治理上见事早、行动快、敢于舍弃“三高”产业和不断增大生态环境投入的做法不无关系。笔者认为，广州经验值得中国其他大城市借鉴。

习近平总书记强调，生态环境没有替代品，用之不觉，失之难存。在生态环境保护建设上，一定要树立大局观、长远观、整体观，坚持保护优先，坚持节约资源和保护环境的基本国策，像保护眼睛一样保护生态环境，像对待生命一样对待生态环境，推动形成绿色发展方式和生活方式。生态文明是人类文明发展的新阶段，是人类命运共同体的新方向。目前广州正处于由工业文明后期向生态文明初期过渡的关键历史时期，在这一时期，从观念、文化、制度到生产方式和生活方式上都需要实现重大转变，而这些变化不可能一蹴而就。广州的生态文明建设才刚刚开局，离人民对美好生态环境的要求，离生态文明社会的经济形态、制度形态和行为方式的形成还有遥远的距离。路漫漫其修远兮，吾将上下而求索。广州的生态文明建设永远在路上，它需要广州市政府和市民在习近平新时代中国特色社会主义思想的指引下，改革创新、勇于实践、抓铁有痕、久久为功，为实现美丽广州的梦想而努力奋斗。

（张捷、景守武）

第十一章

改革开放以来广州党的建设的历程与经验研究

实现伟大梦想，必须建设伟大工程。这个伟大工程就是党的建设新的伟大工程。党的十一届三中全会，特别是党的十八大以来，广州作为改革开放的前沿阵地，之所以能够在改革开放中先行一步，成为社会主义市场经济的急先锋，担当起“试验田”“先行地”“排头兵”和“重要窗口”的历史使命，作出历史性重要贡献，成为国家中心城市，关键就在于在改革开放中始终坚持和加强党的全面领导，以改革创新精神全面推进党的建设新的伟大工程，围绕党的中心任务开展党的建设，以党的建设促进党的事业发展，实现两者的协同。这是党的建设的经验总结，更是党的领导的优势所在。回顾改革开放40年来广州党的建设的光辉历程，认真总结40年来党的建设的创新成果和基本经验，对于广州从时代特征和经济社会发展的潮流中明确新时代党的建设这一新的伟大工程的目标和任务，推动全面从严治党向纵深发展，确保党永葆旺盛生命力和强大战斗力，为奋力建成社会主义现代化先行区和全面建成中国特色社会主义引领型全球城市提供坚强政治保证具有重要意义。

一、改革开放以来广州党的建设的时代特点

总结改革开放40年广州党的建设，“必须与党在这一时期的历史任

务和伟大实践紧密联系起来，必须把党的建设放到改革开放和社会主义现代化建设的大背景、大环境中去考察、去把握”[①]。1978年党的十一届三中全会作出了实行改革开放的历史性决定，开辟了社会主义事业发展的新时期。改革开放在开创社会主义现代化建设新局面的同时，针对党的建设提出了“把党建设成为领导社会主义现代化事业的坚强领导核心”的任务。[②]由此，党的全部理论和实践就在这个现实环境下展开来，而广州党的建设的全部实践也在社会主义市场经济条件下进行现代化建设的大背景、大变革、大环境中不断向前推进，在改革开放的先行先试中不断加强党的长期执政能力建设、先进性和纯洁性建设，不断提高党的建设质量，面临执政考验、改革开放考验、市场经济考验、外部环境考验的长期性和复杂性，面临精神懈怠危险、能力不足危险、脱离群众危险、消极腐败危险的尖锐性和严峻性，毫不动摇坚持和完善党的领导，毫不动摇把党建设得更加坚强有力，走过了一段不平凡的历程。

（一）在改革开放条件下探索党的全面领导的基本规律

中国特色社会主义是改革开放以来党的全部理论和实践的主题。这一重要论断既深化了对建设中国特色社会主义的认识，又突出了党的全面领导的时代主题。从1978年12月党的十一届三中全会到1989年6月党的十三届四中全会这11年，以邓小平同志为核心的党的第二代中央领导集体把马克思列宁主义、毛泽东思想创造性地运用于当代中国，创立邓小平理论，开辟了中国特色社会主义新道路，指明了中国现代化建设的

①习近平．改革开放30年党的建设回顾与思考［N］．学习时报，2008-09-28（1）．

②十一届三中全会以来历次党代会、中央全会报告公报决议决定（上）［M］．北京：中国方正出版社，2008：130.

社会主义方向。在改革开放过程中只有解决好举什么旗、走什么路的问题，改革开放才有坚定不移的政治方向。广州市正是按照这一政治方向，坚持和加强党的全面领导，把全市党员和群众的思想统一到中国特色社会主义的旗帜上来，把全市党员和群众的力量积聚在建设中国特色社会主义上来。

在正确理解和认真执行党中央正确决策的前提条件下，广州市委坚持解放思想、实事求是的思想路线，从广州的实际出发，把各级党组织的决策与党员干部的思想和行动引导到党中央推动改革开放的工作大局和战略部署上来。1978年12月，广州率先放开部分水产品市场，在全国同行中办起第一家行栏货栈，即广州河鲜货栈。1985年，与人民生活密切相关的7大类农副产品的生产经营和价格放开。1979年起，广州率先打破国营经济一统天下的局面，发展集体、个体、私营、中外合资合作等多种商业形式，允许工业企业创办供销公司和自销产品，让10万农民大军进城开业办店，逐步形成多种经济成分、多渠道、多形式、少环节的商品流通体制。①以此为起点，在对内放活、对外开放等许多领域进行了大刀阔斧的改革，开中国改革开放风气之先河的气魄和胆量，在全国罕见。可以说，没有党的思想建设的创新，广州改革开放的步伐就不可能有当时在全国的影响。

广州市委组织广大干部和群众在真理标准大讨论中逐步解放思想，以实事求是的精神，认真总结“文化大革命”及中华人民共和国成立以来历次政治运动的经验教训，纠正“左”的错误认识，明确提出要抓好各级领导班子的思想整顿和组织整顿，把各级领导班子建设成为能坚决执行党的路线和政策、密切联系群众的坚强的战斗指挥部。在思想建设

①廖惠霞，欧阳湘．广州改革开放20年大事纪实［J］．探求，1999（2）：23.

上，主要是按中央和上级的要求，从思想上、政治上进行拨乱反正，提高各级领导班子和领导干部贯彻执行党的十一届三中全会确立的路线、方针和政策的自觉性，使之从政治上、思想上、行动上与党中央保持一致；在组织建设上，主要是针对当时各级领导班子和整个干部队伍普遍存在的年龄偏大，文化偏低，熟悉业务和懂技术、会管理的干部偏少，与社会主义现代化建设的要求很不适应的问题，调整领导班子和干部队伍结构。

在此基础上，适应改革开放新要求，不断调整党的建设工作思路。1985年，广州率先在中国大酒店、花园酒店等合作企业中建立党组织，尝试依托工会开展党的工作。1986年9月，广州率先由“民办、民提、民评、民奖”的方式评选广州“十大杰出公仆”。[①]这个时期，广州加强党建工作的系列创新举动在全国可圈可点，得到党中央和中央组织部的高度评价。通过这个阶段的探索，以加强和改进党的建设为先导推动广州改革开放，在广州改革开放的实践中加强和改进党的建设，实现改革开放与党的建设良性互动，广州市委逐步探索出在改革开放条件下加强党的建设的基本规律。1990年，广州城市综合实力跃居第三位，仅次于北京、上海。这成为加强党的建设取得显著成效的最好证明。

（二）在实行社会主义市场经济条件下形成党的建设的整体布局

坚持社会主义市场经济改革方向，不仅是经济体制改革的基本遵循，也是全面深化改革的重要依托。社会主义市场经济的深入发展必然会影响到党的建设等各个领域。要使党建等各方面体制改革朝着建立完善的社会主义市场经济体制这一方向协同推进，必须使党建等各方面自

①廖惠霞，欧阳湘．广州改革开放20年大事纪实［J］．探求，1999（2）：24.

身相关环节更好适应社会主义市场经济发展提出的新要求。从1989年6月党的十三届四中全会到2002年11月党的十六大这13年，以江泽民同志为核心的党的第三代中央领导集体，高举邓小平理论伟大旗帜，坚持党的基本路线不动摇，坚持改革开放、与时俱进，紧紧依靠党和人民，捍卫中国特色社会主义，创建社会主义市场经济新体制，开创全面开放新局面，创立“三个代表”重要思想，在全面开创中国特色社会主义事业新局面的历史进程中把党的建设新的伟大工程成功推向了21世纪。为与社会主义市场经济发展要求相适应，1994年9月党的十四届四中全会把党的建设提到了“新的伟大工程”的高度，要求为党的基本路线的贯彻执行和国家的长治久安提供强有力的政治保证和组织保证。当改革开放的伟大事业进入到攻坚阶段，在风云突变的国际形势面前，一个共产党的领导干部，能否在重大政治原则问题上始终保持头脑清醒，立场鲜明，能否对党的事业始终忠诚执着，奋斗不息，从思想上、政治上分清大是大非，能否在作风和行为上严以律己，拒腐防变，将直接关系着党和国家的命运。广州市正是以“新的伟大工程”的政治站位，坚持和加强党的全面领导，把党的自身建设成果体现在以务实创新的精神贯彻执行党的路线、方针、政策和中央的决策上，体现在不畏困难、勇对挑战、开拓进取的工作状态上，体现在以党性捍卫和推进社会主义市场经济的改革目标上，体现在一切以党和人民利益为重、密切联系广大群众之中，体现在实践“三个代表”的要求上。

20世纪80年代末至90年代初，国际局势风云突变，苏联共产党在冷战中失去执政地位。1992年春天，中国改革开放总设计师邓小平再次南下广东，就关系到党和国家前途命运的重大问题，发表了重要谈话，为坚持党的领导，加强党的建设，毫不动摇坚持改革开放，建立和探索社会主义市场经济体制指明了方向。邓小平南方谈话，标志着我国改革开放进入一个新的阶段。在改革开放面临重大选择的历史时期，广州市委认真学习邓小平理论，坚持从实际出发，在大是大非的问题上没有搞争论，也没有在姓“资”姓“社”、姓“公”姓“私”等问题上纠缠，“比较早地自觉地按照市场经济规律办事，在经济运行机制和管理方法等方面大胆借鉴发达国家和地区有用的东西”①，站到了实行社会主义市场经济的前沿，再次赢得改革发展的难得机遇。但随着改革开放的深入和社会主义市场经济的发展，整个社会的政治、经济、文化环境发生了深刻的变化，党的建设出现了许多新情况、新问题。广州市委认为，党要能够卓有成效地担负起领导社会主义市场经济的历史重任，党建工作必须取得新的突破，必须不失时机地探讨和解决新时期党的建设的热点和难点问题，真正开创出一种与广州的改革开放和社会主义市场经济相适应的党建工作的新局面。广州市委明确提出：“紧紧围绕经济建设和社会发展抓党建，抓好党建促进经济的发展和社会的进步，把加强党的建设作为搞好改革开放和现代化建设的根本保证。”

为此，广州市委从建立健全党建工作制度入手，明确党委和政府要把贯彻落实市委加强党的建设规划纲要同抓好经济建设和其他各项工作紧密结合起来，毫不动摇地落实党建工作责任制。按照党建工作责任制，各级党委和政府党组每半年召开一次例会，专门研究党建工作。多年来，广州市委一直坚持做到“三个一”，即每年召开一次党建工作会议，研究部署党建工作；每年开展一个主题活动，发挥党组织的战斗堡垒作用和党员的先锋模范作用；每年开展一次党建和党风廉政建设大检查，总结推广先进经验，采取措施解决存在问题。

在这个时期，党建工作布局形成了鲜明的广州特色。1991年4月，在

①王永平. 广州改革开放20年回眸［J］. 开放时代，2000（2）：18.

全市基层党组织实行党支部、党员双目标管理，使党建工作落实到提高党组织的战斗力和党员素质、促进改革和建设上来。广州市委坚持从严治党，坚持不懈地抓好党风廉政建设和反腐败斗争，为改革开放和现代化建设提供政治保证。一方面，坚决贯彻党中央决策部署，坚持和健全民主集中制，抓好各级领导班子建设；另一方面，先后实施了“堡垒工程”和“跨世纪先锋队工程”，开展“学理论、学党章，建设坚强的战斗堡垒，建设坚强的党员队伍”活动，把党建工作不断引向深入。通过这个阶段的探索，适应建立社会主义市场经济体制的要求，从思想建设、组织建设、党风廉政建设等方面，探索解决党的建设面临的新情况、新问题，形成了既符合中央要求又具有广州特色的党的建设整体布局。

（三）在率先全面建成小康社会中推动党的建设的改革创新

全面建成小康社会，是我们党确定的到建党一百年的奋斗目标。从2002年11月党的十六大到2012年11月党的十八大这10年，以胡锦涛同志为总书记的党中央抓住我国加入世界贸易组织的重要战略机遇期，扎实推进经济建设、政治建设、文化建设和社会建设，着力完善社会主义市场经济体制，推动经济社会科学发展，创造性地提出科学发展观，丰富和发展邓小平理论和“三个代表”重要思想，为在全面改革开放和完善社会主义市场经济体制条件下全面建成小康社会、夺取中国特色社会主义新胜利提供了行动指南。要在我国这样一个人口大国实现全面建成小康社会的目标，兑现党对全国人民群众的庄严承诺，并不是件容易的事。只有进一步把党建设好，确保党永葆旺盛生命力和强大战斗力，党才能带领人民成功应对重大挑战、抵御重大风险、克服重大阻力、解决重大矛盾，不断从胜利走向新的胜利。坚持党的领导是中国特色社会主义最本质的特征，是中国特色社会主义制度的最大优势。在这一伟大征程中，如何以党的建设保障这一优势，变得更加重要。

在这种大背景下，按照加强党的执政能力建设和先进性建设的要求，广州市委不断探索党委总揽全局、协调各方的科学思想、制度和方法，从思想上、组织上、作风上和制度上，不断加强各级领导班子建设、基层党组织建设和党员队伍建设，坚持正确的用人导向，坚持不懈反腐倡廉，为完成党的各项任务提供了坚强的政治保证和组织保证。广州深入开展党的先进性教育、科学发展观教育实践活动，加强学习型党组织建设，坚持用中国特色社会主义理论体系武装头脑，坚决执行党的路线方针政策，始终同党中央保持高度一致，保证中央和省委政令畅通。大力弘扬理论联系实际的学风，不断提高党员干部运用党的最新理论成果指导实践、破解难题、推动工作的能力。大规模开展干部培训，促进党员干部知识结构转型升级。加强干部队伍战略性培养，坚持以提升领导科学发展水平和执政能力为重点，全面加强各级领导班子建设，不断提高科学决策、民主决策、依法决策水平。深化干部人事制度改革，健全干部考核评价体系和干部激励机制，大力选拔政治上靠得住、工作上有本事、作风上过得硬、人民群众信得过的优秀干部。坚持以党章为根本，大力推进以民主集中制为重点的制度建设。完善地方党委领导体制，健全集体领导与个人分工负责制度，健全党内民主决策机制，加强党委决策咨询，促进智库行业发展，提高科学民主决策水平。深入推进党代会常任制试点，全面推行党代会代表任期制，建立健全党代会代表提案、提议、询问、质询和联系党员群众制度。

广州坚持党建工作重心下移，把更多资源投向基层，努力使基层党组织成为推动发展、服务群众、凝聚人心、促进和谐的坚强战斗堡垒。严格落实基层党建工作责任制，全面推进国有企业、农村、社区、机关、学校和非公有制经济组织、社会组织党组织建设。优化基层组织设置，积极探索把支部建立在产业链、楼宇、协会等模式，不断创新基层组织服务载体、活动方式，切实提高党的基层组织和工作的覆盖面、渗透力和影响力。适应社会服务管理体制创新需要，推进城市基层区域化党建工作。健全城乡基层党组织互帮互助机制，构建城乡统筹的基层党建新格局。深入推进创先争优活动，扎实开展“羊城先锋行动”，形成学先进、赶先进、创先进的长效机制。认真做好新时期发展党员工作，加强党员教育管理，完善流动党员管理办法，健全党员动态管理机制和党内激励、关怀、帮扶机制。严格执行党风廉政建设责任制，深入推进惩治和预防腐败体系建设，探索形成反腐倡廉建设的“广州经验”。

在这个时期，广州党的建设的突出特点是改革创新。一是在理念上坚持增强党建“主业”意识，全面推进党的建设新的伟大工程，充分发挥党委领导核心作用、基层党组织战斗堡垒作用和党员先锋模范作用，卓有成效地推动广州科学发展。二是在制度上坚持通过落实党建工作责任制，创造性建立党建工作指导员制度，深入实施固本强基工程，以优化组织设置、扩大组织覆盖面、创新活动方式为重点，全面推进农村、企业、社区和机关、学校、新社会组织等基层党组织建设，构建形成城乡统筹基层党建工作新格局。三是在方法上更新党建工作理念、整合党建资源、创新党建载体同步推进，通过多种方式破解超大城市基层党建难题，尊重党员主体地位，推进党务公开，探索基层党内民主多种实现形式，极大激发了广大党员干部的干事创业发展的积极性、主动性和创造性。

（四）在建设国家中心城市中推进全面从严治党战略布局

党的十八大以来，以习近平同志为核心的党中央站在国家强盛、民族复兴、人民幸福的战略高度，把全面从严治党纳入统筹推进“四个全面”战略布局，从理念、思想、战略三个维度，系统回答了什么是全面从严治党和怎样推进全面从严治党这个根本问题，形成了逻辑严密、结构完整的党建理论体系，创造性发展了马克思主义党建理论，已经成为我们党治国理政、管党治党的根本遵循和行动指南。广州市委深刻学习领会习近平总书记关于全面从严治党的重要论述，认真履行管党治党主体责任，始终保持理论上清醒、政治上坚定、行动上自觉，谋划实施国家中心城市发展战略，着力营造风清气正、干事创业的政治生态环境，把增强群众获得感贯穿改革发展全过程，创造性推进全面从严治党在广州落地见效，形成了全面从严治党的“广州经验”。

2012年12月，习近平总书记在广东考察时对广东提出“三个定位、两个率先”的殷切期望，要求广东要努力成为发展中国特色社会主义的排头兵、深化改革开放的先行地、探索科学发展的试验区，为率先全面建成小康社会、率先基本实现社会主义现代化而奋斗。2017年4月4日，习近平总书记对广东工作作出重要批示，希望广东坚持党的领导、坚持中国特色社会主义、坚持新发展理念、坚持改革开放，为全国推进供给侧结构性改革、实施创新驱动发展战略、构建开放型经济新体制提供支撑，努力在全面建成小康社会、加快建设社会主义现代化新征程上走在前列。2018年3月7日，习近平总书记在十三届全国人大一次会议广东代表团审议时，要求广东在构建推动经济高质量发展的体制机制、建设现代化经济体系、形成全面开放新格局、营造共建共治共享社会治理格局上走在全国前列，要认真落实新时代党的建设总要求。广州市委认真学习党的十八大和十九大精神，贯彻落实习近平新时代中国特色社会主义思想和习近平总书记对广东工作的指示批示精神，按照统筹推进“五位一体”总体布局和协调推进“四个全面”战略布局的要求，旗帜鲜明讲政治，凝心聚力谋发展，聚精会神抓党建，全力推动国家中心城市建设全面上水平，经济社会发展各项事业取得显著成就，广州国际知名度和显示度大大提升，为坚持和发展中国特色社会主义提供了“广州样本”。[①]2017年6月，全球化与世界城市研究组织公布了2016年世界城市体系排名，在入选的361个世界城市中，广州位列第40位，首次跻身世界一线城市行列。

在这个历史时期，广州党的建设的突出特点是全面从严治党。广州市委坚持把抓好党建作为最大政绩，围绕提高国家中心城市建设全面上水平，加强推进市场化国际化法治化营商环境建设，推进干净整洁平安有序城市环境建设，推进风清气正、干事创业的政治生态建设，毫不动摇推进全面从严治党，党的建设得到全面加强，取得丰硕成果。严格落实管党治党主体责任，严明党的纪律特别是政治纪律和政治规矩。深入开展党的群众路线教育实践活动、“三严三实”专题教育和“两学一做”学习教育，党员干部理想信念更加坚定。顺利完成区、镇领导班子集中换届，一批高素质干部走上重要领导岗位，全市干部队伍结构进一步优化。结合基层治理狠抓基层党建，开展区委书记抓基层党建工作述职评议考核，全面整顿软弱涣散基层党组织，“两新”组织党组织扩面提质。离退休干部工作进一步加强。推进纪律检查体制改革，加强约谈督促、检查考核，开展述责述廉述德，加大问责力度，加强“一把手”监督，稳步推进市委巡察工作，实现派驻监督全覆盖。坚决贯彻中央八项规定精神，“四风”整治取得明显成效。全面推进源头治理，保持惩治腐败高压态势，政治生态不断净化优化。

广州实践证明，如果没有党中央权威和集中统一领导，没有严格的

①尹德慈，王超．两个走在前列的政治保证：党的十八大以来广州推进全面从严治党的实践［N］．广州日报，2017-10-16（10）．

政治纪律和政治规矩，没有风清气正的良好政治生态，就会丧失创造力、凝聚力、战斗力，就会丧失执政基础和执政能力，就会严重脱离人民，就不可能担负起领导人民进行改革开放和社会主义现代化建设的历史重任。全面从严治党永远在路上。我们要牢记嘱托，不辱使命，坚定不移推进全面从严治党向纵深发展、向基层延伸，把全面从严治党的思路搞得更加科学、更加严密、更加有效，汇聚起推动国家中心城市建设全面上水平、争当“四个走在全国前列”排头兵的强大精神动力和行动自觉。

回顾过去，广州人民激情澎湃。改革开放40年来，广州市委在党中央和广东省委的正确领导下，始终坚持以邓小平理论、“三个代表”重要思想、科学发展观和习近平新时代中国特色社会主义思想为指导，坚持党的基本理论、基本路线、基本纲领、基本经验、基本方略，毫不动摇地坚持解放思想，坚持改革开放，在推动广州经济社会协调发展的伟大进程中坚持以改革创新精神加强党的建设，逐步探索出具有广州风格的党建工作思路，形成了具有广州特色的党建工作经验。展望未来，广州人民信心满怀。只要在党中央和省委、市委的正确领导下，在深化改革开放的生动实践中全面加强党的建设，推进全面从严治党纵深发展，各级党组织就一定能够成为推动广州科学发展的坚强领导核心，广州就一定会拥有一个更加富裕、更加民主、更加文明、更加和谐、更加美丽的美好明天。

二、新时代广州推进全面从严治党的实践探索

党的十八大以来，以习近平同志为核心的党中央综合分析党内外形势，把全面从严治党作为协调推进“四个全面”战略布局的战略支撑，

摆在国家发展全局的突出位置，形成从思想到战略再到行动的完整体系，具有重大而深远的意义。广州市委把学习贯彻习近平新时代中国特色社会主义思想作为一项重大政治任务，坚决贯彻落实中央和省委关于全面从严治党的决策部署，紧紧围绕建设国家中心城市的战略定位，聚焦枢纽型网络城市建设，着力提高广州在全球高端资源配置能力，切实推动全面深化改革落地生根，组织实施提升广州高质量发展的“五大行动”，经济社会保持平稳健康发展，人民生活持续改善，有效推动了全市各项工作全面上新水平。广州的实践表明，全面从严治党为建设国家中心城市注入了强大动力，在提升国家中心城市全面上水平的关键时期，必须理直气壮地加强党的全面领导、推进全面从严治党向纵深发展。

（一）学深悟透党的创新理论，以战略引领广州发展

理论指引方向，核心凝聚力量。习近平总书记指出：“必须高度重视理论的作用，增强理论自信和战略定力，对经过反复实践和比较得出的正确理论，要坚定不移坚持。”[①]我们党之所以能领导全国人民不断从胜利走向胜利，一个根本原因就在于坚持用马克思主义中国化的最新成果引领方向、指导实践。习近平新时代中国特色社会主义思想，是指导我们进行伟大斗争、开拓伟大事业、推进伟大工程、实现伟大复兴的鲜活的马克思主义，是引领当代中国胜利前进的行动指南，具有强大的真理力量和实践力量。党的十八大以来，广州市改革发展取得的新成就、呈现的新态势，无不源自对习近平新时代中国特色社会主义思想的理论认同、情感认同和实践认同。面对新时代、新挑战和新任务，我们坚定

---

①习近平在省部级主要领导干部“学习习近平总书记重要讲话精神，迎接党的十九大”专题研讨班开班式上的讲话［N］. 人民日报，2017-07-26.

不移推进全面从严治党向纵深发展的核心聚焦点，就是使全体党员干部更加坚定对习近平新时代中国特色社会主义思想的理论自信，更加自觉地在思想上政治上行动上同以习近平同志为核心的党中央保持高度一致。只有理论上彻底、行动上一致，才能更好地发挥广州在国家战略发展布局中的重要作用，始终确保广州改革发展的正确方向。

1. 引领方向绘好“路线图”

坚定理论自信，坚持以习近平新时代中国特色社会主义思想引领方向，首要的是向党中央看齐，向党的理论和路线方针政策看齐，向党中央各项决策部署看齐，把讲话精神放在广州的历史方位和国家事业大格局的需要中来理解，在广州的发展实践中领会和把握讲话精神蕴含的政治智慧和治国理政方略，顶层设计和科学谋划好国家重要中心城市建设“路线图”。任学锋同志多次谈到，广州市委所形成的决策部署都是从习近平新时代中国特色社会主义思想中学来的，必须把深入学习贯彻习近平新时代中国特色社会主义思想作为一项长期重大政治任务来抓。为深入学习和全面贯彻习近平新时代中国特色社会主义思想，广州市委通过中心组学习、专题讲座、研讨会、培训班、宣讲团等多种方式，在全市党员干部中加强系统学习，力求领会得更深、理解得更透、落实得更好，增强学习的针对性和实效性，力求把国家中心城市建设“路线图”谋划得更符合党和国家发展大局的需要，更符合广州未来城市的发展布局，更符合老百姓的期待。为实现广州的城市定位，广州市委提出了建设枢纽型网络城市的发展战略，加快建设国际航运中心和物流中心、贸易中心、现代金融服务体系以及国家创新中心城市，高标准建设广东自贸试验区南沙片区，着力深化供给侧结构性改革，推动以创新驱动发展为引领的经济结构战略性调整，推进新一轮高水平改革开放，大力发展新一代IAB、NEM等战略性新兴产业，努力把广州的发展推向新高度、新境界。

2. 精准对标学习“方法论”

坚定理论自信，自觉与习近平新时代中国特色社会主义思想精准对标，最重要的是掌握其精神实质，把握其灵魂，掌握和学习其中蕴含的基本立场以及科学的世界观、方法论，内化于心，外化于行。习近平总书记要求全党同志要原原本本学习和研读经典著作，努力把马克思主义哲学作为自己的看家本领，从实践中来，又到实践中去，经过个人实践和集体实践检验新认识、新成果，并以有自己特点的新的语言表述出来，坚持正确政治方向，提高战略思维能力、综合决策能力、驾驭全局能力，不断改进工作作风和工作方法，增强工作的原则性、系统性、预见性、创造性。广州市委按照习近平总书记的要求，在发展实践中不断领会和运用系列重要讲话所贯穿的马克思主义哲学的思想精髓及马克思主义的世界观和方法论，着眼于解决发展中的深层次问题、改革中的重点难点问题，形成了“四找”“四结合”“四个点”等基本工作方法，增强了直面问题的勇气和化解难题的智慧。广州以时不我待的紧迫感对标国家的“十三五”规划和新一轮产业革命的机遇，明确广州要在全球城市体系中找标杆，从国家大战略中找动力，从区域发展中找动力，从全球发展要素配置和国际产业分工中找动力，形成了推进双向开放式创新，建设以IAB、NEM为引领的高端高质高新现代产业体系的战略选择，发挥广州所具备的产业基础、市场活力、区位交通、物流体系、人才储备、生态环境、发展空间等诸多方面的优势。广州市委要求各级党员干部做到“四个结合”，即顶层设计和切实管用相结合、战略定力和精准发力相结合、统筹兼顾和重点突破相结合、长远谋划和及时见效相结合，为认识问题、分析问题、解决问题提供了有效的方法“钥匙”。

3. 实践转化提高“精气神”

坚定理论自信，最关键的是在深入把握习近平新时代中国特色社会主义思想的科学性和真理性的基础上转化为推动发展的实践自觉，以强大的精神动力推动实践成功。近年来，广州市坚持以全面从严治党推动国家中心城市建设的生动实践，诠释了习近平新时代中国特色社会主义思想的科学性和真理性，有力驳斥了全面从严治党会影响经济发展的错误论调，是全市党员干部群众坚定的理论自信和干事创业精气神的彰显。深入贯彻新发展理念，适应把握引领经济新常态，深化供给侧结构性改革，开展重大项目“攻城拔寨、落地生根、开花结果”行动，产业布局更加合理，产业升级步伐加快，税收结构不断优化，经济更具活力和韧性。强化创新第一动力，持续抓主体、载体、人才、生态环境，科技创新基础更扎实，创新力进一步增强。开展城市总体规划编制试点工作，完成现行土地利用总体规划调整。扎实推进国际航运、航空、科技创新枢纽建设，新的发展动力源和增长极加快形成，全球资源配置能力不断提升。2017年，来源于广州地区的一般公共预算收入5947亿元，增长14%；地方一般公共预算收入1533亿元，增长10.9%。第三产业税收收入增长13.3%，占税收总收入比重达61.8%。第三产业增加值占比70%左右，现代服务业增加值占服务业增加值比重66%左右，先进制造业增加值占制造业增加值比重64%左右。进出口总额增长13%，进口增长15%、出口增长12%，实际利用外资增长10.3%。

（二）勇毅笃行全面从严治党，以问题导向破解难题

党的十八大以来，习近平总书记围绕全面从严治党这个管党治党的鲜明主题，发表了一系列重要讲话，深刻回答了在长期执政条件下马克思主义执政党保持先进性和纯洁性，充满生机活力，不断提高领导水平

和执政水平，提高拒腐防变和抵御风险能力所面临的一系列重大理论和现实问题，牢牢抓住管党治党的关键环节和要素，深刻回答了中国共产党人思想灵魂深处的一些根本性问题。实践证明，只有坚持问题导向，集中解决好突出问题，才能管严管实，切实打牢全面从严治党的基础，把握新形势下党的建设的特点和规律。广州市遵循习近平总书记关于“直面问题是勇气，解决问题是水平”的指示精神，以问题导向对症下药，以抓铁有痕的韧劲，坚持有什么问题就解决什么问题，什么问题难就重点解决什么问题，什么问题突出就着力攻克什么问题，切实增强政治意识，旗帜鲜明讲政治，有效提升了全面从严治党的整体水平。

1. 深扎理想信念之根

理想信念，是一个政党的灵魂，是共产党人思想的根基，精神的支撑，奋斗的源泉。无论时代如何变迁，社会如何发展，作为党员干部，必须始终坚定理想信念，绝不能有丝毫放松和动摇。广州市始终把加强理论学习作为提高党员干部思想政治素养、增强党的意识、把握精神境界，坚守共产党人精神高地的动力源泉。为深入学习习近平新时代中国特色社会主义思想，广州市委结合“两学一做”学习教育、“不忘初心，牢记使命”专题教育，举办全市年轻干部党性修养专题培训班以及全市领导干部学习党的十九大精神培训班，时任广州市委书记的任学锋为学员作辅导报告，并与学员深入交流，要求各级领导干部增强政治自觉，在对习近平总书记系列重要讲话精神的真学真信真用中坚定理想信念，发挥表率作用，把学习和思考结合起来，力求领会得更深、理解得更透、落实得更好，增强学习的针对性和实效性，把学习成果转化为抓工作的实际成效。广州市作为民主革命策源地、民主革命中心、早期党的建设的重要基地、改革开放的先行区，具有丰富的红色文化资源和革命传统教育基地，蕴含着极其丰富的政治营养和催人奋进的智慧力量。

广州市委要求深入学习贯彻习近平总书记对弘扬红色文化的重要指示精神，把红色资源利用好、把红色传统发扬好、把红色基因传承好，打造一批思想内涵深刻、文化底蕴丰富、有吸引力感染力的红色教育阵地，使广大党员干部感悟培育红色基因，弘扬滋养斗志元气，追随锻造意志品质。2018年3月，广州市委宣传部在中共三大会址纪念馆、广州农民运动讲习所旧址、第一次全国劳动大会旧址，创办“新时代红色文化讲习所”。“新时代红色文化讲习所”的主要活动包括瞻仰一次旧址，参观一次展览，观看一场专题片，重读一段党章，重温一次入党誓词，参加一场宣讲辅导等内容。节假日期间，还组织红色文化展演小分队在中共三大会址纪念馆、广州农民运动讲习所旧址，或深入社区开展户外展演，利用演讲、快板、朗诵等形式让习近平新时代中国特色社会主义思想和红色文化深入人心。目前，“新时代红色文化讲习所”已覆盖全市各区、街（镇），接受预约的活动已安排到2020年3月。

2. 铸牢对党忠诚之魂

习近平总书记强调指出：“忠于党、忠于人民、无私奉献，是共产党人的优秀品质。”对党忠诚是共产党人的根本，是党保持凝聚力战斗力的基石。坚持对党绝对忠诚，必须对党高度信赖，做到热爱党、拥护党，永远跟党走。广州市不断深化党的建设制度改革，健全完善管党治党制度机制，推动全面从严治党的各项任务落地生根，坚持党建工作与中心工作一起谋划、一起部署、一起考核，力图把每条战线、每个领域、每个环节的党建工作抓具体、抓深入，切实把“抓好党建是最大政绩”变成实实在在的行动，强化对党忠诚、勇于担当的政治品格和管党治党的责任使命。例如，在全市组织系统，开展“落实总书记要求，建设模范部门”教育实践活动，以弘扬“安专迷”精神为导向，以坚定理想信念为重点，以坚持公道正派为核心，教育引导组工干部增强政治定力，坚定政治信仰，坚持政治原则，严守政治规矩。在国企党建工作中全面实行“将党建工作要求纳入公司章程”的制度，确保党组织对国有企业的领导核心地位；在机关党建中，开展落实“三项教育”，通过开展理想信念、为民宗旨、职业道德“三项教育”，引导机关党员牢固树立正确的世界观、人生观和价值观，切实提高党员干部对党忠诚、在党爱党、在党言党、在党忧党、在党为党的意识。广州市各级党组织加强党章学习，例如天河区创办“党章学堂”，对党员进行分类集中培训，强化党章意识和党的意识，使广大党员干部牢记自己的第一身份是共产党员，第一职责是为党工作，做到忠诚于组织，任何时候都与党同心同德，自觉增强角色意识和政治担当，切实增强广大党员干部的政治定力。

3. 扛住主体责任之责

落实党委主体责任，必须从事关巩固党的执政地位的政治高度，全面落实党组织的责任，对每一个具体问题要分清楚党委负什么责任、有关部门负什么责任、纪委负什么责任，健全责任分解、检查监督、倒查追究的完整链条，有错必究，有责必问。通过举办领导干部党纪政纪法纪培训班、纪律教育月、党风廉政建设和反腐败工作分工会议等形式，深化各级党组织对落实党委主体责任极端重要性的认识，牢固树立“抓好党风廉政建设是本职，抓不好党风廉政建设是不称职，不抓党风廉政建设是严重失职”责任意识，恪尽兴党之责，切实担负起党委主体责任，把思想统一到中央对当前反腐败形势的准确判断上来，把行动落实到中央、省委部署的各项任务上来。出台《广州市关于强化落实“两个责任”责任追究工作的意见》和《广州市落实“两个责任”情况考评指标体系》的配套机制，把党风廉政建设纳入经济社会改革发展和党的建设的总体布局中，列入党委书记、领导班子和领导干部目标管理中，明确党委领导班子、党委书记、班子其他成员共32项责任清单，按照“谁主管、谁负责”的原则，层层分解责任，上下有机互动，完成线索处置和案件查办“两报告”改革试点任务，实现对115家市一级党和国家机关派驻监督全覆盖，制定派驻机构职责清单，健全完善工作机制和制度，切实建立健全横向到边、纵向到底的主体责任体系，上级带下级、上级促下级，把主体责任落实到各级党委，延伸到农村、社区、企业和高校等基层单位，形成一级抓一级、层层抓落实的责任链条。

4. 夯实基层党建之基

2016年4月6日，习近平总书记在“两学一做”学习教育工作座谈会上强调指出：“基层是党的执政之基、力量之源。只有基层党组织坚强有力，党员发挥应有作用，党的根基才能牢固，党才能有战斗力。”要把抓基层打基础工作提升到一个新高度，必须强化强基固本思想，牢固树立大抓基层的鲜明导向，把思想建党与制度建党相结合，扎实打基础，反复抓落实，推动基层建设全面进步、全面过硬，使每个基层党组织都成为团结带领群众贯彻党的理论和路线方针政策、落实党的任务的战斗堡垒。越秀、荔湾、花都、黄埔等区加强街道“大党工委”、社区“大党委”建设，吸纳辖区内各基层党组织负责人在街道党工委或社区党组织中担任兼职委员，构建起以街道党组织为核心、社区党组织为基础，辖区内各类党组织共同参与的组织体系。天河、白云、海珠、番禺等区在流动党员集中区、工业园区、楼宇商圈等新领域分别建立流动党员党支部、园区党组织、楼宇商圈党组织，采取“网格化”治理方式，纳入基层治理整体布局，在整体上实现党建组织体系横向到边、纵向到底的目标要求，通过建立党建工作联席会议制度，健全完善党组织领导下的各类组织共驻、共商、共治、共享的工作机制。增城、从化、南沙等区强化村、社区党组织领导核心地位，推进村务监督委员会建设，健全基层党组织领导的充满活力的基层群众自治机制。广州市直机关开展基层党组织评估定级，支部规范化建设工程，完善党建带群建制度机制，把各类组织和群体团结凝聚在党组织周围，活跃基层、打牢基础。对照习近平总书记提出的好干部标准，完善民主推荐和民主测评程序，严格换届工作纪律，开展两轮换届风气专项巡察，树立敢于担当、重视基层、注重实绩的选人用人导向，推动一批高素质干部走上各级领导岗位，优化了干部队伍结构。探索将优秀党支部书记列入后备干部人选，通过树典型、立标杆，以点带面推动党建工作整体上水平。为增强党政机关及其工作人员的责任意识和担当精神，广州市纪委、市监察局印发《关于进一步强化对“为官不为”监督执纪问责的工作意见》，明确了全市各级纪检监察机关加强对决策部署执行，谋改革促发展，为民服务、落实民生事项，行政执法、社会管理，突发事件和紧急情况，履行工作职责，工作“不在状态”，履行主体责任和监督责任等八个方面存在的“为官不为”问题进行监督执纪问责，着力打造一支忠诚、干净、担当的党员干部队伍。

（三）坚持以人民为中心，以正风肃纪优化政治生态

党的十八大以来，以习近平同志为核心的党中央肩负起党和人民赋予的重任，以对人民的赤子之心实施一系列有效措施管党治党，力除积弊，扶正祛邪，党风政风呈现可喜的新气象，党心民心进一步凝聚，确保把党建设成为真正让人民放心的党、让人民满意的党、让人民可以依赖的党。全面从严治党，既是我们党管党治党的责任使命，也是人民群众的热切期待。广州坚持以人民为中心的价值取向，着力建设国际化市场化法治化的营商环境，着力建设更干净更整洁更平安更有序的城市环境，着力营造风清气正、干事创业的政治生态环境，通过同步推进三大环境建设，坚定不移把增强群众获得感贯穿改革发展全过程，得到社会

各界的高度评价。“广州魄力”“广州速度”“广州效率”获得国际社会点赞。

1. 牢记宗旨，汇聚“正能量”

全心全意为人民服务，是我们党的根本宗旨，也是全面从严治党的根本价值取向。广州市委要求全市党员干部以“撸起袖子加油干”“攻城拔寨抓落实”“一锤一锤钉钉子”的实干精神将作用发挥体现在为人民服务、为人民谋利益上。2017年11月，时任广州市委书记的任学锋提倡广大党员干部以“静悄悄”精神深入基层，了解民情，紧贴群众心头，踏踏实实为老百姓办实事、办好事，让老百姓过上幸福生活。打铁需要自身硬。只有以上率下，身体力行，才能使人民群众通过广大党员的先锋行动引导带动群众。坚决惩处“为官不为”现象，在监督执纪中纠正干部中存在的一些不良风气，使干部摒弃“多干多错，少干少错，不干不错”的消极心态，特别是在扶贫攻坚中，领导干部必须以身作则，带头强化责任、改进作风，解决群众反映强烈的突出问题，一级带着一级干、一级干给一级看，自觉做到心正、言正、行正，争当“正能量领导”，全力营造认真负责、真抓实干、求真务实的良好风气。

2. 站稳立场，破解“肠梗阻”

群众立场是决定我们党的性质的根本政治问题。一方面，推动公共服务全面上水平。广州深入学习贯彻习近平总书记关于民生事业发展的重要论述，坚持民生是做好经济社会发展工作的指南针，牢固树立以人民为中心的发展思想，坚持抓重点、补短板、强弱项，优化体制机制，整合资源，高标准规划建设文化、教育、医疗卫生等民生设施，扎实办好入学入托、养老、疾病预防、就医、交通、文化惠民、老旧小区和城中村改造等民生实事，推动公共服务在更高水平上实现均衡发展，不断提高城乡民生保障水平。另一方面，打通联系服务群众“最后一公里”。广州市直机关推进基层评议机关促作风整改，充分发挥第三方分析评议机关作风机制、网上投诉、“曝光台”等载体的作用，切实解决群众反映强烈的“中梗阻”和“四难”等作风顽症，深化机关党员志愿服务，做大党员志愿服务平台阵地，做强“红棉关爱”服务品牌，增进机关党员的群众观念和感情，实施“机关服务品牌”创建工作，围绕服务改革、服务发展、服务基层、服务群众、服务党员的要求，打造一批叫得响、受欢迎的服务品牌，建设务实高效的服务型机关，确保为民服务能“一竿子插到底”。

3. 挺纪在前，营造“好生态”

挺纪在前，营造风清气正的良好政治生态，是党的十八大以来党中央管党治党的重要举措。广州市将营造风清气正的良好政治生态与推进城市环境建设有机融合起来，提高了群众的认同感和幸福感。广州市通过“宣讲、考纪、访谈、承诺”全覆盖，形成严明纪律的浓厚氛围。市纪委成立纪律教育讲师团，集中开展主题宣讲活动，覆盖全市党组织和党员，增强了党员干部的廉洁意识、纪律意识、规矩意识，达到了以考促学、学以致用、学以促廉的目的。各级党组织将谈心提醒纳入政治生活的重要内容，使党员干部谈认识、明举措、做承诺，切实做到心中有纪、心中有责。

构建完善中国（广州）城市廉洁建设指数测评指标体系，制定出台领导干部预防腐败基本清单、加强领导干部家风建设指导意见、加强村“两委”班子主要成员出国（境）管理等方面的制度规定，总结推广领导干部“八小时以外”活动监管试点经验，规范领导干部配偶、子女及其配偶经商办企业行为，进一步扎紧权力的制度笼子，不断营造风清气正、干事创业的政治生态环境。

三、改革开放40年广州党的建设的基本经验

40年来，广州市各级党组织按照建设中国特色社会主义的根本要求，全面推进党的建设，走出了一条靠改革和创新的新路子，有效破解了经济社会发展过程中对党的建设提出的新挑战和新问题，为全面加强党的建设提供了“广州智慧”，创造了“广州经验”。

（一）始终站在全党全国大局谋划推动工作，坚持在解放思想中加强党的政治建设

习近平总书记在参加十三届全国人大一次会议广东代表团审议时指出：“广东既是向世界展示我国改革开放成就的重要窗口，也是国际社会观察我国改革开放的重要窗口。”中央赋予广东改革开放试验田和窗口地位。广州是广东的广州，更是中国的广州。广州作为省会城市，应该理所当然地承担起为全国改革开放探索新路的政治责任。站在全党全国大局中，坚持在解放思想中统一思想，在形成共识中深化改革、扩大开放，是广州在加强党的建设中始终放在首要位置的头等大事。实践证明，广州改革开放的实践与坚持党的思想路线是紧密联系在一起的。

广州改革开放和现代化建设并不是一帆风顺的，甚至遇到责难。每当广州改革开放和现代化建设进入关键阶段，中央领导人总是亲临广东视察指导，总结经验，解决困难，创新党的思想理论，为广州探索发展注入新的、强大的动力和活力。可以说，广州每一次大发展，都是以加强党的政治建设和思想建设作为起点、作为突破口。每一次思想大解放，都是广大干部群众强化理论武装和维护党中央权威的行动大统一。这是改革开放40年广州党的建设的基本经验。

改革开放初期，广东省委坚持解放思想，从广东毗邻港澳的实际出发，大胆向中央提出广东“先行一步”的要求，使广东成为全国率先改革开放的示范地。南粤大地吹响了改革开放的号角，迈开了探索中国特色社会主义道路的第一步。广州充分展现了省会城市的排头兵作用，率先放开市场，吸引外资，探索非公有制企业党建工作思路，得到中央组织部的充分肯定。20世纪80年代末90年代初，在姓“资”姓“社”的争论中，广州以改革开放前沿阵地的生动实践，为党中央继续探索中国特色社会主义发展道路提供了现实依据，广州因得益于思想解放而率先探索市场经济体制。

在20世纪90年代后期，全国各地出现了思想解放、改革发展的新浪潮，广东的先发优势、地缘优势和政策优势逐渐弱化，一些潜在的问题显现出来。1998年在广东视察工作的江泽民总书记向广东提出了增创新优势，更上一层楼，率先基本实现社会主义现代化的新要求。2000年2月，江泽民总书记到广东视察，先到高州参加了领导干部“三讲”教育会议，后又在广州主持召开党建工作座谈会。江泽民同志指出：总结我们党70多年的历史，可以得出一个重要结论，这就是：我们党所以赢得人民的拥护，是因为我们党在革命、建设、改革的各个历史时期，总是代表着中国先进生产力的发展要求，代表着中国先进文化的前进方向，代表着中国最广大人民的根本利益，并通过制定正确的路线方针政策，为实现国家和人民根本利益而不懈奋斗。广州以此开展第三次思想大解放，通过思想解放，坚定增创改革开放新优势，为全国完善社会主义市场经济体制探索新鲜经验。

2003年4月，胡锦涛总书记来广东考察工作，对广东改革开放以来所取得的成果给予了充分肯定，同时，热切地希望广东在现代化建设的进程中，加快发展，率先发展、协调发展，增创新优势，在全面建设小康社会、加快推进社会主义现代化进程中更好地发挥排头兵作用，既为广州进一步发展指明了前进的方向，也是对广州党的建设提出的新要求。广州市委主动对标香港等国内先进城市，组织全市干部思想大讨论，坚持实事求是，转变思维定式，打破旧的框框，把思想从不适应、不利于科学发展的认识中解放出来，以解放思想为“纲”，以“人一之，我十之；人十之，我百之”的精神，推动广州经济社会发展各项工作开展。

2012年12月，习近平总书记将广东作为履新后到地方调研的首站，向海内外宣示了新一届中央领导集体坚持改革开放的坚强决心，向全党全国发出了凝聚力量、攻坚克难的动员令。习近平总书记指出：“广东要努力成为发展中国特色社会主义的排头兵、深化改革开放的先行地、探索科学发展的试验区，为率先全面建成小康社会、率先基本实现社会主义现代化而奋斗。”

2014年习近平总书记在参加全国“两会”广东代表团审议时强调，广东要在全面深化改革中走在前列，要坚持物质文明和精神文明两手抓，两手硬。2017年4月4日，习近平总书记对广东工作作出重要批示，充分肯定党的十八大以来广东各项工作，希望广东要做到“四个坚持、三个支撑、两个走在前列”。

广州牢记习近平总书记的嘱托，按照中央的决策部署，按照“五位一体”总体布局和“四个全面”战略布局，以创新、协调、绿色、开放、共享的发展理念引领广州发展，解放思想，锐意进取，担当起实现中国梦先行先试的重大使命。广州市第一时间举办市委、市政府正局级以上领导干部专题培训班，深入贯彻落实习近平总书记重要讲话精神，坚决把党中央各项决策部署不折不扣落到实处，以新的更大作为奋力开创广州工作新局面，努力在全省实现“四个走在全国前列”中当好排头兵。广州干部群众一致认为，广州经济社会发展正处于窗口期、机遇期、黄金期，要高水平构建推动经济高质量发展的体制机制，推进现代化经济体系建设，加快形成全面开放新格局，营造共建共治共享社会治理格局，要深化依法治市实践，建设美丽广州，坚定不移推进全面从严治党，更加注重发挥广州作为国家中心城市和省会城市的引领带动作用，为全国、全省发展大局贡献广州力量。广州改革开放和创新发展的实践证明，习近平新时代中国特色社会主义思想是深深扎根于中国大地和中国人民之中的，广州的改革发展就是“中国方案”的成功范例、鲜活的党的思想创新的实践园地，对“两个走在前列”的奋斗目标产生重大而深远的影响。

（二）牢牢把握超大城市治理的基本规律，坚持在创先争优中加强基层党组织建设

围绕中心、服务大局，是新时代党的建设的基本规律。在建设国家中心城市中加强党的建设，是广州加强党的全面领导、推进全面从严治党的逻辑起点。党的建设唯有服务于发展这个中心任务，把党建优势转化为发展优势，把党建成果转化为发展成果，才能更有实效、更有生命力。广州始终坚持从探索特大城市治理的实践出发，立足实践基础，紧扣现实需要，注重分类指导，推动载体创新，使创先争优活动成为推动科学发展、深化体制改革的工作推手，成为服务人民群众、激活组织活力的展示舞台。

广州作为率先开放的地区，从1988年起，每年在全市基层党组织和全体党员中开展一次创先争优（创建先进党组织，争当优秀共产党员、优秀党务工作者）活动，并在“七一”前自下而上地进行评比表彰，利用各种形式广泛宣扬先进基层党组织、优秀共产党员和优秀党务工作者的事迹。1990年4月，广州市委决定在全市基层党组织中实行党支部、党

员目标管理（简称“双目标管理”），把党支部的任务、党员的义务具体化，将“软任务”变成硬指标，定期进行检查考核，为推动创先争优常态化进行了积极而有效的探索。20世纪90年代以来，广州市委在全市基层党组织和共产党员中实施“先锋工程”，开展“双学双建”活动、学习实践“三个代表”重要思想主题实践活动、保持共产党员先进性教育活动、深入贯彻科学发展观学习实践活动等一系列有影响的主题实践活动，通过集中教育和主题实践活动，使广大党员党的观念、党员意识以及对党组织的向心力明显增强。在这些活动中，通过建立健全“党员挂牌上岗”“党员承诺制”“设岗定责”“结对帮扶”等制度，充分发挥了基层党组织的战斗堡垒和党员的先锋模范作用。[①]近年来，广州市委注重引导基层党组织从窗口服务创先争优、通过志愿服务创先争优、通过党组织创先争优带动群团组织创先争优，进而以党组织创先争优带动全社会创先争优。在2010年筹备并举办第十六届亚洲运动会和2011年创建国家文明城市活动中，党组织和其他各类组织，党员和群众携手共建，培育和引导党员群众志愿服务精神。多年来，广州高度重视志愿服务活动，在人、财、物三方面给予大力支持。目前，全市在册志愿者总数达123.1万人，各类志愿服务队2036支，初步构建起市、镇、村、学校的志愿服务组织网络，建立了常态化志愿服务工作体系。志愿者队伍积极开展治安维稳、绿色环保、扶贫助残、科技普及、助学帮教、法律援助等各类社会志愿服务，成为社会管理中一道亮丽的“城市风景线”。

广州作为全国特大城市，在经济社会发展取得巨大成就的同时，城市二元结构成为制约广州科学发展的最大障碍。广州地区生产总值由1978年的43亿元增长至2017年的21 503.2亿元，稳居全国省会城市第一。

①王晓玲．广州改革开放30年［M］．广州：广州出版社，2008：149.

但教育、文化、医疗卫生、社会保障、社会管理、环境保护等社会事业的发展尚未能很好地满足广大人民群众的需求，社会和经济协调发展的机制仍未建立起来。由于历史、区位以及各种现实因素的影响，城乡在公共设施建设，发展社会就业、社会保障以及教育、科技、文化、卫生、体育等公共服务方面的差距仍较明显，乡村严重滞后于城市发展的状况还没有得到根本性改变。广州实际管理的人口近2000万，超过一半来自境内外流动人口，人口构成成分复杂、阶层多样，价值观、理念、追求、个人素质千差万别。在一些街（镇），本地人口和外来人口倒挂的情况十分严重。要破解这种典型的城市二元结构带来的管理难题，急需政策上的不断调整，更需要基层党组织和党员在推进城市化发展过程中发挥各自优势，充分发挥推动城市发展和城市建设的主力军作用。近年来，广州引导各区着力在政务服务和公共服务行业创先争优的同时，通过构建区域化党建工作平台，引导社区党组织、非公有制经济组织和社会组织党组织依托所在区域的党组织，积极参与社区建设和社区服务，推动体制内外的对话沟通，推动本地人口和外来人口的交流互动；通过积极发展党内基层民主，建立党员民情议事会、党员志愿服务活动日等形式，激发各类党组织和党员发挥作用的主体意识，为创先争优活动的深入开展营造氛围、提供条件。

基层党组织的类型不同，决定其功能作用表现形式各有侧重。广州市委坚持分领域指导，将基层党组织建设划分为农村、街道社区、机关、国有企业、高等学校、非公有制经济组织和社会组织等7个领域，明确建设目标，细化工作职责，分步扎实推进；在教育、卫生、国有企业、非公有制经济组织和社会组织等行业分别成立行业指导小组，加强对各自行业的督促指导。针对基层党组织不同类型进行分类指导，对先进的基层党组织提高标准、巩固成果；对较好的基层党组织规范要求、争创先进；

对一般的基层党组织夯实基础、追赶先进；对后进的基层党组织限期整改、提升水平。

（三）坚决履行好全面从严治党主体责任，坚持在正风肃纪中稳步推进廉洁广州建设

党的十八大以来，以习近平同志为核心的党中央，坚定不移地把全面从严治党推向纵深，以猛药去疴、重典治乱的决心和刮骨疗毒、壮士断腕的勇气，坚定推进正风肃纪反腐，赢得了党心民心，净化了政治生态。习近平总书记强调，全面从严治党，必须从根本上解决主体责任缺失、监督责任缺位、管党治党宽松软问题。要层层落实主体责任和监督责任，着力解决党内存在的突出问题。广州坚决贯彻落实党中央重大决策部署和习近平总书记的指示精神，以正风肃纪为抓手，稳步推进廉洁广州建设，坚决肃清李嘉、万庆良流毒影响，着力建设风清气正、干事创业的政治生态环境，为广州推动国家中心城市建设全面上水平提供了坚强的政治保证。

明确各级党委从严管党治党责任清单。明确各级党委领导班子、党委书记、班子其他成员共32项从严管党治党责任清单，形成党委抓、书记抓、班子成员抓，一级抓一级、层层抓落实的党建工作责任制。坚持“一把手”抓、抓“一把手”，着力推进上级“一把手”监督下级“一把手”。制定出台《广州市落实全面从严治党主体责任约谈一把手制度》，规定下级党委落实主体责任不力，则由上级党委、纪委主要负责人对下级党政“一把手”及班子进行教育提醒并督促纠正；明确规定约谈对象须按照约谈要求进行整改，整改情况须在当年民主生活会上进行对照检查，并纳入当年个人“三述”报告，以约谈一把手和问题整改倒逼各级党委落实主体责任。制定落实《党委（党组）中心组意识形态工

作责任制实施方案》，把各级党委（党组）履行意识形态工作的责任纳入市委巡察范围，严格责任追究；构建意识形态工作联席会议、新闻舆论工作通报会、新媒体导向管理责任制、重大舆情分析研判制度和突发事件处置制度等工作制度，不断强化党委对意识形态工作的领导。

压实各级纪委从严监督执纪责任。作为党内监督的专门机关，纪委履行监督责任，加强对干部的监督，对净化政治生态意义重大。探索运用监督执纪“四种形态”。市纪委出台实施《关于实践监督执纪“四种形态”推动全面从严治党的指导意见》，强化对“四种形态”的分类处置。建立健全清单管理机制、台账管理机制、情况报告机制和考核评估机制，加强运用监督执纪制度设计；通过定期走访、座谈调研、暗访检查、巡察监督、专项治理等多种途径拓宽发现问题的渠道，提高运用批评教育、谈话提醒、函询诫勉等多种手段、多种方式综合处理违纪问题的能力。加大问责监督力度。围绕《广州市落实全面从严治党主体责任约谈一把手制度》，各级纪委（纪检组）逐级开展约谈“一把手”工作，上级纪委把下级“一把手”纳入监督重点，督促各级领导干部对分管范围内党员干部开展谈话提醒工作，加大问责力度，推动全面从严治党向基层延伸。

坚持零容忍、无禁区、全覆盖，全力打造廉洁城市。严查群众身边“微腐败”。深入开展农村基层党员、干部违纪违法线索排查工作，对“小村大腐”“小官大贪”案件落实包案制度，全面排查征地拆迁、工程建设、农村“三资”等领域的违纪违法线索；率先出台《贯彻落实省纪委关于加强扶贫领域监督执纪问责工作意见的实施意见》，严厉查处扶贫、涉农资金等领域的农村基层违纪违法问题，坚决惩治发生在群众身边的腐败问题。源头防腐日益深化。建立农村集体资产交易统一平台，通过智能化手段加强对农村集体资产交易的监督管理，实现阳光运作，压缩基层干部寻租空间。扎实开展以案治本试点工作，督促案发单位深刻吸取教训，围绕落实“两个责任”，深入进行整改，加强廉政风险排查，健全完善制度，坚决防止腐败案件重演；探索市管国企巡察全覆盖、全面推进政府重大投资项目风险防控，用制度理性和科技刚性管住权力任性，扎牢权力运行的制度笼子。

四、在深化改革开放中全面加强广州党的建设

回望改革开放40年广州党的建设的光辉历程，总结广州在改革开放和社会主义现代化建设征程上加强党的建设的基本经验，根本目的是不忘初心，牢记使命，重整行装再出发。中国特色社会主义进入新时代，全面深化改革也站在了新的历史起点。广州要牢记习近平总书记的嘱托，坚持以党的政治建设为统领，落实管党治党主体责任，推进党建工作重心下移，深化党的建设制度改革，持续推进正风肃纪反腐，坚持在深化改革开放中提高党的领导能力，坚持在全面加强党的建设中为深化改革开放凝聚磅礴力量，为把广州建设成为中国特色社会主义引领型全球城市提供坚强的政治保证。

（一）坚持以党的政治建设为统领

党的十九大第一次把党的政治建设纳入党的建设总体布局，并强调“以党的政治建设为统领”“把党的政治建设摆在首位”，凸显党的政治建设的极端重要性。按照党中央统一部署，坚持全国一盘棋，站在全党全国全局中谋划推动地方工作，是加强党的政治建设的具体要求。

一是坚持党中央权威和集中统一领导。习近平总书记强调：“坚持和完善党的领导，是党和国家的根本所在、命脉所在，是全国各族人民

的利益所在、幸福所在”[①]。坚持党的领导，首先是坚持党中央权威和集中统一领导。要牢固树立政治意识、大局意识、核心意识、看齐意识。牢固树立“四个意识”，就是要在政治立场、政治方向、政治原则、政治道路上同党中央保持高度一致，自觉向党中央看齐，向习近平总书记看齐。党的基本路线是党的生命线，是看齐的“基线”，必须牢记“五个必须”、严防“七个有之”，不搞小山头、小圈子、小团伙，严禁拉私人关系、培植个人势力、结成利益集团，自觉形成尊崇党章、遵守党纪的良好习惯，以实际行动保证全党统一意志、统一行动、步调一致向前进。坚决防止和纠正自行其是、各自为政，有令不行、有禁不止，上有政策、下有对策等行为。党的任何组织和成员，无论处在哪个领域、哪个层级、哪个单位，都要服从党中央集中统一领导；凡属部门和地方职权范围内的工作部署，都要以坚决贯彻党中央决策部署为前提，做到令行禁止，决不允许背着党中央另搞一套。

二是坚持以习近平新时代中国特色社会主义思想武装头脑。党的十九大把习近平新时代中国特色社会主义思想确立为我们党必须长期坚持的指导思想，实现了我们党在指导思想上的又一次与时俱进。要深刻学习领会习近平新时代中国特色社会主义思想，掌握核心要义和创新观点，掌握政治意义、历史意义、理论意义、实践意义，认真落实省委决定要求，把广州建成向世界展示习近平新时代中国特色社会主义思想的重要“窗口”和“示范区”，充分彰显习近平新时代中国特色社会主义思想的强大真理力量、理论力量、实践力量。要把学习宣传贯彻落实习近平新时代中国特色社会主义思想和党的十九大精神作为长期政治任

①习近平．习近平谈治国理政（第二卷）［M］．北京：外文出版社，2017：43
．

务，结合学习习近平总书记对广东工作重要指示批示精神，突出抓好《习近平谈治国理政》的学习宣传贯彻，深化“大学习、深调研、真落实”活动，把广州发展放在全国全省大局中来谋划，推动习近平新时代中国特色社会主义思想和党的十九大精神在广州落地生根并形成生动实践。

三是严肃和规范党内政治生活。要严格执行《关于新形势下党内政治生活的若干准则》（以下简称“《准则》”），按照《准则》的总体要求和十二项内容，逐一对照落实，着力增强党内政治生活的政治性、时代性、原则性、战斗性。各级领导机关和领导干部特别是高级干部必须以身作则，模范遵守党章党规，严守党的政治纪律和政治规矩，率先垂范、以上率下，为全党全社会作出示范。要完善和落实民主集中制的各项制度，特别是要坚持集体领导制度，坚持科学民主依法决策，凡属重大决策、重要干部任免、重大项目安排和大额度资金使用，都必须集体讨论，按少数服从多数作出决定。党委（党组）主要负责同志要带头发扬民主，善于集中集体智慧，严格按程序、规矩办事，不搞一言堂、个人说了算甚至家长制。班子成员要增强全局观念和责任意识，维护班子团结，不得违背集体决定自作主张、自行其是，更不许把分管工作、分管领域当作“私人领地”。要大胆使用、经常使用、用够用好批评和自我批评，使之成为一种习惯、一种自觉、一种责任，使这个武器越用越灵、越用越有效果。

（二）落实管党治党主体责任

抓好党建，前提在“抓”，本质在“好”。抓好党建工作不是一句空洞的口号，而是一项具体的行动；不是追求表面的轰轰烈烈，而是着眼长远的精耕细作；不是被动的消极等待，而是主动的积极作为。能否积极主动地抓好党建工作，是衡量各级党组织管党治党责任的试金石。

一是用服务全局的观念谋划党建工作。党的建设是党领导的伟大事业不断取得胜利的重要法宝。围绕中心，服务全局，是确保新时期党建工作取得实效的一条重要规律，是增强新时期党建工作活力的一条生命线。围绕中心，服务全局，就是要把党的建设放到党的工作大局中去思考、去定位、去谋划、去落实，做到党建与中心工作目标同向，工作合拍，措施配套，在党委和政府作出重大决策和工作部署中有地位，在传达党委和政府重大决策与工作部署中有声音，在贯彻党委和政府重大决策与工作部署中有行动，在推动党委和政府重大决策与工作部署落实中有作为。可以说，抓好党建工作是推动全局工作的先导。只有坚持用服务全局的观念谋划党建工作，党建工作的战略意义才能得以充分体现。围绕党的伟大事业加强党的建设，立足党的工作全局推进党的建设，这是抓好党建工作必须遵循的基本规律。我们搞建设谋发展，既要算好眼前账，也要算好长远账，既要算好“经济账”，更要算好“政治账”。抓党建不但要务虚，更要务实，把从严治党责任承担好、落实好，把经济发展与党的建设谋划好。

二是用居安思危的意识来研究党建工作。居安思危是我们党战胜各种困难和风险，不断把党和人民的事业推向前进的宝贵政治品格、政治经验和政治智慧。做到根据新形势和新任务的要求，分析新情况新问题，研究解决问题的新举措新方法，是居安思危、增强忧患意识的基本要求。研究党建工作必须始终坚持马克思主义指导地位不动摇，坚持中国特色社会主义前进方向不动摇，坚持为加强和改善党的领导、巩固党的执政地位服务不动摇。在事关大是大非和政治原则问题上，必须增强主动性、掌握主动权、打好主动仗，帮助干部群众划清是非界限、澄清模糊认识。研究党建工作要敢于担当。面对模糊认识、歪理邪说、杂音噪音，敢于亮剑、敢于发声、敢于正本清源，善于讲好中国故事、唱响中国声音，积极为党和人民点“赞”。研究党建工作要坚持问题导向。

问题是时代的声音，只有树立强烈的问题意识，才能实事求是地对待问题，才能找到引领时代进步的路标。研究党建工作必须始终树立问题意识、坚持问题导向，积极关注、主动回应新形势下党的建设的实践需要，力求在破解党建难题上取得新进展，增强党建研究的针对性和指导性。善学者智，善学者强，善学者胜。要坚持用辩证唯物主义和历史唯物主义方法，科学分析问题、深入研究问题，弄清问题性质、找到症结所在，对着需要解决的问题“望闻问切”“解剖麻雀”，从基层一线的实践创造中总结规律性的认识，寻找解决问题的钥匙。

三是用改革创新的精神来推进党建工作。坚持以改革创新的精神推进党建工作，就要坚持解放思想、与时俱进，认真研究解决当前党建工作中的突出矛盾和问题。要把党建工作从神秘感的束缚中解放出来，着眼新的形势、新的实践，解放思想，实事求是，与时俱进，开拓创新，既要维护党建工作和组织工作的严肃性和政策性，又要不断提高党建工作和组织工作的公开透明度，加强民主监督，从过去“靠人选人”向依靠科学的机制、制度选人用人转变。要根据经济社会发展的实际，着眼全面从严治党的新要求，使党的组织建设、党员教育管理、领导干部的选拔任用、干部队伍建设与人才队伍建设等各方面相互促进，提升党建工作和组织工作的整体效益。党的一切工作的最终评判主体是人民群众。只有在推动科学发展中满足人民群众的利益要求，党的建设才能取得看得见、摸得着的实际效果。用改革创新的精神推进党建工作，必须把关注民生、情系民生、服务民生、改善民生作为最重要的执政使命、政策取向和政绩追求。加强党的建设的检验标准，最终要看改善民生取得的实际效果。

（三）推进党建工作重心下移

加强基层党组织建设，是巩固党的执政基础的战略举措，是党委、政府推动各项工作的重要抓手，更是落实管党治党主体责任的紧迫任务。实践反复证明，只有聚精会神地大抓基层，把目光投向基层，力量沉到基层，指导下到基层，资源倾斜到基层，毫不犹豫地推进党建工作重心下移，才能真正把全面从严治党的压力传导到基层，才能切实增强基层党组织的战斗力、凝聚力和执行力，才能全面推动各项工作在基层落地生根、开花结果。要确保党建工作重心“下得去、接得住、管得好”。

一是分级分类强化基层党组织建设。激发基层党组织内生的创造活力，是推进党建工作重心下移的目的所在。农村基层党组织要坚持三级联创，以整顿重点村为契机，探索农村组织运行机制，依法依规加强党组织对农村自治组织和经济组织的领导权，积极探索为村民提供公共服务的多种有效实现形式。城市社区党组织要坚持网格化管理、组团式服务，整合政务服务和党内服务的网络和资源，强化联系和服务群众的网络，提高解决基层群众困难和利益矛盾的能力，强化基层群众积极参与社区服务和管理的积极性。非公有制经济组织和社会组织党组织建设要坚持“一方隶属、多重管理”的原则，积极拓宽党员在工作单位和居民区发挥作用的方式和途径。机关事业单位党组织要积极利用休息时间以志愿服务的形式在所在社区发挥作用，充分发挥党组织在围绕中心、服务大局、建设队伍、凝聚人心中的功能作用。

二是积极探索基层民主的实现形式。坚持和发展党内基层民主，是推进党建工作重心下移的动力源泉。推进党内基层民主建设，要尊重基层党组织在推进党内基层民主建设方面的首创精神，珍惜基层党组织的创新实践和创新成果，积极引导基层党组织探索党内基层民主的多种实现形式，把党内直接民主和间接民主结合起来，把激活存量民主和创新增量民主结合起来，把程序民主与实质民主结合起来，寻找党内基层民主形式的科学组合，探索党内基层民主建设推进路径。要注重做好党内基层民主建设的基础性工作。既要营造党内基层民主的良好氛围，又要创新党员发挥作用和保障党员民主权利的载体；既要发挥基层党组织在保障党员民主权利中的作用，又要激发党员正确行使民主权利的意识，形成推进党内民主的整体合力。建议组织专门班子对党内基层民主的运行、操作进行政策研究，要特别注重选举民主的研究，提高领导干部适应和领导党内基层民主建设的能力。要注重在加强和改进党的各项建设中推进党内基层民主建设，把保障党员民主权利和扩大党的工作透明度贯穿到党的建设的各个方面，切实在重大问题决策、干部选拔任用和参与党内事务管理中扩大民主，切实保障党员的知情权、参与权、选举权和监督权。要坚持党内基层民主建设的领导。

三是建设充满活力的基层干部队伍。建设充满活力的基层干部队伍，是推进党建工作重心下移的关键一环。把基层一线作为培养锻炼干部的基础阵地。树立重视基层的用人导向，推进实施“基层后备干部多岗锻炼”工程和“优秀基层干部进机关”工程，加大党政机关和基层之间干部交流任职的力度。探索建立“逢提必挂”“逢备必挂”“逢录必炼”三项制度，完善机关干部到基层锻炼工作制度。坚持和完善从基层考录公务员制度，完善从基层培养选拔机关领导干部制度。特别重视三支党务工作者队伍建设：党支部书记队伍、党建工作指导员队伍和党务政工干部队伍。要体现基层党务工作者的政治地位，落实基层党组织在基层单位的政治地位和发挥作用的平台，发挥基层党务工作者参与党内政治事务的主渠道作用，重点坚持在选拔任用干部中的基层历练和基层导向的“双基建设”。要提高基层党务工作者的经济待遇，落实农村基层党组织负责人、两新组织党务工作者的经济激励和财政补贴。要推进国有企业、事业单位的党务政工干部的职业化、专业化，为加强国有企业和事业单位党建工作提供人才保障。

（四）持续推进正风肃纪反腐

持续推进正风肃纪反腐，既是全面从严治党的具体体现，也是依法依规治党的必然选择。要继续在常和长、严和实、深和细上下功夫，密切关注享乐主义、奢靡之风新动向新表现，坚决防止回潮复燃。要严格按照习近平总书记的要求，紧扣保持党同人民群众血肉联系这个关键，驰而不息整治“四风”，扑下身子深入群众，以解民难、排民忧、聚民力的实效，强化中央八项规定精神落地生根，组织动员人民群众坚定不移跟党走。

一是坚定高压反腐的信心。党的十八大以来，党中央从关系党和国家生死存亡的高度，以强烈的历史责任感、深沉的使命忧患感、顽强的意志品质推进党风廉政建设和反腐败斗争，坚持无禁区、全覆盖、零容忍，毫不手软地“打老虎”“拍苍蝇”“猎狐狸”，旗帜鲜明地严党规、肃党纪、正党风，坚定不移地抓教育、建制度、强监督，出现了“中央高度重视”“百姓高度关注”“腐败分子高度紧张”的可喜局面，形成了反腐败的高压态势。反腐败是一场输不起的斗争。党中央横下一条心来反腐败，保持高压态势不放松，绝非一时兴起，也不是和谁过不去，而是要承担起历史和人民赋予的责任。著名作家二月河在接受中央纪委官方网站的访谈时说：“我们党的反腐力度，读遍二十四史，没有像现在这么强的。”一位作家对中央反腐败成效的发自内心的肯定和褒扬，说出了全党全国人民的心里话。

二是形成高压反腐新态势。在党的十八届四中全会第二次全体会议上，习近平总书记坚定地表示，对腐败要“零容忍的态度不变、猛药去疴的决心不减、刮骨疗毒的勇气不泄、严厉惩处的尺度不松，发现一起查处一起，发现多少查处多少，不定指标、上不封顶，凡腐必反，除恶务尽”[①]。高压反腐，已经没有任何可商量的余地，也没有任何可含糊的地方。这既是对全党全社会的庄重承诺，更是对那些心存幻想的腐败分子的再次警告。高压反腐不是短期状态，也不是曾经的状态，而是超越以往、具有新鲜气息的状态。这就要求我们必须跟得上中央的要求、群众的期待、时代的步伐，彻底丢掉高压反腐“一阵风”的幻想，完全抛弃“重温旧梦”的侥幸心理，坚决克服“且行且观望”的工作心态，自觉回归到党内生活的本来状态，回归到密切联系群众的优良传统，回归到人民公仆的角色定位。

三是落实反腐倡廉责任。抓好党风廉政建设和反腐败斗争，必须全党动手。落实党风廉政建设责任制，党委负主体责任、纪委负监督责任。这两种责任不是并列关系，主体责任是前提，监督责任是保障，两者相互作用、浑然一体。党委主要负责人是第一责任人。既然承担主体责任，就要在干事上敢于担当，在管人上敢于担当。不能因为怕得罪人、丢选票、伤和气，就当老好人，对违纪行为、腐败现象视而不见，爱惜自己的羽毛。关键时刻要敢于站出来、敢于亮剑，坚决同不正之风和腐败现象作斗争。习近平总书记强调指出：“无论是党委还是纪委或其他相关职能部门，都要对承担的党风廉政建设责任进行签字背书，做到守土有责。出了问题，就要追究责任。决不允许出现底下问题成串、

①中共中央纪律检查委员会，中共中央文献研究室．习近平关于党风廉政建设和反腐败斗争论述摘编［M］．中央文献出版社、中国方正出版社，2015：102-103.

为官麻木不仁的现象！不能事不关己、高高挂起，更不能明哲保身。”①

（五）深化党的建设制度改革

党的十八大以来，以习近平同志为核心的党中央高度重视制度治党，研究制定和修订完善了一系列制度规范，审议通过《深化党的建设制度改革实施方案》，初步形成了以党章为核心的党内制度法规体系，为依规管党治党提供了基本遵循。要着眼于全面从严治党的战略布局，按照《深化党的建设制度改革实施方案》的精神和党内法规制度的要求，因地制宜地尽快推出贯彻落实的实施细则，形成推进党的建设制度改革的整体合力。

一是落实党建工作领导机制。要围绕全面从严治党的总目标，对全面从严治党的各项任务，逐项研究、科学分解，实现目标任务化，任务项目化，项目具体化，以项目化推进全面从严治党成为新常态。要明确责任主体，将责任落实到有关各级各部门、落实到岗位、量化到责任人，并明确每项任务、每个时段的责任底线。建立各级各部门的党委一把手负责制，完善岗位目标责任制和重点项目专责制。围绕“责任—执行”的逻辑，一级带着一级干，一级干给一级看，形成一级抓一级，层层抓落实的责任制。以责任制促落实，以责任制保成效。时间倒逼压力，社会监督生动力。只有实行时间倒逼，才能强化各级党委以时不我待的紧迫感，扎扎实实推进全面从严治党的各项工作。

二是注重党建制度的有机衔接。推进党的建设制度改革，既重视基本的法规制度，又重视具体的实施细则；既重视单项制度的建设，又重

①中共中央纪律检查委员会，中共中央文献研究室．习近平关于党风廉政建设和反腐败斗争论述摘编［M］．中央文献出版社、中国方正出版社，2015：62.

视基本制度与具体制度、实体性制度、监督制度与程序性制度的配套，使各项法规制度彼此衔接、环环相扣，真正发挥法规制度的整体合力。要明确中央、地方党委制定党的建设法规制度的权限，中央负责制定党内基本法规和执行性的立法事项，地方党委根据本行政区域组织工作的实际情况作出具体的规定，必要时中央授权或委托地方党委先行制定符合地方实际的组织工作法规制度。这样既能保证党的工作部门、地方党委对党的中央组织工作法规制度的绝对服从，又能注意保护党的工作部门、地方党委进行制度创新的积极性。要使制度建设与党的思想建设、作风建设、反腐倡廉建设有机结合起来，涉及党内多个部门来齐抓共管的制度，要明确各个部门的权力、责任边界，避免出现管理真空或者多头管理。

三是加强党建制度的执行监督。制度的生命力在于执行，执行的效果取决于监督的力度。加强加大党的建设制度改革的力度，要完善制度实施后评估机制、督查机制和问责机制，确保制度面前无特殊、制度面前无例外。要控制法规制度执行方向，规范法规制度执行行为，明确和强化执行者责任制，建立违规责任倒查机制，维护制度的严肃性。重点健全党建工作责任制、健全首长责任制、目标责任制、岗位责任制以及引咎辞职制等制度，使法规制度执行者直接对执行结果负责。领导班子成员的履职情况作为年度述职报告的重要组成部分，考核结果作为其工作绩效考核的重要内容，作为干部奖惩和选拔任用的重要依据。要建立健全多层次、多功能、内外沟通、上下结合的立体的缜密的监督网络。

（尹德慈、王超）

后 记

广州是改革开放40年来广东乃至全国的缩影，历史在这里写下了浓墨重彩的一笔。40年来，在中国共产党的领导下，广州坚定不移贯彻落实党和国家改革开放政策，发扬“敢为人先、开放包容、务实创新”的城市精神，抓住并运用好改革开放关键一招，实现了全面跨越发展，千年商都迸发出全新活力。改革开放成就了广州，广州作为改革开放先行地，广大干部群众坚持实事求是、解放思想、开拓进取，探索出了一系列在全国具有示范性、引领性作用的改革开放实践的措施和经验，不仅推动了广州全面的历史性发展并取得了辉煌的成就，也在很大程度上引领着全国改革开放的风向。

为回顾改革开放发展脉络，总结改革开放成功经验，广州市社会科学界联合会组织社科理论界专家学者，以习近平新时代中国特色社会主义思想为指导，围绕广州改革开放40年来的发展历程、经济体制改革、现代产业体系、开放型经济、城市建设、科技创新、民主法治建设、文化建设、社会民生事业发展、生态文明建设和党的建设等方面开展了系列课题研究，对广州改革开放进行了系统的回顾和研究，旨在梳理出广州改革开放40年来发展的历史脉络和成功经验，展望改革开放的新征程。在系列课题研究成果的基础上，编纂了《跨越与转型——广州改革开放40年》一书，目的是为推动新时代改革开放提供经验借鉴，将广州建设成为展示习近平新时代中国特色社会主义思想的重要窗口和示范区。

陈鸿宇、董小麟、刘江华、王永平对书稿进行了审阅并提出了宝贵的意见。全书由广州市委宣传部副部长，市社会科学界联合会党组书记、主席曾伟玉审定。

广州改革开放40年来取得的历史性成就非常巨大、总结的基本经验比较多。本书对于广州改革开放40年来所取得的历史性成就和基本经验的梳理和总结不可能做到非常全面，难免挂一漏万，也可能有不少不当之处，敬请各位读者原谅并指正。